U0835673

# 心中有法，凡事不慌

侯朝辉　张晨◎著

中国法制出版社
CHINA LEGAL PUBLISHING HOUSE

# 自序

屈指一算，我入行也有多年了。从一开始啥也不懂的“小白”，到如今摸索出来点“名堂”，这中间见过的人、遇到的事也不少。不能说多有经验吧，但总归是有点心得体会。从前久居“象牙塔”，将法典奉为圭臬，总觉得法律是鸿儒所学、所谈，法律从业者也是社会中的精英群体。老师们在解释法律制度、阐明法学原理时，中外古今的案件都能信手拈来，讲得头头是道，仿佛亲身经历。耳濡目染之下，虽然明白法律是来源于且服务于社会的，但对于法律与生活之间联系的认知总是欠了点火候，还需要亲身实践来加上这把柴。

实践出真知嘛，毕业之后想要大干一番，我便怀着高涨的热情投入法律事业中去。刚进入这一行，我便有“理想很丰满，现实很骨感”的感受，理论研究和解决问题之间总是存在或多或少的差异。但是，我也收获颇多，每天在精进专业技能的同时，处理生活琐事、与人沟通的能力也在不断提高。婚姻家事、合同纠纷……各种类型的案件，纷繁复杂的案情，匪夷所思的细节，让我经常打趣自己是个小说鉴赏家。例如，律师整理离婚材料时偶然发现孩子不是当事人的、妻子因为丈夫不会修灯泡跟他离婚的、酒驾司机把车直接开到警局的……跟狗血电视剧比起来，有过之而无不及。除一些案情本身比较离谱外，更是有一些法盲频繁游走在法律边缘，触碰法律边界。随着接触的案件不断增多，我发现，虽然全社会成员的法律意识比起以往已在不断提高，但即使是接受过教育的寻常百姓对一些问题的认识仍经常失之偏颇。比如“拿”和“偷”的区别，比如吹牛、抱怨、贪小便宜是否也算违法犯罪？见过的越多，感受越深：很多人经常“无意”触犯法律。所以，普法就显得格外重要。一方面，法律知识的普及可以让人们知晓法律界限，降低违法犯罪的可能性，避免留下案底，甚至可以挽救一些本不可逆的伤害。另一方面，可以节省我国的司法资源，让资源得到合理配置，从而促进中国法治的良性发展。要知道法治可不是只有立法、司法、执法，守法也是必不可少的一环。说干就干，怀着对法律的热忱，我在工作之余开始寻思整些普法的事情。

那么，通过什么样的媒介来传播呢？我最先想到的是自媒体。当下，互联网的相关产业蓬勃发展，网络红人大多靠自媒体起家，其中的流量自不待言。我也是看中了这一点，当起了业余的法律博主。我凭借幽默的语言风格，随着节目内容和形式的不断完善，也初尝自媒体博主的甜头，渐渐成为一位在全网拥有几百万粉丝的法律博主，也算在法律自媒体领域有一席之地。就在我沾沾自喜时，一位突然来找我帮忙的老人让我开始有了新的想法。一位生活富足的退休阿姨被按摩店骗了几百万元，“哎呀，我一个老花眼，平常不爱看电视看手机的呀！就喜欢出去转转，没事看看书啥的，可没想到按摩也能被人骗”。阿姨的一番话不禁让我反问自己：仅靠自媒体真的能达到理想的普法效果吗？下班回家的路上，看到等地铁、公交的小学生们大多捧着一本漫画书打发时间，这给了我一些灵感。“最高端的食材往往只需最简单的烹饪方式”，纸质媒介作为传统媒介也是可以发挥光和热的。而在从业的过程中，遇到的人和事也让我更加体会到素质对一个人的重要程度。要想提高全民素质，孩童时期的教育就显得尤为重要，“三岁看老”，普法也要从娃娃抓起。因为中小学生接触网络的机会有限，所以以书作为普法的媒介，加上自媒体的作用，覆盖面就会更广。以上也是我写这本书的初衷。

作为一名法律工作者，本意还是希望普通老百姓都能够对法律有所了解，满足生活中的需要，少走弯路，把风险控制在事前。本书所载案例看似离奇、奇葩，其实都是我们周围的热门事件。律师也并没有大家想象中那么高大上，其实我们都是在跟生活打交道。如果说这人间百态本就是一场大戏，当事人是戏中的主角，那么我们律师就是坐在前排的资深票友、常驻观众。看得多，感受得多，便想成为一个传播者，让更多人从中受益。内容源于生活，高于生活，从生活中获益，再去服务生活，便是我最想达到的境界。引用容易激发读者兴趣的案例，再用通俗易懂的语言为读者解惑，最后从专业角度给读者提出建议，一气呵成。但凡读者能有些许收获，就是对作者最大的慰藉，也是本书的意义所在。法律是道德的底线，道德是法律的延伸。普法虽是一个很重要的方面，但情理与道德也是本书绕不开的一个话题。每个人心中都有一个道德准则和标杆，社会上大多数人都认同的标准便成了整个社会所崇尚的道德标准，比如父慈子孝，再如宽容待人等。而现实中那些真实发生的，违背人伦道德的、人神共愤的案件，可能在带给我们强道德冲击的同时，还会引发我们的思考。

本书按照不同的侧重分为三个部分。第一部分主要讲述生活中存在的法律小陷阱，厘清法律边界，避免“无意”犯法；第二部分主要给在生活中遇到类似问题的小伙伴提供法律建议、维权渠道等；第三部分涉及法与情的关系，意在树立理性思维，培养法律意识，引人思考。每篇文章都以热点事件作为引子，在讲述故事的同时释明法律问题。本书通俗易懂、风趣幽默而又不失专业素养，是一本很好的案头书和枕边书。无论是涉世未深的青少年，还是为生活奔波的上班族，抑或“闲云野鹤”的老年人都能从本书中获得一些感受。

需要指出的是，虽然经过多次校稿，相关法律术语和措辞也都经过反复校对，但适用的法律法规在不断更新，恐难免会有疏漏，万望包涵，也欢迎大家指正。

本书从立意、选题、编撰到修改校对，我所在的律所团队成员们及团队助理张彦、宁畅、杜桂玲、李生婷、原振浩、曲国欢给予了我很大的帮助，在此表示衷心的感谢。

# 目录

## 第一篇　无知无畏：法盲之殇

## 第二篇 知法懂法：智者之道

## 第三篇 守法崇德，幸福之门

第一篇

# 无知无畏：法盲之殇

# “随手抛一族”注意了，这样做可能会入刑

**热点事件**

2020年，常州溧阳某小区的徐某与王某发生争执，徐某一时激愤，从厨房拿出一把菜刀挥向王某，王某夺刀未果，后徐某将菜刀抛掷至楼下。楼下居民发觉后上楼质问，徐某听到质问后，又去厨房拿第二把菜刀并将它抛掷至楼下，楼下居民见状报警。徐某因此被提起公诉，法院审理后认为，被告人徐某高空抛物的行为虽未造成人身伤害或重大财产损失的严重后果，但该行为已经构成高空抛物罪。法院依法判处徐某有期徒刑6个月，并处罚金2000元。[1]这是《中华人民共和国刑法修正案（十一）》［以下简称“刑法修正案（十一）”］新增高空抛物罪后的首例入罪判决。

法院依法妥善审理高空抛物案件，体现了刑事司法领域对于高空抛物治理的积极回应，对于有效防范、遏制高空抛物行为的发生、引领正向社会价值、形成良好社会风尚具有重要作用。

## 高空抛物行为的民事法律责任

《民法典》第一千二百五十四条对高空抛物行为的民事责任进行了规定。首先需要明确的是，高空抛物由行为人承担责任。公安机关应积极调查，查清真正的侵权人。较之以往的《侵权责任法》，从法条表述上来看，《民法典》更致力于找出“真凶”，并由实际侵权人承担最终的侵权责任。

在实际侵权人无法确定的情况下，就由可能加害的建筑物使用人给予补偿，



1 参见《江苏女子高空扔菜刀被判实刑，还扔？|长城评论》，载长城网，最后访问时间2022年6月15日。

除非建筑物使用人可以证明自己不是侵权人。这里体现了我国民法中非常重要的公平责任原则。公平责任原则是指：受害人和行为人在对造成损害均无过错的情况下，由人民法院根据公平的观念，在考虑行为人的财产状况和其他情况的基础上，责令行为人对受害人的财产损失给予适当的补偿。

那么，为什么要对高空抛物行为适用公平责任原则？因为这种行为在未入刑以前，如果不幸被高空抛物砸中，很多时候受害人很难举证，法院也难以查明侵权人，但此类行为确实有侵害公众生命安全的事实存在。如果法律难以保障每一个社会成员从楼下安全行走的权利，那么人们出行就会受到很大影响，社会成员的共同利益就会受到损害。虽然由可能加害的业主共同分担责任，难以做到真正的公平，毕竟其中大部分人确实是无辜的，但是为了维护社会成员的共同利益，适当地牺牲某些人的利益来遏制这样一种行为，从价值的衡量上是更为合理的。但是，公平责任也不可滥用。《最高人民法院关于依法妥善审理高空抛物、坠物案件的意见》中要求人民法院应当多走访、多调查、与公安机关多沟通合作，积极取证、尽可能地确定实际侵权人，并尽可能缩小可能加害人的范围，体现了利益的平衡和对事件真相的追求。《民法典》第一千二百五十四条较《侵权责任法》第八十七条之规定，平衡了被害人和建筑物使用人的利益，规则制定更为公正合理，强调了公安机关的责任，最大限度地找寻实际侵权人，填补了侵权责任法可能存在的漏洞。



此外，不仅相关业主，建筑物管理人也可能承担责任。《民法典》第一千二百五十四条第二款规定，物业服务企业等建筑物管理人应当采取必要的安全保障措施防止前款规定情形发生，如应自觉履行预防管理、救助制止和协助调查等义务。[1] 如果物业服务公司未采取必要的安全保障措施，发生高空抛物致人伤亡的，应当承担相应的责任。

---

1 《中华人民共和国民法典》第一千二百五十四条第二款　物业服务企业等建筑物管理人应当采取必要的安全保障措施防止前款规定情形的发生；未采取必要的安全保障措施的，应当依法承担未履行安全保障义务的侵权责任。

## 高空抛物行为的刑事法律责任

本文所述案例是刑法修正案（十一）将高空抛物入刑后审理的首例高空抛物案件。[1]但并不是说在此之前，高空抛物行为不会受到刑法的规制，在之前的司法实践中，如果行为人故意实施高空抛物行为致特定人死亡，或者故意实施伤害行为致特定人轻伤及以上的，依照故意杀人罪、故意伤害罪定罪处罚；由于过失行为出现高空坠物致人死亡或重伤的，认定为过失致人死亡罪或过失致人重伤罪。除此之外，在生产、作业中违反有关安全管理规定，从高空抛落物品，发生重大伤亡事故或者造成其他严重后果的，以重大责任事故罪定罪处罚。强令工人违章高空抛物，因而发生重大伤亡事故或者造成其他严重后果的，以强令违章冒险作业罪论处。如果行为人无伤害特定人的主观意图，则法院可能根据行为人的主观方面是故意还是过失，结合具体案情判断是否构成以危险方法危害公共安全罪和过失以危险方法危害公共安全罪。

面对违反社会公共道德且危害性极高的高空抛物行为，我国将该行为入刑为高空抛物罪，规定于《刑法》第二百九十一条之二（当然法条中也明确规定，高空抛物行为同时构成其他犯罪的，依照处罚较重的规定定罪处罚）。这不仅体现了国家对于高空抛物行为治理的决心，并且进一步明确了高空抛物的刑事责任，保障了社会公共利益。

"高空抛物罪"作为新罪名入刑，刑法和民法规范双管齐下。这标志着国家从法律上遏制高空抛物这一不文明行为的态度愈加强硬。再次提醒，除了法律规定之外，还需要每个人自觉遵守，共同维护我们"头顶上的安全"。



1《中华人民共和国刑法修正案（十一）》三十三　在刑法第二百九十一条之一后增加一条，作为第二百九十一条之二："从建筑物或者其他高空抛掷物品，情节严重的，处一年以下有期徒刑、拘役或者管制，并处或者单处罚金。
"有前款行为，同时构成其他犯罪的，依照处罚较重的规定定罪处罚。"

## 延伸阅读

1. 刘某以危险方法危害公共安全、危险驾驶二审刑事判决书 / (2018) 鄂刑终 375 号

**裁判要旨：**

法院认为，上诉人酒后临街高空抛物，危害公共安全，致一人死亡，其行为构成以危险方法危害公共安全罪。

2. 李某某高空抛物一审刑事判决书 / (2021) 辽 0104 刑初 312 号

**裁判要旨：**

法院认为，被告人从建筑物抛掷物品，不听劝阻，依旧抛掷花盆阻碍救援，情节严重构成高空抛物罪。

3. 杜某利高空抛物罪一审刑事判决书 / (2021) 苏 0508 刑初 129 号

**裁判要旨：**

法院认为，被告人从建筑物高空抛掷物品的行为发生在 2021 年 3 月 1 日前，情节严重，根据《中华人民共和国刑法》第十二条从旧兼从轻的原则，其行为触犯了《中华人民共和国刑法》第二百九十一条之二第一款的规定，应当以高空抛物罪追究其刑事责任。

# 喝藿香正气水后开车为何要坐牢？

热点事件

2019年12月25日，李某服用藿香正气水后驾驶小汽车，在广州市花都区106国道上发生碰撞防护墙的交通事故后被执勤交警查获。经道路交通事故责任认定，李某承担此事故的全部责任。经鉴定，李某血液中乙醇（酒精）含量为167.7mg/100mL。广州市花都区人民检察院以涉嫌危险驾驶罪对李某提起公诉，一审法院判决李某犯危险驾驶罪，判处拘役一个月，并处罚金3000元。后李某提起上诉，二审法院裁定驳回上诉，维持原判。[1]



## 李某是否构成危险驾驶罪？

危险驾驶罪属于行为犯，要构成此罪，在违法性层面只要求行为人有危险驾驶的行为，不要求造成特定的结果；危险驾驶罪属于故意犯罪，要求行为人的主观心理状态为故意。

《刑法》第一百三十三条之一规定，在道路上醉酒驾驶机动车的，构成危险驾驶罪。[2] 根据最高人民法院（以下简称“最高法”）、最高人民检察院（以下简称“最高检”）和公安部联合发布的《关于办理醉酒驾驶机动车刑事案件适用法

1　参见《一男子喝藿香正气水后查出醉驾，法院判了》，载光明网，最后访问时间2022年6月19日。

2 《中华人民共和国刑法》第一百三十三条之一　在道路上驾驶机动车，有下列情形之一的，处拘役，并处罚金：

（一）追逐竞驶，情节恶劣的；

（二）醉酒驾驶机动车的；

（三）从事校车业务或者旅客运输，严重超过额定乘员载客，或者严重超过规定时速行驶的；

（四）违反危险化学品安全管理规定运输危险化学品，危及公共安全的。

机动车所有人、管理人对前款第三项、第四项行为负有直接责任的，依照前款的规定处罚。

有前两款行为，同时构成其他犯罪的，依照处罚较重的规定定罪处罚。

律若干问题的意见》(以下简称《意见》)，“醉酒”的标准是血液中酒精含量达到 80mg/100mL。[1] 本案中，李某在国道上驾驶小汽车时血液中酒精含量高达 167.7mg/100mL，符合在道路上醉酒驾驶机动车的情形，具有危险驾驶的行为，符合危险驾驶罪在违法性层面的要求。

李某的辩护人提出李某主观上没有喝酒的意愿，但其意见并未得到法院采纳。法院查证属实的证据显示，李某早就知道藿香正气水含有酒精，也知道自己喝完藿香正气水后会出现头晕等酒后反应。而且，李某的药师在其购买藿香正气水时也曾告知他，药品里面含有乙醇成分，服用后不得驾驶机动车。还有，李某所服藿香正气水的说明书上载明“本品含乙醇(酒精)40%—50%，服药后不得驾驶机动车”。可见，李某在主观方面明知、应知藿香正气水含有酒精且服用藿香正气水后不能驾驶机动车。此外，根据《意见》，鉴定酒驾的标准是血液中酒精含量的比例，而酒精的来源并非只能是酒类，是否具有喝酒的意愿不影响危险驾驶罪的主观心理状态。因此，李某的主观状态符合危险驾驶罪在有责性层面的要求。综上，李某构成危险驾驶罪。



## 李某是否构成交通肇事罪、以危险方法危害公共安全罪?

《刑法》第一百三十三条规定，违反交通运输管理法规，因而发生重大事故，致人重伤、死亡或者使公私财产遭受重大损失的，构成交通肇事罪。[2] 根据《最高人民法院关于审理交通肇事刑事案件具体应用法律若干问题的解释》第二条，交通肇事罪中的“造成公共财产或者他人财产直接损失”主要是指造成公共财产或者他人财产直接损失，负事故全部或者主要责任，无能力赔偿数

---

1 《关于办理醉酒驾驶机动车刑事案件适用法律若干问题的意见》一　在道路上驾驶机动车，血液酒精含量达到 80 毫克 /100 毫升以上的，属于醉酒驾驶机动车，依照刑法第一百三十三条之一第一款的规定，以危险驾驶罪定罪处罚。

前款规定的“道路”“机动车”，适用道路交通安全法的有关规定。

2 《中华人民共和国刑法》第一百三十三条　违反交通运输管理法规，因而发生重大事故，致人重伤、死亡或者使公私财产遭受重大损失的，处三年以下有期徒刑或者拘役；交通运输肇事后逃逸或者有其他特别恶劣情节的，处三年以上七年以下有期徒刑；因逃逸致人死亡的，处七年以上有期徒刑。

额在30万元以上的情况。本案中，李某碰撞防护墙，造成公共财产受到损害且负事故全部责任，但是修复防护墙的花费一般不会超过30万元，李某应负赔偿总额不会超过30万元，更遑论无能力赔偿的数额。因此，李某不构成交通肇事罪。

根据《刑法》第一百一十四条规定，放火、决水、爆炸以及投放毒害性、放射性、传染病病原体等物质或者以其他危险方法危害公共安全，尚未造成严重后果的，处三年以上十年以下有期徒刑。这里的“其他危险方法”并不是指任何其他方法，而是指与放火、决水、爆炸等行为造成的危害后果相当的危险方法。本案中，李某在喝完含有酒精的藿香正气水之后开车，其行为的危险性一般达不到放火、决水、爆炸等行为的后果，因而不构成以危险方法危害公共安全罪。

在道路上驾驶机动车本就是一项高风险的活动，切莫让酒精使风险加大。“道路千万条，安全第一条，行车前喝酒，亲人两行泪！”



## 延伸阅读

1. 尹某刚危险驾驶二审刑事判决书 /（2021）云31刑终22号

**裁判要旨：**

本案中，尹某刚在道路上醉酒驾驶机动车的行为已经造成交通事故致一人轻伤，且负事故全部责任，经鉴定尹某血液中酒精含量为227.86mg/100mL，即尹某刚具有上述《意见》规定的两个从重处罚情节，应依法对其从重处罚。

2. 和某、黄某危险驾驶二审刑事判决书 /（2021）云34刑终2号

**裁判要旨：**

原审被告人和某、黄某醉酒驾驶机动车，和某血液酒精含量为228.22mg/100mL，黄某血液酒精含量为150.92mg/100mL，二原审被告人的行为已构成危险驾驶罪，依法应予惩处。

### 3. 李某危险驾驶罪二审刑事判决书 /（2021）晋 06 刑终 71 号

**裁判要旨：**

原审被告人李某违反交通运输管理法规，醉酒驾驶机动车，其行为确已构成危险驾驶罪，且其血液酒精含量达到 200mg/100mL 以上，依法应从重处罚。

# 吹牛被拘留，于法何据?

热点事件

河南一男子上车牌时摇号摇到“豫某·某7777”车牌。通常情况下摇号摇来的车牌都是无规律的数字，能摇到四位数连号的车牌十分难得，于是该男子产生炫耀之心，拍照在朋友圈吹牛说是花十几万元走后门买的，亲友们羡慕赞叹，更多的人表达惊讶。男子没有高兴太久就被警方上门带走。警方认为该男子的行为属于散播虚假信息、破坏政府部门公信力的行为，给社会造成了不良影响，最终，该男子因编造、传播虚假事实而被行政拘留7天。[1]

有人说吹牛成本如此之大是不是意味着不允许吹牛呢?



## 吹牛可能构成民事上的侵权

吹牛作为调节情绪、活跃气氛的重要手段，在日常生活中非常常见。法律不会禁止无伤大雅的玩笑，吹牛的人不可能都需承担法律责任。但是人的行为往往具有外部性，在行使言论自由权时可能会侵犯到别人的权利，甚至会影响公共利益、社会秩序等。那么，法律约束人们言论的边界在哪里呢？

《民法典》规定，民事法律行为是民事主体通过意思表示设立、变更、终止民事法律关系的行为。发表言论的行为有可能就属于民事法律行为，即口头或者文字作出的意思表示。[2] 民事法律行为的核心要素在于“意思表示”，

1 参见《信阳一男子摇到“7777”车牌称“十余万买的”，被拘留》，载澎湃视频号，最后访问时间2022年6月19日。

2 《中华人民共和国民法典》第一百三十五条 民事法律行为可以采用书面形式、口头形式或者其他形式；法律、行政法规规定或者当事人约定采用特定形式的，应当采用特定形式。

意思表示包括两个方面：内容意思和效果意思。内容意思就是达成某种民事关系的内容，如婚姻关系、合同关系等；效果意思就是指达成的关系具有法律效力，受法律约束。显然很多吹牛的行为可能具有内容意思，但是不具有效果意思，比如酒桌上A对B说，你喝了这杯酒，我就把我的“大奔”送给你。虽然A的言论具有赠与的内容，但是其并不想达成一种赠与合同关系，仅仅是调节气氛的玩笑之举，B也不能在喝酒后要求A交付车辆，该玩笑是戏谑行为，不受民法调整。

但是，玩笑言论可能构成侵权。此处的侵权法律关系并不是当事人自主自愿依合意设立的法律关系，而是一种法定之债，法律为了保护每个人的权益，规定侵权人对被侵权人负有侵权责任。受害人依法享有停止侵害、排除妨碍、消除危险、消除影响、恢复名誉、赔礼道歉之请求权。[1]如果侵害受害人人身权益造成严重精神损害的，受害人有权请求精神损害赔偿[2]，如吹牛侵犯他人名誉权，造成他人精神损害的，需要承担精神损害赔偿责任。



## 吹牛可能需要承担行政、刑事责任

《治安管理处罚法》规定，散布谣言，谎报险情、疫情、警情或者以其他方法故意扰乱公共秩序的；投放虚假的爆炸性、毒害性、放射性、腐蚀性物质或者传染病病原体等危险物质扰乱公共秩序的；扬言实施放火、爆炸、投放危险物质扰乱公共秩序的，处五日以上十日以下拘留，可以并处五百元以下罚款；情节较轻的，处五日以下拘留或者五百元以下罚款。吹牛的内容如果涉及公共利益，随着内容的不断传播、发酵，很有可能会影响公共秩序，情节严重的行为人可能需要承担刑事责任。若还未达到犯罪程度的，比如散布各种虚假的危

1 《中华人民共和国民法典》第九百九十五条　人格权受到侵害的，受害人有权依照本法和其他法律的规定请求行为人承担民事责任。受害人的停止侵害、排除妨碍、消除危险、消除影响、恢复名誉、赔礼道歉请求权，不适用诉讼时效的规定。

2 《中华人民共和国民法典》第一千一百八十三条第一款　侵害自然人人身权益造成严重精神损害的，被侵权人有权请求精神损害赔偿。

险信息，还说得头头是道的，则需要承担行政责任，公安机关可以对行为人处以五日以上十日以下拘留，可以并处罚金。

本案中，该男子把自己的运气说成了通过不正当手段获得车牌，以满足自己不当的虚荣心，属于捏造虚构事实，影响了国家行政机关的公信力，造成了不良影响，故对其处以7日行政拘留。但是，如果其行为危害性足够巨大，严重影响社会秩序或者侵犯他人权益的可能将承担刑事责任。

吹牛是言论自由的一个表现，但是要有限度。吹牛要做到明眼人觉得是开玩笑而不伤和气，不影响社会秩序。千万不要为了满足虚荣心乱吹牛，结果把自己都送进了监狱。

### 延伸阅读

1. 谷某诉郎某诽谤案 / 最高人民检察院发布2020年度十大法律监督案例之四

**案例要旨：**

相关视频材料进一步在网络上传播、发酵，案件情势发生了变化，郎某、何某的行为不仅损害被害人人格权，而且经网络社会这个特定社会领域和区域得以迅速传播，严重扰乱网络社会公共秩序，给广大公众造成不安全感，严重危害社会秩序，依据刑法第二百四十六条第二款之规定，应当按公诉程序予以追诉。

2. 邢某坤与孙某悬赏广告纠纷上诉案 /（2008）洛民终字第198号

**裁判要旨：**

本院认为，悬赏广告是指悬赏人以广告形式声明对完成悬赏广告中规定的特定行为的任何人，给付广告中约定报酬的意思表示行为。上诉人邢某坤作为我国当代陶艺代表人物，于2006年4月1日参加中央电视台七套“乡约”节目接受访谈，该节目不是广告节目，访谈行为也不是以营利为目的的广告行为，而邢某坤的谈话中虽然貌似有承诺的性质，但他的谈话并不是他要获得利益，他只是在该节目谈话中带有“陶艺狂人”的形象，认为他的陶器水平前人没法达到，后人也不能超过的说大话性质，从民事法律上说，这是一种打赌承诺。从邢某坤在该访谈节目的整个谈话中可看出，他的真实意思表示是“我是天下第一”，“任何人都不能做出我所做出的东西”。如果从悬赏的角度看，他的意思表示是不真实的，或者说是一种单方虚构的意思，而不是合同法上的“要约是希望和他人订立合同的意思表示”，所以不能构成要约。

# 带铁锤抢劫金店，是自负还是法盲？

热点事件

2021年3月1日，江苏泰州一名19岁女孩杨某某手持美工刀和铁锤，骑着电动车抢金店。进店后杨某某直接用美工刀威胁店内员工。见店员不敢上前阻止，杨某某随即用铁锤将柜台玻璃砸坏。拿走柜台里的14件金首饰，总价值约13000元。杨某某正准备离开时被店员围住，直至警察赶到。随后，杨某某被公安机关依法刑事拘留。[1]

## 杨某某是否构成抢劫罪？是否既遂？



《刑法》第二百六十三条规定的抢劫罪是指以非法占有为目的，对财物的所有人、保管人使用暴力、胁迫或其他方法，强行将公私财物抢走的行为。[2] 本罪的构成主体是一般主体，主观上为故意并且有将公私财物非法占有的目的，客体上侵犯的是公私财物的所有权和公民的人身权利，客观上表现为行为人对公私财物的所有者、保管者或者守护者当场使用暴力、胁迫或者其他对人身实施强制的方法，强行劫取公私财物的行为。本案中，杨某某用美工刀威胁店员，使店员不能反抗、不敢反抗，之后用铁锤砸坏柜台玻璃取得金饰，已经构成抢

1 参见《为了生计，19岁女孩骑着电动车抢劫金店，只带一把美工刀和铁锤》，载腾讯网，最后访问时间2022年6月19日。

2 《中华人民共和国刑法》第二百六十三条 以暴力、胁迫或者其他方法抢劫公私财物的，处三年以上十年以下有期徒刑，并处罚金；有下列情形之一的，处十年以上有期徒刑、无期徒刑或者死刑，并处罚金或者没收财产：

（一）入户抢劫的；

（二）在公共交通工具上抢劫的；

（三）抢劫银行或者其他金融机构的；

（四）多次抢劫或者抢劫数额巨大的；

（五）抢劫致人重伤、死亡的；

（六）冒充军警人员抢劫的；

（七）持枪抢劫的；

（八）抢劫军用物资或者抢险、救灾、救济物资的。

劫罪。

那么，杨某某的抢劫行为是否已经既遂呢？依据最高人民法院印发的《关于审理抢劫、抢夺刑事案件适用法律若干问题的意见》第十条之规定，抢劫罪侵犯的是复杂客体，既侵犯财产权利又侵犯人身权利，具备劫取财物或者造成他人轻伤以上后果两者之一的，均属抢劫既遂；既未劫取财物，又未造成他人人身伤害后果的，属抢劫未遂。[1] 本案中，杨某某已经取得并控制了金饰，虽然没有逃跑成功，但依旧属于已经劫取到财物的情况，构成抢劫罪的既遂。

## 杨某某是否具有加重情节？

抢劫罪的加重情节依据《刑法》第二百六十三条规定包含以下几种情形：入户抢劫的；在公共交通工具上抢劫的；抢劫银行或者其他金融机构的；多次抢劫或者抢劫数额巨大的；抢劫致人重伤、死亡的；冒充军警人员抢劫的；持枪抢劫的；抢劫军用物资或者抢险、救灾、救济物资的。关于本案，大家可能会对杨某某抢劫金店的行为是否属于入户抢劫产生疑问。依据《最高人民法院关于审理抢劫案件具体应用法律若干问题的解释》第一条规定，本案中杨某某抢劫的金店并不属于入户抢劫，只能算作普通的抢劫情形，可能会被判处三年以上十年以下有期徒刑。[2]

19 岁正是青春开始的年纪，本应有着美好的未来，却因为一时糊涂，等来的却是冷冰冰的手铐和无尽的悔恨，实在令人唏嘘。生活一定会给你带来尘埃，但你必须拍掉身上的灰尘，无论生活多么苦涩，都要微笑着去面对。

---

1 《最高人民法院关于审理抢劫、抢夺刑事案件适用法律若干问题的意见》十　抢劫罪的既遂、未遂的认定　抢劫罪侵犯的是复杂客体，既侵犯财产权利又侵犯人身权利，具备劫取财物或者造成他人轻伤以上后果两者之一的，均属抢劫既遂；既未劫取财物，又未造成他人人身伤害后果的，属抢劫未遂。据此，刑法第二百六十三条规定的八种处罚情节中除“抢劫致人重伤、死亡的”这一结果加重情节之外，其余七种处罚情节同样存在既遂、未遂问题，其中属抢劫未遂的，应当根据刑法关于加重情节的法定刑规定，结合未遂犯的处理原则量刑。

2 《最高人民法院关于审理抢劫案件具体应用法律若干问题的解释》第一条　刑法第二百六十三条第（一）项规定的“入户抢劫”，是指为实施抢劫行为而进入他人生活的与外界相对隔离的住所，包括封闭的院落、牧民的帐篷、渔民作为家庭生活场所的渔船、为生活租用的房屋等进行抢劫的行为。

对于入户盗窃，因被发现而当场使用暴力或者以暴力相威胁的行为，应当认定为入户抢劫。

## 延伸阅读

1. 黄某四抢劫罪一案刑事一审判决书 /（2021）粤 1303 刑初 356 号

**裁判要旨：**

本院认为，被告人黄某四采用暴力手段抢劫他人财物，其行为已构成抢劫罪。被告人黄某四归案后能如实供述自己的罪行，且当庭认罪，依法可以从轻处罚。

2. 陈某抢劫罪一案刑事一审判决书 /（2021）粤 0607 刑初 250 号

**裁判要旨：**

本院认为，被告人陈某无视国家法律，以暴力、胁迫等方法抢劫他人价值合计人民币 24988 元的财物，其中人民币 2 万元系犯罪未遂，其行为已构成抢劫罪，应依法追究其相应的刑事责任。

3. 唐某全抢劫罪一审刑事判决书 /（2021）川 0112 刑初 310 号

**裁判要旨：**

本院认为，被告人唐某全持刀威胁，劫取公民财物，其行为已构成抢劫罪，应予以惩处。

# 盗窃宠物，应获何刑？

热点事件

2021年，黄某称其所养的柴犬在广东珠海金湾区被狗贩子偷走。经调查，黄某的爸爸出门遛狗，解开了柴犬的绳，让它去上厕所，打算等它回来再系上。结果，柴犬被两个骑摩托车的男子强行拉上车，当黄某找到自己的柴犬时，柴犬已经被剥皮变成狗肉售卖，售价只有230元，目前警方已介入调查。网友们对黄某的遭遇纷纷表示同情，对狗贩子的偷狗和残忍行为表示谴责。[1] 据估计，柴犬的均价在5000—10000元。



## 狗贩子构成抢劫罪、抢夺罪还是盗窃罪？

《刑法》对于常见的以非法占有为目的，侵犯他人财产权益的行为，规定了抢劫罪、盗窃罪、抢夺罪等罪名。

抢劫罪是指以非法占有为目的，当场使用暴力、胁迫或者其他方法强行取得公私财物的行为。**抢劫罪侵犯的是复杂客体，除侵犯他人财产权益还侵犯他人人身权益**，即运用暴力胁迫或者其他方式强制他人使其失去反抗能力（不知反抗、不敢反抗或不能反抗）。[2]

1 参见《广东珠海：柴犬当街被偷，主人找到时已成狗肉，警方介入调查》，载搜狐网，最后访问时间2022年6月19日。

2 《中华人民共和国刑法》第二百六十三条　以暴力、胁迫或者其他方法抢劫公私财物的，处三年以上十年以下有期徒刑，并处罚金；有下列情形之一的，处十年以上有期徒刑、无期徒刑或者死刑，并处罚金或者没收财产：

（一）入户抢劫的；
（二）在公共交通工具上抢劫的；
（三）抢劫银行或者其他金融机构的；
（四）多次抢劫或者抢劫数额巨大的；
（五）抢劫致人重伤、死亡的；
（六）冒充军警人员抢劫的；
（七）持枪抢劫的；
（八）抢劫军用物资或者抢险、救灾、救济物资的。

抢夺罪是指以非法占有为目的，公然夺取公私财物的行为。**与抢劫罪相比，抢夺罪侵犯的客体是单独客体，即他人的财产权益**。认定抢夺罪既遂的标准需要考虑数额，数额较大才能构成。而抢劫罪的既遂标准为取得财物或者故意造成他人轻伤以上后果，没有数额上的要求。

盗窃罪是指以非法占有为目的，秘密窃取公私财物的行为。所谓秘密窃取是指行为人利用“主观上认为不会为财物的占有人发现”的方法取得财物，所谓“掩耳盗铃”也属于盗窃，即便可能已经被财物的占有人或者其他人发觉。盗窃罪的秘密窃取的秘密性、平和性区别于抢夺罪的公然性、夺取性。但是学界近年来的通说观点认为，盗窃罪和抢夺罪的区别不在于上述公然性和秘密性，而在于是强制性还是平和性。所谓强制、平和是指是否在**间接上**有致人伤亡的**危险**，若有则构成抢夺罪，若无则构成盗窃罪。

本案中，狗贩子并未威胁当时正在遛狗的黄某父亲的人身权益，没有使用暴力、威胁等方式使得黄某父亲失去反抗能力，也没有使用在间接上有致人伤亡危险的强制手段夺取狗。狗贩子将狗拽上摩托车的行为并不会对人的生命健康产生威胁，也没有伤害人身健康的故意，所以不满足抢劫罪和抢夺罪的构成要件。行为若符合盗窃罪的其他构成要件，应当认定为盗窃罪既遂。



## 盗窃罪的犯罪数额如何计算？

《刑法》中对于盗窃罪的罪状规定为，盗窃公私财物，数额较大的，或者多次盗窃、入户盗窃、携带凶器盗窃、扒窃。[1] 可知如果不属于后四种盗窃类型，需要从盗窃数额来认定是否构成犯罪。根据相关规定，广东省珠海市盗窃罪定

1 《中华人民共和国刑法》第二百六十四条　盗窃公私财物，数额较大的，或者多次盗窃、入户盗窃、携带凶器盗窃、扒窃的，处三年以下有期徒刑、拘役或者管制，并处或者单处罚金；数额巨大或者有其他严重情节的，处三年以上十年以下有期徒刑，并处罚金；数额特别巨大或者有其他特别严重情节的，处十年以上有期徒刑或者无期徒刑，并处罚金或者没收财产。

罪数额为 3000 元以上。[1] 数额的认定是按照有效价格证明，没有有效价格证明或者根据有效价格证明认定盗窃数额明显不合理的，应当按照有关规定委托估价机构估价。[2] 本案中，狗贩子将柴犬卖了 230 元，属于销赃所得，并非柴犬本身的价格。盗窃罪的数额认定并非按照销赃所得，而是按照盗窃物品本身的价格，若柴犬的价格在 3000 元以上，则狗贩子的行为构成盗窃罪既遂。

当然，根据狗贩子偷狗的手段、熟练程度，有理由猜测其并非第一次作案。若查证其在两年内盗窃他人宠物犬三次以上，则属于刑法中规定的多次盗窃，取得财物构成盗窃罪既遂。每次偷狗的数额累加计算，之后按照数额量刑：3000 元—10 万元的属于数额较大，处三年以下有期徒刑、拘役或者管制，并处或者单处罚金；10 万元—50 万元的为数额巨大，处三年以上十年以下有期徒刑，并处罚金；50 万元以上的为数额特别巨大，处十年以上有期徒刑或者无期徒刑，并处罚金或者没收财产。



宠物是主人的伙伴，甚至是家人；其生命之于主人具有超越经济价值的意义。这种猎捕式的盗窃手段、极其残忍的处理方式让人震惊、气愤。自作聪明、贪图蝇头小利而盗窃宠物狗的行为与文明的伦理价值相悖，更为现代法律所不容。

## 延伸阅读

1. 陕西省府谷县人民检察院诉郝某东盗窃案 /《最高人民法院公报》2011 年第 5 期（总第 175 期）

**裁判要旨：**

《中华人民共和国刑法》第三十七条规定，对于犯罪情节轻微不需要判

---

1 《广东省高级人民法院、广东省人民检察院关于确定盗窃刑事案件数额标准的通知》（粤高法发〔2013〕16 号）
一、一类地区包括广州、深圳、珠海、佛山、中山、东莞等六个市，盗窃数额较大的起点掌握在三千元以上；数额巨大的起点掌握在十万元以上；数额特别巨大的起点掌握在五十万元以上。

2 《最高人民法院、最高人民检察院关于办理盗窃刑事案件适用法律若干问题的解释》第四条　盗窃的数额，按照下列方法认定：
（一）被盗财物有有效价格证明的，根据有效价格证明认定；无有效价格证明，或者根据价格证明认定盗窃数额明显不合理的，应当按照有关规定委托估价机构估价；
……

处刑罚的，可以免予刑事处罚。在审理盗窃案件中，盗窃数额是判断犯罪情节及社会危害性的重要依据，但不是唯一依据，还应综合考虑案件其他情节及被告人的主观恶性和人身危险性等因素。如果盗窃犯罪的案情特殊，综合判断犯罪情节确属轻微的，即使犯罪数额巨大，也可以免予刑事处罚。

判断某一盗窃犯罪行为是否属于刑法第三十七条的"情节轻微"，要根据刑法及相关司法解释的规定，综合考虑犯罪手段、犯罪对象、退赃情况及社会反应等情况，客观评价刑罚处罚的必要性。在案件具有特殊的事实、情节等情况下，要切实贯彻落实宽严相济的刑事政策，真正做到正确裁量、罪刑相当。

2. 张某昌等盗窃案二审刑事裁定书 /（2013）南市刑二终字第 199 号

**裁判要旨：**

停放在公共场所的汽车系为车主合法占有之财产，虽车主遗失了车的钥匙，但并不意味其丧失对该车的控制。但张某昌明知该汽车不属于自己的财产，却让王某、刘某春过来违背了财产所有人的意志，秘密转移了对车辆的占有和控制权，故张某昌的行为完全符合盗窃罪的构成要件。

3. 王某东盗窃罪一案二审刑事裁定书 /（2018）沪 01 刑终 1204 号

**裁判要旨：**

互联网交易平台签约商户（铺）的所有人或其他实际控制人，明知平台交易系统存在错误，仍利用系统错误，采用在其商户自买自卖的"刷单"方式套取平台钱款，数额较大的，构成盗窃罪。

# “拿”鸡蛋被抓后猝死，家属索赔被拒有何依据？

**热点事件**

2020 年 6 月，南通一老人在超市偷偷拿了 2 个鸡蛋放裤子口袋，准备离开时被工作人员拦下。双方交涉无果后，店员拉扯着老人的衣袖并跟随他行走，之后老人忽然倒地不起。超市工作人员拨打 110 的 19 分钟后又拨打了 120，后经医院抢救无效，老人去世。家属起诉超市，向其索赔 38 万元。南通市崇州区人民法院判决驳回原告的诉讼请求，原告不服，向南通市中级人民法院提起上诉。2021 年 3 月，南通市中级人民法院判决驳回上诉，维持原判。[1]

考虑到本案发生在《民法典》生效之前，以下分析主要适用《侵权责任法》的相关规定。但根据最高法关于适用《民法典》时间效力的司法解释，民法典施行前，受害人为保护自己合法权益采取扣留侵权人的财物等措施引起的民事纠纷案件，适用《民法典》第一千一百七十七条的规定。[2]



## 超市员工的劝阻行为是否侵犯老人的生命权、健康权、身体权？

《侵权责任法》第六条（现《民法典》第一百二十条）规定了一般侵权责任，即行为人因过错侵害他人民事权益，应当承担侵权责任。一般侵权责任的构成要件包括违法行为、过错、损害结果和因果关系。本案中，老人猝死的损害结果已成事实，后文着重分析违法行为、过错和因果关系这三个要件。

1 参见《老人超市偷拿鸡蛋被店员拦下后猝死，家属索赔 38 万元》，载网易新闻，最后访问时间 2022 年 6 月 19 日。

2 《最高人民法院关于适用〈中华人民共和国民法典〉时间效力的若干规定》第十七条的规定。

超市员工的劝阻行为是否具有违法性？合法权益受到侵害时，当事人通常应当通过公力来救济，但在特定条件下也允许当事人进行私力救济。自助行为就是一种典型的私力救济。自助行为，又称自救行为，是指权利被侵害的人，没有按照法律上的正式程序，而是凭借自己的力量来恢复权利的行为。《民法典》第一千一百七十七条第一款规定："合法权益受到侵害，情况紧迫且不能及时获得国家机关保护，不立即采取措施将使其合法权益受到难以弥补的损害的，受害人可以在保护自己合法权益的必要范围内采取扣留侵权人的财物等合理措施；但是，应当立即请求有关国家机关处理。"本案中，老人做出不当行为后要走出超市，超市若不立即采取措施可能会使其合法权益得不到救济，故超市员工对老人进行了言语交流和劝阻，并拉扯衣袖以阻止老人走出超市，以上均属于为保护自己合法权益的必要措施，未超出合理范围。

超市员工在劝阻过程中是否存在过错？过错是加害人行为时的主观状态，即行为人行为时是否对损害结果有主观上的故意和过失。本案中，老人倒地后，超市营业人员主动拨打 110 和 120，将老人紧急送医，不存在主观上的故意。通常认为加害人行为时未尽必要注意义务，则存在过失。本案中，超市员工在劝阻时，言语交流并不过激，拉扯衣袖的行为也未超出维护自己合法权益的必要限度，更未出现辱骂、肢体冲突等不当行为，可以认为超市员工劝阻时已对他人尽到必要注意义务。所以，超市营业人员不存在《侵权责任法》上的过错。



劝阻行为与损害后果之间是否具有因果关系？超市员工对老人的劝阻行为与老人心梗猝死之间是否具有因果关系，应当依照法律上因果关系的要求来判断。法律上的因果关系并非事实上的因果关系，其由"条件关系"和"相当性"两个判断组成。条件关系是指无前者则无后者，本案中如果没有超市员工的劝阻行为，就不会出现老人猝死的结果，所以可以认为劝阻行为与损害后果之间具有条件关系。但是老人猝死的结果并不是劝阻行为直接导致的，老人的身体状况是其中的介入因素，要想认定劝阻行为与老人猝死结果之间的关系，仅认定二者具有条件关系是不够的，还要认定二者之间的条件关系具有相当性，即根据一般社会生活经验，行为当然地或盖然地引起结果。本案中，超市员工的劝阻行为，根据一般社会生活经验进行判断，尚不足以导致老人心梗猝死。因此，超市员工的劝阻行为与老人的死亡后果之间不具有相当性，也就不具备法律上的因果关系。

综上，超市员工的劝阻行为属于自助行为，不具有违法性；超市员工在劝阻过程中对老人的猝死没有主观上的故意和过失，不存在过错；超市员工的劝阻行为与老人猝死之间不具有法律上的因果关系。因此，超市员工的劝阻行为没有侵犯老人的生命权、健康权、身体权。

## 超市是否尽到安全保障义务?

根据前文的分析，超市不负一般侵权责任。但是超市作为公共场所的管理人，对顾客应当负有一定的安全保障义务。[1] 在老人病发倒地后，超市是否尽到安全保障义务了呢？本案中，超市员工在老人倒地后约 19 分钟才打了 120，当事人双方对此是否违反安全保障义务存在争议。我们赞同二审法院的观点，鉴于老人倒地前双方发生纠纷，老人倒地又具有突发性，超市员工难以对老人身体状况进行判断的情况下，通过拨打 110 处理纠纷，符合一般公众的社会认知，具有合理性，应认定为超市尽到了安全保障义务。因此，超市不应当对老人的猝死承担侵权责任。



### 延伸阅读

1. 边某、毛某康生命权、健康权、身体权纠纷二审民事判决书 / (2021) 赣 08 民终 45 号

**裁判要旨：**

从现有证据看，未采取穿戴救生服等安全保障措施并酒后下水作业，

1 《中华人民共和国侵权责任法》第三十七条第一款　宾馆、商场、银行、车站、娱乐场所等公共场所的管理人或者群众性活动的组织者，未尽到安全保障义务，造成他人损害的，应当承担侵权责任。

是导致死者自身死亡的主要原因。本案中，被上诉人对死者的死亡不具有因果关系，不符合应承担侵权责任的构成要件。

2. 吕超等与上海携程国际旅行社有限公司等生命权、健康权、身体权纠纷二审民事判决书 /（2020）沪 01 民终 5685 号

**裁判要旨：**

本案系侵权责任纠纷，被告不具备合法的经营资质不必然导致本案损害后果的发生，与死者死亡之间不具有因果关系，亦非当然构成其承担损害赔偿责任的过错。

3. 陈某 1 与山西临猗百某大购物广场有限公司生命权、健康权、身体权纠纷二审民事判决书 /（2021）晋 08 民终 662 号

**裁判要旨：**

通常公共场所安装运行的自动扶梯，其安全性能应当具有相当高的标准，扶梯的围裙板在正常运营中即使被一个成年人肢体碰撞也应该不会轻易发生损坏。而本案中，电梯在 2 岁的上诉人脚踢下即发生损坏，必然存在电梯本身质量或者维护漏洞的问题，而且是本案伤害事件发生的主要原因。

4. 北京康某体育发展有限公司与藏某利二审民事判决书 /（2021）京 03 民终 5983 号

**裁判要旨：**

从当事人提交的涉案器械照片看，未见醒目位置张贴使用说明及安全提示，上诉人亦未就此主动履行提示、告知等安全保障义务，其上诉认为客户应当主动请求帮助，亦存在被动放任风险发生的过错。因此，康某体育发展有限公司上诉主张其已尽到安全保障义务，证据不足，本院不予采纳。

# 抓壁虎被判刑罚款，于法何据？

热点事件

2019年8月，山东曹县村民赵某联系村民张某、周某一起捕捉并贩卖壁虎，三人多次在东明县三春集镇一带的禁猎区，以夜间照明等禁用的工具、方法捕捉野生壁虎共计18公斤。案发后，曹县公安局在赵某家中查扣壁虎2.7公斤共计637只，其余壁虎已被售卖，三人非法获利2000余元。近日，曹县人民法院依法审理了此案，赵某、张某、周某因非法狩猎罪，分别被判处有期徒刑6个月到9个月不等（缓刑1年），同时被收缴全部非法所得，并共同承担因其非法狩猎行为造成的国家生态价值损失31.85万元。[1]那么，为什么会因为狩猎这单价并不高的小小壁虎而受到这么严重的刑事处罚呢？



## 是否构成非法狩猎罪？

《刑法》第三百四十一条第二款规定的非法狩猎罪，是指违反狩猎法规，在禁猎区、禁猎期或者使用禁用工具、方法进行狩猎，破坏珍禽珍兽或者其他野生动物资源，**情节严重**的行为。本罪属于情节犯，构成本罪需要达到情节严重的标准。要想构成本罪，**主体上**为一般主体，无论是专门从事狩猎的人员还是其他公民，只要达到刑事责任年龄、具备刑事责任能力的，都可能构成本罪，单位亦可构成。**主观上**应有故意的心态，还需要侵犯了国家保护野生动物资源的管理制度这一**客体**。**客观上还要符合**违反狩猎法规，在禁猎区、禁猎期或者使用禁用的工具、方法进行狩猎，破坏野生动物资源，**情节严重**的情形。所谓

1　案例来源：赵某康、周某非法狩猎一审刑事判决书 /（2020）鲁1721刑初330号。

“情节严重”，根据《最高人民法院、最高人民检察院关于办理破坏野生动物资源刑事案件适用法律若干问题的解释》（以下简称《解释》）第七条规定，是指非法猎捕野生动物价值一万元以上的；违反狩猎法规，在禁猎区、禁猎期或者使用禁用的工具、方法进行狩猎，破坏野生动物资源的或具有其他严重情节的行为。此外，本罪的对象是指除了珍贵、濒危的陆生野生动物和水生野生动物以外，有益的或者有重要经济、科学研究价值的陆生野生动物。即本罪的对象仅指一般陆生野生动物，未列入《国家重点保护野生动物名录》《濒危野生动植物种国际贸易公约》附录一、附录二的野生动物以及驯养繁殖的上述物种的其他所有陆生野生动物。如果行为人非法狩猎的对象涉及国家重点保护的珍贵、濒危野生动物，则应按非法捕猎、杀害珍贵、濒危野生动物罪论处。如果行为人非法捕捞水生野生动物的，应按非法捕捞水产品罪论处。

本案中，赵某、张某、周某三人属于一般刑事责任主体，都具有故意的主观心态。他们三人使用夜间照明的方式捕猎壁虎，根据《野生动物保护法》第二十四条规定，这属于用禁用的工具、方法进行捕猎。[1] 三人共计猎捕 18 公斤，符合《解释》所规定的“情节严重”的情形。并且他们三人所捕猎的壁虎为无蹼壁虎，属于国家保护的有重要生态、科学、社会价值的陆生野生动物，属于非法狩猎罪所指向的对象。综上所述，赵某、张某、周某三人构成非法狩猎罪。



## 不知道是保护动物而捕猎可以免责吗？

在实践中，行为人常常不知道自己捕猎的是保护动物而认为自己不构成

1《中华人民共和国野生动物保护法》第二十四条　禁止使用毒药、爆炸物、电击或者电子诱捕装置以及猎套、猎夹、地枪、排铳等工具进行猎捕，禁止使用夜间照明行猎、歼灭性围猎、捣毁巢穴、火攻、烟熏、网捕等方法进行猎捕，但因科学研究确需网捕、电子诱捕的除外。
前款规定以外的禁止使用的猎捕工具和方法，由县级以上地方人民政府规定并公布。

犯罪，那么这个理由可以作为免责事由吗？不知道是保护动物而捕猎，属于刑法上法律认识错误中的“假想非罪”。法律认识错误是指，行为人对自己的行为在法律上是否构成犯罪、构成何种犯罪或者应当受到怎样的处罚产生错误认识。一般包括以下三种情形：一是将有罪行为误认为无罪行为；二是将无罪行为误认为有罪行为；三是对罪行定性与处罚轻重的误认。由于法律认识错误的本质在于行为人对法律的无知，原则上这点一般不影响犯罪的构成，只可能对其主观恶性的大小和评价产生一定作用，进而可能影响量刑。所以，不知并不代表无罪，行为人以自己不知道是保护动物为由而辩解并不能免责。

保护动物，人人有责。周围随处可见的动物也许就是保护动物，比如乌龟、青蛙、麻雀、刺猬……可别为了蝇头小利，而背负巨额赔款，还要承担刑事责任。痛矣！悔矣！



### 延伸阅读

1. 周某发非法狩猎罪二审刑事判决书 /（2021）皖 16 刑终 102 号

**裁判要旨：**

本院认为，涉案刺猬为远东刺猬，该动物被列为有重要生态、科学、社会价值的陆生野生动物名录（简称“三有动物”）。上诉人违反狩猎法规，在禁猎区使用禁用的工具进行狩猎，情节严重，其行为已构成非法狩猎罪。

2. 程某军非法狩猎罪一审刑事判决书 /（2021）皖 1124 刑初 161 号

**裁判要旨：**

本院认为，被告人程某军违反狩猎法规，在禁猎区、禁猎期使用禁用的工具进行设置电网猎捕野生动物野猪两头、野兔两只，其行为已构成非法狩猎罪，依法应予惩处。

### 3. 张某耀非法狩猎一审刑事判决书 / （2021）豫1328刑初489号

**裁判要旨：**

本院认为，被告人违反狩猎法规，在禁猎区、禁猎期使用禁用的方法进行狩猎，情节严重，其行为已构成非法狩猎罪。

# 敢偷我辣条？能让你坐牢

## 热点事件

2020年9月，浙江台州，租户李女士发现家里的零食和饭菜不翼而飞，且这种情况已出现了好几次。于是就在家里安装了监控。通过监控视频发现，一男子在只穿着内裤的情况下就进入了她的家中。不过这名男子并没有翻找财物，而是直接将留在家中的饭菜和零食吃掉了。据该男子交代，他无意中发现住在自己楼上的李女士有不关门的习惯。于是，他每天饿了后，就等李女士出门，然后偷偷溜进她的家里偷吃。因为他自己不会做饭，就这样偷吃了十几天。李女士表示："他偷吃我的蛋糕和无骨鸡爪！我自己都舍不得吃。"随后在民警的教育下，该男子认识到自己的错误，悔过态度比较好，并表示日后肯定不会再犯，加之他偷窃物品以食物为主，金额也不大，而且得到了李女士谅解，所以最终警方对其不予立案。[1]



## 该男子的行为是否构成盗窃罪？

我国《刑法》规定了盗窃罪的五种认定标准：盗窃公私财物，第一，数额较大的；第二，多次盗窃；第三，入户盗窃；第四，携带凶器盗窃；第五，扒窃的。[2] 由此可见，第一种为盗窃财物数额达到法律规定的"较大"即可构成盗窃罪，后四种不需要考虑数额，只要考虑次数（多次）、行动方式（入户、携带凶

1 参见《家里剩饭和零食总是神秘失踪！女子安装摄像头后，家里竟有个裸男……》，载腾讯网，最后访问时间2022年6月19日。

2 《中华人民共和国刑法》第二百六十四条　盗窃公私财物，数额较大的，或者多次盗窃、入户盗窃、携带凶器盗窃、扒窃的，处三年以下有期徒刑、拘役或者管制，并处或者单处罚金；数额巨大或者有其他严重情节的，处三年以上十年以下有期徒刑，并处罚金；数额特别巨大或者有其他特别严重情节的，处十年以上有期徒刑或者无期徒刑，并处罚金或者没收财产。

器、扒窃）等即可构成盗窃罪。对于盗窃罪第一种认定标准中的定罪数额，有关司法解释规定，盗窃公私财物价值一千元至三千元以上、三万元至十万元以上、三十万元至五十万元以上的，应当分别认定为《刑法》第二百六十四条规定的“数额较大”“数额巨大”“数额特别巨大”。各地可以根据经济发展状况确定具体数额范围。

不考虑数额，构成盗窃罪的情况包括：多次盗窃、入户盗窃、携带凶器盗窃、扒窃。依据相关司法解释：所谓“多次盗窃”是指二年内盗窃三次以上；所谓“入户盗窃”是指非法进入供他人家庭生活，与外界相对隔离的住所盗窃的行为；所谓“携带凶器盗窃”是指携带枪支、爆炸物、管制刀具等国家禁止个人携带的器械盗窃，或者为了实施违法犯罪携带其他足以危害他人人身安全的器械盗窃；所谓“扒窃”是指在公共场所或者公共交通工具上盗窃他人随身携带的财物。

本案中，该男子十几天多次（至少大于三次）进入李女士租住的房间内偷东西吃，符合司法解释规定的“多次盗窃”的情形。并且，他的行为也构成入户盗窃。虽然偷吃的东西数额较小，但是符合《刑法》第二百六十四条规定的无须考虑数额的其他认定标准，构成盗窃罪。如果被立案起诉，有可能判处三年以下有期徒刑、拘役或者管制并处或者单处罚金。



## 本案为何不予立案？

我国《刑事诉讼法》规定，情节显著轻微、危害不大，不认为是犯罪的，不追究刑事责任。[1] 但是本案中男子的行为明明属于入户盗窃而且至少十多次，

1《中华人民共和国刑事诉讼法》第十六条　有下列情形之一的，不追究刑事责任，已经追究的，应当撤销案件，或者不起诉，或者终止审理，或者宣告无罪：
（一）情节显著轻微、危害不大，不认为是犯罪的；
（二）犯罪已过追诉时效期限的；
（三）经特赦令免除刑罚的；
（四）依照刑法告诉才处理的犯罪，没有告诉或者撤回告诉的；
（五）犯罪嫌疑人、被告人死亡的；
（六）其他法律规定免予追究刑事责任的。

具备一定的社会危害性，也对李女士的人身财产安全构成了威胁，并且符合刑法规定的罪状，不能认定为“不构成犯罪”。相关司法解释中还规定了，盗窃数额较大时，行为人认罪、悔罪，且被害人谅解的或者情节轻微的，可以免予刑事处罚[1]。依据“举重以明轻”的原则，犯罪嫌疑人认罪态度良好，情节轻微，且取得了被害人的谅解时，即使盗窃数额较大，仍可以免除刑事处罚。那么，涉案男子在满足其他条件，且盗窃数额较小时，当然可以适用本条，免予刑事处罚。所以，警方依据事实和相关法律解释作出的不予立案的决定，是合法且合理的。

君子爱财，取之有道，不劳而获的贪念是很多犯罪的根源。一定要管好自己，不要心存侥幸而实施盗窃，这次没立案，不代表下次不被抓。



## 延伸阅读

### 1. 上诉人韩某甲盗窃一案刑事判决书 /（2015）宁刑二终字第 178 号

**裁判要旨：**

合租房是承租人日常起居的场所，具有独立生活的特质和相对隔离的特点，可以认定为刑法意义上的“户”。在这个前提之下，对于合租人韩某甲实施的行为，就要考察其入户的非法性问题。各合租人彼此之间相互熟悉，可以随意进出他人的房间，在这种情况下，被告人进入他人房间的行为客观上并不违背居住人的意愿，不具有非法性。换言之，即被告人如不实施盗窃行为，则其行为不具有非法进入的特征，因此不应认定为入户盗窃。

---

1 《最高人民法院、最高人民检察院关于办理盗窃刑事案件适用法律若干问题的解释》第七条　盗窃公私财物数额较大，行为人认罪、悔罪，退赃、退赔，且具有下列情形之一，情节轻微的，可以不起诉或者免予刑事处罚；必要时，由有关部门予以行政处罚：

（一）具有法定从宽处罚情节的；

（二）没有参与分赃或者获赃较少且不是主犯的；

（三）被害人谅解的；

（四）其他情节轻微、危害不大的。

2. 郭某某入户盗窃他人财物一审刑事判决书 /（2019）鲁 0323 刑初 134 号

**裁判要旨：**

本院认为，被告人郭某某以非法占有为目的，入户盗窃他人财物（共计价值 194 元），其行为已构成盗窃罪，应当追究刑事责任。被告人郭某某归案后如实供述自己的罪行，依法可以从轻处罚；鉴于被盗物品已退还被害人并取得被害人谅解，对其可酌情从轻处罚。判处罚金人民币 1000 元。

3. 潘某、伍某龙多次入户盗窃一审刑事判决书 /（2018）鲁 0213 刑初 452 号

被告人潘某、伍某龙多次入户盗窃；被告人班某鑫、王某红入户盗窃，其行为均触犯了《中华人民共和国刑法》第二百六十四条，应当以盗窃罪追究其刑事责任，其法定刑为三年以下有期徒刑、拘役或者管制，并处或者单处罚金（第一次盗窃 800 元，第二次盗窃 200 元，第三次盗窃未遂。）

## 偷来的车丢了去报警，警方是否应该受理？

### 热点事件

2021 年 2 月底，家住余杭的小王报警称自己心爱的山地车被偷了。虽然及时报案，但一个多月过去了还没有破案。小王本来已经不抱多大希望，但机缘巧合，小王的亲哥哥经过一家超市时发现门口停放一辆自行车有些眼熟，经辨认发现确实是小王的车，小王之后便报警称自己的车找到了但被上了锁。经民警核实确认是小王被盗的自行车后便让小王办理相关手续，之后小王将车骑走了。另一边，一名姓祝的男子当晚向派出所报警声称自己的自行车丢了，经民警询问后发现，这个祝某就是之前偷小王车的嫌疑人。目前，祝某因盗窃被余杭警方依法行政拘留。[1]



### 祝某偷来的车被偷，祝某可以请求小偷返还吗？

民法上对于物的返还有两种请求权，一种是返还原物请求权，另一种是占有返还请求权。

依据《民法典》第二百三十五条规定，返还原物请求权是指所有权人在其物被他人非法占有时，依法要求该占有人或转得人返还原物的权利。[2] 它的构成要件包括以下几个方面：第一，享有返还原物请求权的权利人，即失去占有的所有权人、他物权人及其他依法享有权利的人对物享有物权。第二，须有他人无权占有动产或不动产的事实。无权占有即没有法律根据、没有合法原因的

---

1　参见《偷来的车不见了，小偷气急败坏报警：请严惩偷车贼！民警：好的》，载凤凰网，最后访问时间 2022 年 6 月 19 日。

2 《中华人民共和国民法典》第二百三十五条　无权占有不动产或者动产的，权利人可以请求返还原物。

占有。第三，相对人须为无权占有人。本案中，祝某的自行车是偷来的，所以祝某并不是自行车的所有权人。如果别人偷走了祝某偷来的车，虽然相对人属于无权占有，但由于祝某不是该车的物权人，所以祝某并不能享有返还原物请求权。

依据《民法典》第四百六十二条的规定，占有返还请求权是指占有人的占有物被侵占时，可以请求侵占人返还占有物的权利。[1] 它的构成要件为：第一，请求权人应为占有人，非占有人即使对占有物享有合法的权利，也不能行使占有返还请求权。第二，占有物被侵夺。第三，相对人应为侵夺人。第四，占有物仍然存在并可返还。当事人若提起占有保护，法律直接对占有的事实提供保护，不问其占有背后有无本权的存在，这是出于恢复社会秩序的需要。本案中，自行车虽然是祝某偷来的，祝某无权占有此辆自行车，但是当有人把他偷来的自行车偷走就会侵夺这辆自行车被祝某占有的状态，祝某便可以对偷车的人行使占有返还请求权。



综上所述，如果有别的小偷把祝某偷来的车偷走，祝某是可以基于占有返还请求权要求其返还自行车的。

## 小王如果把自己的车偷回来构成盗窃罪吗？

《刑法》第二百六十四条所规定的盗窃罪，是指以非法占有为目的，盗窃公私财物数额较大或者多次盗窃、入户盗窃、携带凶器盗窃、扒窃公私财物的行为。[2] 本罪的主体是一般主体，主观上要求表现为直接故意，且以非法占有为目的。本罪在客体上侵犯的是公私财物的所有权。客观上表现为具有窃取数额较

1 《中华人民共和国民法典》第四百六十二条　占有的不动产或者动产被侵占的，占有人有权请求返还原物；对妨害占有的行为，占有人有权请求排除妨害或者消除危险；因侵占或者妨害造成损害的，占有人有权依法请求损害赔偿。
占有人返还原物的请求权，自侵占发生之日起一年内未行使的，该请求权消灭。

2 《中华人民共和国刑法》第二百六十四条　盗窃公私财物，数额较大的，或者多次盗窃、入户盗窃、携带凶器盗窃、扒窃的，处三年以下有期徒刑、拘役或者管制，并处或者单处罚金；数额巨大或者有其他严重情节的，处三年以上十年以下有期徒刑，并处罚金；数额特别巨大或者有其他特别严重情节的，处十年以上有期徒刑或者无期徒刑，并处罚金或者没收财产。

大的公私财物或者多次盗窃、入户盗窃、携带凶器盗窃、扒窃公私财物的行为。

本案中，小王的自行车被祝某偷走，小王仍然是该自行车的所有人，祝某对该自行车属于非法占有。如果该自行车被小王偷走，由于小王偷走自己的车主观上没有非法占有的目的，客体上也没有侵犯该车的所有权，所以不会构成盗窃罪。但是，如果小王在他人合法占有和使用条件下把车偷回来，就可能会构成盗窃罪。

有时候，缘分真的妙不可言。原主人一件东西失而复得的概率不小，但是偷来的东西再被偷走的事情可不常见。不管在什么地方，大家都要注意保护好自己的财产，不要给小偷可乘之机。

## 延伸阅读



1. 孙某莲、沈某军合同纠纷一审民事判决书 /（2020）甘 0111 民初 1278 号

**裁判要旨：**

本院认为，原、被告对涉案房屋均系有权占有，但被告沈某军以自行更换门锁的方式剥夺原告的占有，将双方对涉案房屋的共同占有转化为单独占有，且除斥期间尚未届满，因此原告孙某莲对被告沈某军享有占有返还请求权，有权依法要求被告沈某军交付更换后的门锁钥匙，并在约定期限内在涉案房屋内居住。

2. 李某与李某芳等物权保护纠纷二审民事判决书 /（2020）鲁 01 民终 802 号

**裁判要旨：**

本院认为，一审时，李某芳提交济南市国土资源局颁发的不动产权证书，载明涉案房屋权利人为李某芳，共有情况为单独所有。现涉案房屋被李某、王某苗占有、使用，按照法律规定，李某芳作为涉案房屋的合法权利人，就涉案房屋享有占有返还请求权，李某、王某苗继续占有涉案房屋无事实及法律依据。

3. 田华、潘丹宏等返还原物纠纷民事二审民事判决书 /（2022）鄂 08 民终 271 号

**裁判要旨：**

田某基于合同关系对于案涉渔池土地被侵占的，享有占有返还请求权和损害赔偿权。法院认为，田某应当自取得占有、经营权利之日起一年内行使占有返还请求权，田某要求行使占有返还请求权已经超过一年的诉讼时效，故田某只能要求请求无权占有人潘某宏赔偿其造成的经济损失。

# 私自偷鸵鸟圈里的鸵鸟蛋，是否构成盗窃罪?

**热点事件**

2021 年 5 月 23 日，山东德州动植物园内，有一女子跳入鸵鸟圈内偷蛋。该女子的家人曾对其进行阻拦但未成功。之后，园区管理处经监控系统及时发现该行为，并第一时间通知园内巡逻工作人员。工作人员通过其游玩路线很快寻到该游客并顺利追缴回鸵鸟蛋，并对当事人进行了严厉的批评。[1] 该女子的行为是否构成盗窃罪，她是否应当承担刑事责任呢?



## 该女子的行为是否构成盗窃罪?

《刑法》第二百六十四条规定的盗窃罪是指，以非法占有为目的，盗窃公私财物数额较大或者多次盗窃、入户盗窃、携带凶器盗窃、扒窃公私财物的行为。本罪的构成要件从主体上来说为一般主体，凡达到刑事责任年龄（已满十六周岁）且具备刑事责任能力的人均能构成；主观上为直接故意，且具有非法占有的目的；客体上来说，侵犯的是公私财物的所有权。所有权包括占有、使用、收益、处分等权能；从客观方面来说表现为行为人窃取数额较大的公私财物或者多次窃取公私财物、入户盗窃、携带凶器盗窃、扒窃公私财物的行为。所谓窃取，是指行为人违反被害人意志，将他人占有的财物转移为自己或第三人占有。这里需要注意的是：首先，窃取行为虽然通常具有秘密性，但盗窃不仅仅限定于秘密窃取。其次，窃取行为是排除他人对财物的支配，建立新的支配关系的过程。如果只是单纯地排除他人对财物的支配，则不是盗窃。再

1 参见《女游客翻越围栏偷走鸵鸟蛋，警方回应》，载腾讯网，最后访问时间 2022 年 6 月 19 日。

次，窃取是一种通过平和的方式将他人占有的财产转移的行为。如果手段中含有暴力成分，则可能构成抢夺罪，甚至是抢劫罪。如果存在对物的暴力行为和主观意图，则可能构成抢夺罪；如果存在对人的暴力行为和主观意图，则可能构成抢劫罪。最后，要成立盗窃，一般需要窃取公私财物数额较大。但是，如果属于多次窃取公私财物、入户盗窃、携带凶器盗窃、扒窃的情形，则盗窃数额不影响定罪。根据《最高人民法院、最高人民检察院关于办理盗窃刑事案件适用法律若干问题的解释》第一条之规定，盗窃公私财物价值一千元至三千元以上、三万元至十万元以上、三十万元至五十万元以上的，应当分别认定为《刑法》第二百六十四条规定的“数额较大”“数额巨大”“数额特别巨大”。

本案中，该女子以非法占有为目的，跨越围栏进入鸵鸟圈中偷了一颗鸵鸟蛋。主观上是故意的心态，并侵犯了动物园的所有权。但是，该行为并未排除动物园对鸵鸟蛋的控制，动物园在该女子还未出园前就将被偷的蛋追回。一般来说，动物园对于整个园区具有管理和控制的能力。在该女子还未出园前，被偷的蛋仍在动物园的控制范围内。所以，从法律的角度上来说，该女子的窃取行为并未得逞。据查，一颗鸵鸟蛋的市场价值大约在 100 元到 300 元，不符合数额较大的构成要件，所以该女子不构成盗窃罪。但可能会根据《治安管理处罚法》第四十九条被处罚，因其并未造成损害结果，可能会适当减轻甚至免除处罚。[1]

## 如果触犯盗窃罪是否能“私了”

要想知道盗窃罪是否可以私了，首先要知道刑事案件分为自诉案件和公诉案件。自诉案件，是指告诉才处理的以及其他不需要进行侦查的轻微刑事案件。

1 《中华人民共和国治安管理处罚法》第四十九条　盗窃、诈骗、哄抢、抢夺、敲诈勒索或者故意损毁公私财物的，处五日以上十日以下拘留，可以并处五百元以下罚款；情节较重的，处十日以上十五日以下拘留，可以并处一千元以下罚款。

《刑事诉讼法》第二百一十条规定，自诉案件一般包括侮辱、诽谤案，暴力干涉婚姻自由案，虐待案以及侵占案件，有证据证明的轻微刑事案件，有证据证明对被告人侵犯自己人身、财产权利的行为应当依法追究刑事责任，而公安机关或者人民检察院不予追究被告人刑事责任的案件。这类案件如果原告和被告和解撤诉，法院不宜干涉，也就是说完全可以私了解决。

除此之外的刑事案件都属于公诉案件。公诉案件是指，由各级检察机关依照法律相关规定，代表国家追究被告人的刑事责任而提起诉讼的案件。这类案件一般都不允许私了，但在2018年新修订的《刑事诉讼法》中新增了公诉案件和解制度。《刑事诉讼法》第二百八十八条规定，下列公诉案件，犯罪嫌疑人、被告人真诚悔罪，通过向被害人赔偿损失、赔礼道歉等方式获得被害人谅解，被害人自愿和解的，双方当事人可以和解：（一）因民间纠纷引起，涉嫌刑法分则第四章、第五章规定的犯罪案件，可能判处三年有期徒刑以下刑罚的；（二）除渎职犯罪以外的可能判处七年有期徒刑以下刑罚的过失犯罪案件。犯罪嫌疑人、被告人在五年以内曾经故意犯罪的，不适用本章规定的程序。盗窃罪属于刑法分则中第五章的内容，所以如果被告人真诚悔罪，获得了被害人的谅解，双方当事人可以和解。



但是，公诉案件的和解和自诉案件的和解不同。自诉案件的和解协议不仅包括赔偿损失、赔礼道歉等内容，还可以涉及诉讼的进程，**起诉方可以处置诉讼权利**；公诉案件的和解协议仅针对赔偿损失、赔礼道歉等内容，**不能涉及公权力的处置**，无权决定诉讼的进程。而且，在自诉案件中，起诉方与被诉方达成和解后，起诉方可以据此决定撤回起诉，从而**终止诉讼**，也就是我们所说的私了；但在公诉案件中，根据《刑事诉讼法》第二百九十条规定，和解协议只能作为在诉讼各个阶段从宽处理的依据，不能据此决定诉讼的进程。[1] 综上所述，像盗窃罪这种公诉类型的犯罪，已被公安机关立案侦查，是不可以私了的。但如果双方达成和解，法院会酌情减轻刑罚。

1 《中华人民共和国刑事诉讼法》第二百九十条　对于达成和解协议的案件，公安机关可以向人民检察院提出从宽处理的建议。人民检察院可以向人民法院提出从宽处罚的建议；对于犯罪情节轻微，不需要判处刑罚的，可以作出不起诉的决定。人民法院可以依法对被告人从宽处罚。

暑假如此美妙，游玩仍需规范。外出旅游一定要遵守法律法规，做一个有道德、有素质的游客，勿以恶小而为之。

## 延伸阅读

1. 张某财盗窃一审刑事判决书 /（2021）辽 0804 刑初 199 号

**裁判要旨：**

本院认为，被告人张某财以非法占有为目的，多次入户盗窃，其行为已构成盗窃罪，应予依法惩处。

2. 薛某龙盗窃罪二审刑事判决书 /（2021）新 01 刑终 12 号

**裁判要旨：**

本院认为，原审被告人薛某龙以非法占有为目的，利用新疆某远古售票系统与美团 App 之间的结算漏洞，盗窃价值 789442 元的滑雪票，数额特别巨大，其行为已构成盗窃罪。原审被告人薛某龙及其家属与被害单位达成刑事和解协议，分期退赔赃款，取得了被害单位的谅解，可以从轻处罚。

3. 周某灯、徐某、李某峰盗窃罪二审刑事判决书 /（2020）闽 01 刑终 268 号

**裁判要旨：**

本院认为，上诉人周某灯事前与盗窃人员钟某团通谋，事后对钟某团等人所盗鳗鱼及鳗鱼苗予以收购，金额共计 1206089 元，数额特别巨大，其行为已构成盗窃罪，三名被告人归案后积极退赃退赔并取得当事人谅解，依法从轻处罚。

## 一小偷倒掉17万元凉茶只为卖空瓶该当何罪?

**热点事件**

家住温州瓯海的梁先生做饮料批发生意。2014年3月16日，梁先生出差回来发现仓库里一批价值17万元的凉茶不翼而飞。报警后民警查看了仓库周围的监控，发现张某有重大嫌疑。张某被抓获后交代自己巡逻时发现一仓库未上锁，里面存放着很多饮料，见四下无人就钻进仓库将饮料搬到门外倒掉。从早上8点多到晚上8点多，张某终于将2000多箱一共30000多瓶凉茶倒完，最后将空瓶子和纸箱卖了废品，共计获利900多元。目前，张某已被刑事拘留。[1]



### 张某应构成故意毁坏财物罪还是盗窃罪?

《刑法》第二百七十五条规定的故意毁坏财物罪是指故意毁灭或者损坏公私财物，数额较大或者有其他严重情节的行为。[2]《刑法》第二百六十四条规定的盗窃罪是指以非法占有为目的，盗窃公私财物数额较大或者多次盗窃、入户盗窃、携带凶器盗窃、扒窃公私财物的行为。[3] 两罪在区分的理论上分为主观要件区分说和客观要件区分说。主观要件区分说是指从行为人的主观目的上去区分，主观上如果有非法占有的故意则定为盗窃罪，主观上有故意毁坏财物的故意就定为故意毁坏财物罪。客观区分说是指不论行为人主观上是毁坏还是藏匿一律认定为盗窃罪，只有在现场进行毁坏的情况下才构成故意毁坏财物罪。客观说

1 参见《温州窃贼偷价值17万元饮料倒掉后卖空瓶得115元》，载搜狐福建，最后访问时间2022年6月19日。

2《中华人民共和国刑法》第二百七十五条 故意毁坏公私财物，数额较大或者有其他严重情节的，处三年以下有期徒刑、拘役或者罚金；数额巨大或者有其他特别严重情节的，处三年以上七年以下有期徒刑。

3《中华人民共和国刑法》第二百六十四条 盗窃公私财物，数额较大的，或者多次盗窃、入户盗窃、携带凶器盗窃、扒窃的，处三年以下有期徒刑、拘役或者管制，并处或者单处罚金；数额巨大或者有其他严重情节的，处三年以上十年以下有期徒刑，并处罚金；数额特别巨大或者有其他特别严重情节的，处十年以上有期徒刑或者无期徒刑，并处罚金或者没收财产。

虽然便于操作，但是不符合非法占有故意的本质含义，也没有正确区分盗窃罪与故意毁坏财物罪。所以在实务中，大多数情况下还是采用了主观要件区分说，即非法占有是指排除权利人对其财物的占有并对财物可能的用途进行利用。

本案的关键在于如何评价张某取得饮料瓶后倒掉的行为。从案情中可以看出，张某将饮料搬出仓库后从早上八点到晚上八点一直在倒饮料，这么长的时间里都在独自处分财物，我们可以认为该饮料已经处于张某的实际控制，即张某已经非法占有这些饮料瓶。由此可以看出，张某主观上想要非法占有这些饮料瓶，客观上也实施了占有饮料瓶的行为，构成了盗窃罪。对于倒掉饮料的行为，有观点认为，张某只是单纯对空饮料瓶有非法占有的目的，对瓶内的饮料没有占有目的，应该认定为是故意毁坏财物的行为，以故意毁坏财物罪进行认定。该行为属于一行为触犯两罪名的情形，按照盗窃罪和故意毁坏财物罪想象竞合比较妥当。但是，我们认为，张某为了获取空的饮料瓶必须连同饮料一起占有。至于他之后怎么处理饮料，是卖掉还是倒掉都不具有期待可能性。根据《最高人民法院、最高人民检察院关于办理盗窃刑事案件适用法律若干问题的解释》第十一条规定，盗窃公私财物并造成财物损毁的，采用破坏性手段盗窃公私财物，造成其他财物损毁的，以盗窃罪从重处罚。[1] 而张某盗窃之后倒掉饮料的行为，主观上只有卖瓶子的故意，没有毁坏饮料的故意。所以，张某的行为不满足故意毁坏财物罪的主观要件，只成立盗窃罪一罪。



## 对涉案价值有重大认识错误应如何处罚?

本案中，张某将价值 17 万元的凉茶倒出，最终只卖空瓶子和纸箱赚得 900 多元这种情况应该如何处罚呢？本案中的张某可能存在对所盗物品价值的认识错误。

1 《最高人民法院、最高人民检察院关于办理盗窃刑事案件适用法律若干问题的解释》第十一条　盗窃公私财物并造成财物损毁的，按照下列规定处理：
（一）采用破坏性手段盗窃公私财物，造成其他财物损毁的，以盗窃罪从重处罚；同时构成盗窃罪和其他犯罪的，择一重罪从重处罚；
（二）实施盗窃犯罪后，为掩盖罪行或者报复等，故意毁坏其他财物构成犯罪的，以盗窃罪和构成的其他犯罪数罪并罚；
（三）盗窃行为未构成犯罪，但损毁财物构成其他犯罪的，以其他犯罪定罪处罚。

行为人对所盗物品价值有重大认识错误，属于刑法理论中所讲的一种对象认识错误。刑法上的认识错误，包括事实认识错误和法律认识错误。事实认识错误，是指行为人主观认识的事实与客观的事实不一致，主要包括对象认识错误、行为性质和手段认识错误、因果关系认识错误等。对象认识错误，是指行为人主观所认识的行为对象与其行为所实际侵害的对象不相一致。这种认识错误，包括对价值有无和高低的认识错误。需要注意的是，行为人对所盗物品价值是否存在重大认识错误，不能仅凭其供述或辩解来认定。否则，行为人均可以自称对所盗物品价值有重大认识错误，来规避或逃脱其应负的法律责任。判断行为人是否对所盗物品价值存在重大认识错误，主要应从行为人的个人情况及其行为前后的表现来综合分析。

本案中，要综合评价张某是否能认识到 2000 多箱饮料具有 17 万元的价值。如果经审理发现张某对被盗财物认识的数额确实远远低于实际数额，按照犯罪构成主客观统一的原则来看，不能让张某对不能认识的财物数额承担犯罪的责任，只能按照其所能认识的财物数额承担责任。但是从现实生活来看，不可能要求行为人对盗窃对象的价值有准确的判断和认识，一般应按照盗窃对象的实际价值来量刑。《最高人民法院、最高人民检察院关于办理盗窃刑事案件适用法律若干问题的解释》第一条第一款规定，盗窃公私财物价值一千元至三千元以上、三万元至十万元以上、三十万元至五十万元以上的，应当分别认定为《刑法》第二百六十四条规定的“数额较大”“数额巨大”“数额特别巨大”。如果不能认定张某对所盗窃财物价值有重大认识错误，则应根据被害人实际损失 17 万元来量刑，属于盗窃数额巨大的情形。

生活中，要多读书，多看报，不然连一个“合格”的小偷都做不了。张某的事件告诫我们，遵纪守法、勤劳致富才是王道。要不然钱没赚到，还要受到法律的惩罚。



## 延伸阅读

1. 黎某璋盗窃一审刑事判决书 /（2019）黔 0103 刑初 1234 号

**裁判要旨：**

本院认为，被告人黎某璋以非法占有为目的，入户盗窃他人财物，数额巨大，其行为已构成盗窃罪，依法应予惩处。贵阳市云岩区人民检察院指控被告人黎某璋犯盗窃罪的罪名成立，本院予以确认。被告人黎某璋认罪认罚，系自首，可以从轻处罚。

2. 梁某军盗窃案一审刑事判决书 /（2017）黑 7104 刑初 16 号

**裁判要旨：**

本院认为，被告人梁某军以非法占有为目的，秘密窃取他人财物，其行为已构成盗窃罪。经查，社会一般人对和田玉的真伪及价值缺乏完整、准确的判断。根据梁某军、刘某的文化程度、生活阅历，二人辩解称自己不知道是和田玉、不知道价值这么高是合理的；根据主客观相一致、罪责刑相适应的刑法原则，结合本案的具体情节和梁某军的一贯表现，梁某军应承担盗窃数额较大的刑事责任。

3. 刘某盗窃一审刑事判决书 /（2021）粤 0309 刑初 481 号

**裁判要旨：**

本院认为，被告人刘某无视国家法律，秘密窃取盗窃他人财物，数额巨大，其行为构成盗窃罪。公诉机关指控被告人刘某犯罪事实清楚，证据确实、充分，指控罪名成立，本院予以支持。

# 女子在群里调侃领导私生活，将其开除后，公司却赔 10 万元

**热点事件**

上海的刘小姐是某公司的员工，加入了部门同事们私下建的一个小微信群。因不满领导长期安排加班，刘小姐和同事们在群里调侃领导的私生活。不料，群里一成员将聊天内容转发给其他同事，然后此事便被传开了。被调侃的领导知悉后，在公司大会上当众宣读聊天记录，引发员工热议。2020 年 2 月 25 日，该公司以刘小姐严重违反公司规章制度为由解除双方劳动合同。刘小姐不满劳动仲裁委的仲裁结果，又诉至法院。该案于 2021 年 3 月 8 日审理完毕。[1]



## 公司解除劳动合同需要满足哪些条件?

“用人单位单方解除劳动合同”又称“过失性辞退”，是指用人单位不需要提前三十日以书面形式通知劳动者或者额外支付劳动者一个月工资，而可以直接解除与劳动者订立的劳动合同。单方解除劳动合同是用人单位对劳动者采取的最为严厉的处罚手段，因此要严格限制其适用的情形。《劳动合同法》第三十九条规定了哪些情况下用人单位可以单方解除劳动合同，主要包括劳动者存在严重过错的情形，严重违反用人单位的规章制度就属于其中之一。[2]

---

1 参见《员工在同事私聊群调侃领导被开除！法院：公司赔偿 10 万元》，载光明网，最后访问时间 2022 年 6 月 19 日。

2 《中华人民共和国劳动合同法》第三十九条 劳动者有下列情形之一的，用人单位可以解除劳动合同：

（一）在试用期间被证明不符合录用条件的；

（二）严重违反用人单位的规章制度的；

（三）严重失职，营私舞弊，给用人单位造成重大损害的；

（四）劳动者同时与其他用人单位建立劳动关系，对完成本单位的工作任务造成严重影响，或者经用人单位提出，拒不改正的；

（五）因本法第二十六条第一款第一项规定的情形致使劳动合同无效的；

（六）被依法追究刑事责任的。

用人单位单方解除劳动合同的，应当事先将理由通知工会。否则，劳动者可以以用人单位违法解除劳动合同为由请求用人单位支付赔偿金。[1]本案中，该公司提出证据，在解除和刘小姐的劳动合同之前，其已通知工会且工会回复同意。公司解除合同的理由是刘某严重违反公司规章制度，那么，这一理由成立吗？

## 刘小姐是否严重违反公司规章制度？

该公司《员工奖励与处罚管理制度》中规定：散布谣言、捏造事实、恶意攻击、投诉或举报他人，损害公司或他人声誉，情节恶劣的，属于严重违反公司规章制度，公司将予以开除或辞退。那么，刘小姐和同事们在群里调侃领导私生活的行为是否达到严重违反公司规章制度的程度？

首先，刘小姐和同事们私下所建的群里仅有十几人，属于相对封闭的空间，与线下小范围聊天场合并无二致，本身并不具有大范围传播的可能。其次，刘小姐在该群中并未主动制造不实言论，其发言大多为附和，故难以认定刘小姐存在恶意损害同事声誉的主观意图。最后，事态之所以扩大，并非刘小姐传播所致，刘小姐没有传播谣言的主观故意和行为。无论是从损害结果还是行为的恶劣程度来看，刘小姐的行为都难以符合“情节恶劣”的标准。综上，刘小姐在微信群中发表不当言论的行为恐难构成严重违反公司规章制度。当然，该公司亦有权对刘小姐予以处罚，但处罚措施应与刘小姐的过错程度相当。因此，公司单方解除劳动合同的做法，系违法解除，应当支付刘小姐违法解除劳动合同赔偿金。依据《劳动合同法》第四十七条、第八十七条的规定，法院判决该公司支付刘小姐违法解除劳动合同赔偿金 101642.71 元。

虽然刘小姐最后得到了赔偿金，但是发布不当言论的行为也是不正确的。



1 《最高人民法院关于审理劳动争议案件适用法律问题的解释（一）》第四十七条　建立了工会组织的用人单位解除劳动合同符合劳动合同法第三十九条、第四十条规定，但未按照劳动合同法第四十三条规定事先通知工会，劳动者以用人单位违法解除劳动合同为由请求用人单位支付赔偿金的，人民法院应予支持，但起诉前用人单位已经补正有关程序的除外。

我们在参与网络群组信息交流时，仍应当遵守法律法规，文明互动、理性表达。适当的调侃和开玩笑可以活跃气氛，但选字用词还是要注意边界。言语有分寸，是对他人的尊重，也是对自己的尊重。

**延伸阅读**

1. 李某某与北方重某集团有限公司劳动争议一审民事判决书 /（2021）辽 0191 民初 1115 号

**裁判要旨：**

本案中，2019 年 12 月 30 日，原告在收到返岗通知后到公司报到，且自认收到了被告公司的员工守则，但原告仍自 2019 年 12 月 31 日起未再出勤，原告的行为构成旷工，被告依据公司员工守则与原告解除劳动合同，系合法解除，不属于支付违法解除劳动合同经济补偿金的法定情形，故原告的该项诉请，本院不予支持。

2. 盼某安居门业有限责任公司、王某伟劳动争议二审民事判决书 /（2021）辽 08 民终 1301 号

**裁判要旨：**

《解除劳动关系通知书》认定王某伟严重违反用人单位的规章制度，但是未明确王某伟违规的事实，王某伟违规的事实不能依据其抗辩的事实，所以盼某安居门业有限责任公司以抗辩事实为依据解除与王某伟的劳动关系属违法解除劳动关系。

3. 胡某松与江苏某南物业服务有限公司淮安分公司劳动争议二审民事判决书 /（2021）苏 08 民终 1994 号

**裁判要旨：**

胡某松在明知某南物业请假制度的情况下，于 2019 年 6 月 27 日因故请长假 30 天，在尚未完成审批流程的情况下即不再上班，经某南物业通知限期返岗后仍未到岗，违反了《员工手册》中关于考勤请假的相关规定，

其行为构成严重违反规章制度。某南物业依据《员工手册》作出与胡某解除劳动关系的处罚决定，并通知工会，符合上述法律规定且程序合法，应认定为合法解除，无须支付违法解除赔偿金。

# 损害他人名誉，该当何罪？

## 热点事件

2018年11月，安徽滁州某大学晚自习时间，有一男生拿着一叠卡片走到每个教室散发，卡片上印有一名女生的照片，上面写着“包夜：800”“找小姐”等不雅字样，上面还附有女生的电话。女生得知此事后立即报警，据民警了解得知，该男生与这名女生以前是同班同学，在校期间因为某些事情一直对女生怀恨在心，不久前逛女生的QQ空间发现了女生的很多私照，就想到通过印发“黄色小卡片”来报复。目前，这名男生已经被行政拘留7日，并处500元罚款。[1] 由于本案发生在《民法典》生效以前，所以根据当时生效的《民法总则》进行分析。



## 男同学应该承担什么民事责任？

《民法总则》第一百一十条（现《民法典》第一百一十条）规定，自然人享有生命权、身体权、健康权、姓名权、肖像权、名誉权、荣誉权、隐私权、婚姻自主权等权利。本案中，男生将女生的照片印在带有不雅字样的卡片上，对女生的肖像和名誉都造成了一定程度的损害。肖像权是自然人所享有的对自己的肖像上所体现的人格利益为内容的一种人格权，包括公民有权拥有自己的肖像，拥有对肖像的制作专有权和使用专有权。公民有权禁止他人非法使用自己的肖像权或对肖像权进行损害、玷污。名誉权是指人们对于公民或法人的品德、才干、声望、信誉和形象等各方面的综合评价。男生的行为属于非法使用并玷污他人肖像，并可能使该女生的社会评价降低。此外，卡片上还印有女生的电

1 参见《小伙为了报复，居然把女同学照片制成黄色小卡片，发放到学校教室》，载网易号，最后访问时间2022年6月19日。

话号码，由于电话号码属于个人信息，根据《民法总则》第一百一十一条（现《民法典》第一百一十一条）规定自然人的个人信息受法律保护，任何组织和个人不得非法收集、使用、加工、传输他人个人信息，不得非法买卖、提供或者公开他人个人信息。本案中的男生未经女生同意擅自使用、传播、公开女生的电话号码，侵犯了该女生的个人信息权。

综上所述，这名男生侵犯了女生的肖像权、名誉权和个人信息权。根据《民法总则》第一百七十九条（有关人格权的民事责任承担现为《民法典》第九百九十五条的内容），这名女生可以要求男生承担赔礼道歉、恢复名誉、消除影响等民事责任。造成严重精神损害的，还可以要求其承担精神损害赔偿。

## 男同学应该承担什么刑事责任?



本案中男生捏造并散布虚假事实，散发小卡片的行为已经侵犯到女生的名誉权。如果造成非常严重的影响，可能构成《刑法》第二百四十六条所规定的诽谤罪。[1] 需要注意的是，诽谤罪的成立必须以情节严重为构成要件。依据《最高人民法院、最高人民检察院关于办理利用信息网络实施诽谤等刑事案件适用法律若干问题的解释》第二条规定，属于“情节严重”的情形包括：同一诽谤信息实际被点击、浏览次数达到五千次以上，或者被转发次数达到五百次以上的；造成被害人或者其近亲属精神失常、自残、自杀等严重后果的；二年内曾因诽谤受过行政处罚，又诽谤他人的行为。此外，诽谤罪一般属于自诉案件，应当由公民个人自行向人民法院提起诉讼。只有在侮辱、诽谤行为“严重危害社会秩序和国家利益”时，公安机关才能按照公诉程序立案侦查。

---

1 《中华人民共和国刑法》第二百四十六条　以暴力或者其他方法公然侮辱他人或者捏造事实诽谤他人，情节严重的，处三年以下有期徒刑、拘役、管制或者剥夺政治权利。

前款罪，告诉的才处理，但是严重危害社会秩序和国家利益的除外。

通过信息网络实施第一款规定的行为，被害人向人民法院告诉，但提供证据确有困难的，人民法院可以要求公安机关提供协助。

虽然本案不属于利用网络信息实施诽谤，但参照来看，本案中男孩的行为还没有达到"情节严重"的程度，即使女孩提起诉讼，也难以依据《刑法》要求他承担刑事责任，但是他在客观上确实存在诽谤他人并侵害他人名誉权的行为。依据《治安管理处罚法》第四十二条的规定，可以对该男生处以五日以下拘留或者五百元以下罚款；情节较重的，处五日以上十日以下拘留，可以并处五百元以下罚款。[1]

校园生活对于每个人来说都弥足珍贵，同学之间的情谊也是一生中宝贵的财富。一起朝夕相处的日子中难免会有不愉快的小摩擦，宽容、体谅也许就是最好的解决方式。希望多年之后，那段青葱的校园时光带来的回忆依旧温暖。



## 延伸阅读

1. 孟某与石家庄贵某人医疗美容医院有限公司肖像权、名誉权纠纷一审民事判决书 /（2019）苏 0505 民初 3820 号

**裁判要旨：**

本院认为，公民享有肖像权，公民肖像权受到侵害的，有权要求停止侵害，消除影响，赔礼道歉，并可以要求赔偿损失。被告在未征得原告同意或与原告签订形象代言合同的情况下，擅自在案涉网站页面中使用原告的肖像作为文章配图，该行为已构成侵犯原告肖像权的行为，虽然文章链接已经删除，侵害已经停止，但被告仍应承担赔礼道歉的责任。

1 《中华人民共和国治安管理处罚法》第四十二条　有下列行为之一的，处五日以下拘留或者五百元以下罚款；情节较重的，处五日以上十日以下拘留，可以并处五百元以下罚款：
（一）写恐吓信或者以其他方法威胁他人人身安全的；
（二）公然侮辱他人或者捏造事实诽谤他人的；
（三）捏造事实诬告陷害他人，企图使他人受到刑事追究或者受到治安管理处罚的；
（四）对证人及其近亲属进行威胁、侮辱、殴打或者打击报复的；
（五）多次发送淫秽、侮辱、恐吓或者其他信息，干扰他人正常生活的；
（六）偷窥、偷拍、窃听、散布他人隐私的。

2. 孙某红与建平县红山金某健身俱乐部肖像权纠纷、名誉权纠纷 /（2019）辽 1322 民初 2052 号

**裁判要旨：**

本院认为公民享有肖像权，未经本人同意，不得以营利为目的使用公民的肖像。以营利为目的，未经公民同意利用其肖像做广告、商标、装饰橱窗等，应当认定为侵犯公民肖像权的行为。

3. 梁某思诽谤一审刑事判决书 /（2019）黑 1202 刑初 137 号

**裁判要旨：**

本院认为，被告人梁某思在快手上捏造事实诽谤他人，发布同一诽谤信息已经被点击、浏览次数达到 8956 次，符合《最高人民法院、最高人民检察院关于办理利用信息网络实施诽谤等刑事案件适用法律若干问题的解释》第二条第一款规定的情节严重，其行为已构成诽谤罪，应依法予以惩处。

# 结婚 1 小时就离婚，索要 30 万元赔偿，法院判决不准离！

## 热点事件

在云南昆明，1995 年出生的项某和 1997 年出生的陈某认识后互生好感，于是确立了恋爱关系。几个月后，双方在昆明市呈贡区民政局办理了结婚登记。但领证一个小时后，项某就向陈某提出离婚要求，陈某不同意，于是项某起诉至法院请求判令双方解除婚姻关系。

项某认为，他和女方其实已经分手，二人感情破裂。结婚是因为女方在分手期间多次发短信骚扰和刺激他之后，他才作出了草率决定。陈某则认为，项某存在骗婚行为，对自己的身心及之后的婚姻生活造成巨大影响，应依法追诉制裁项某的不良行为，恢复自己的未婚状态，并赔偿自己 30 万元。

陈某与项某均称结婚前双方没有同居过，婚后没有住在一起。最终法院判决，对陈某与项某的离婚诉讼请求不予支持。[1]



## 撤销婚姻的构成要件

《民法典》第一千零五十二条规定了因胁迫、非法限制人身自由撤销婚姻的情形：因胁迫结婚的，受胁迫的一方可以向人民法院请求撤销婚姻。请求撤销婚姻的，应当自胁迫行为终止之日起一年内提出。被非法限制人身自由的当事人请求撤销婚姻的，应当自恢复人身自由之日起一年内提出。[2] 第一千零五十三

1 参见《昆明一在校大学生刚领证一小时，就闹离婚……还上了法庭》，载贵阳网，最后访问时间 2022 年 6 月 19 日。

2 《中华人民共和国民法典》第一千零五十二条　因胁迫结婚的，受胁迫的一方可以向人民法院请求撤销婚姻。

请求撤销婚姻的，应当自胁迫行为终止之日起一年内提出。

被非法限制人身自由的当事人请求撤销婚姻的，应当自恢复人身自由之日起一年内提出。

条规定了因一方隐瞒重大疾病撤销婚姻的情形：一方患有重大疾病的，应当在结婚登记前如实告知另一方；不如实告知的，另一方可以向人民法院请求撤销婚姻。请求撤销婚姻的，应当自知道或者应当知道撤销事由之日起一年内提出。综上，撤销婚姻的事由包括胁迫、非法限制人身自由、隐瞒重大疾病。常见情形有：当事人一方以曝光对方隐私、对其进行人身威胁等方式强迫对方与之登记结婚；当事人家人或者对方家人限制一方人身自由强迫其登记结婚以及隐瞒不适合结婚的重大疾病的情况等。除此之外，法律并未规定其他撤销婚姻的事由，诸如一般的以虚假的经济条件或者以其他方面欺骗对方结婚的，只要不是胁迫、非法限制人身自由或者隐瞒重大疾病的，都认为当事人双方属于自愿登记结婚，不属于法定的撤销婚姻的事由。当事人主张撤销婚姻的，婚姻登记机关无权直接予以撤销，而是由当事人向人民法院提起诉讼。法院判决撤销婚姻的，登记机关再予以撤销。

本案中，原告主张离婚，被告不同意离婚并辩称要撤销婚姻。那么，双方应当提供哪些证明呢？对于诉讼离婚，被告陈某并不存在法律规定的五种应当准予离婚的情形，故原告需要提供证据证明感情确已破裂。由于双方属于自由恋爱，有一定感情基础，并且原告项某也举证说明自己和被告陈某均是自愿结婚，且双方均不存在过错，加之女方不同意离婚，原告未能举证双方感情确已破裂，故法院驳回其诉讼请求。对于诉讼撤销婚姻的，需要证明自身受到胁迫、非法限制人身自由或者对方隐瞒重大疾病。本案中，被告女方不同意离婚，而是主张撤销婚姻并要求赔偿 30 万元。女方如果需要撤销婚姻应当向法院提起撤销婚姻的诉讼，或在离婚诉讼中提起反诉。即便女方提出对方存在骗婚的情形，也不属于法定的撤销婚姻事由，法院不会判决撤销婚姻，女方只能通过协议离婚或者诉讼离婚来终止婚姻关系。当然，如果一方以非法占有他人财物为目的，以婚姻为诱饵，假借婚姻骗取财物，事后携款潜逃，数额较大，涉嫌诈骗罪的，应该向公安机关报案，公安机关会调查取证，追究相关人员的法律责任。

## 撤销婚姻记录是否会如实告知“再”婚对象

《民法典》第一千零五十四条规定，被撤销的婚姻自始没有法律约束力，当事人不具有夫妻的权利和义务。[1] 可见撤销婚姻的，该婚姻自始没有法律效力，等于当事人未婚，结婚时属于初婚而不属于再婚。由于我国实行婚姻登记制度，夫妻双方无论是诉讼离婚还是协议离婚都会被登记，而且民政部门为保障双方平等自愿，会说明当事人属于再婚情况。那么，撤销婚姻会被记录吗？在结婚时会被如实告知对方吗？

根据《最高人民法院关于适用〈中华人民共和国民法典〉婚姻家庭编的解释（一）》第二十一条规定，人民法院根据当事人的请求，依法确认婚姻无效或者撤销婚姻的，应当收缴双方的结婚证书并将生效的判决书寄送当地婚姻登记管理机关。《婚姻登记条例》第十六条规定，婚姻登记机关收到人民法院宣告婚姻无效或者撤销婚姻的判决书副本后，应当将该判决书副本收入当事人的婚姻登记档案。所以撤销婚姻的记录仍会保留在婚姻登记机关的系统中，但是因撤销婚姻自始没有法律约束力，故撤销婚姻后登记结婚的，不属于再婚，登记机关不会告知当事人属于再婚，但是会说明撤销婚姻的情况。综上，**离婚再结婚，婚姻登记机关会保留离婚登记，并在结婚时告知当事人系再婚；撤销婚姻的，婚姻登记机关会保留判决书，但结婚属于初婚而不属于再婚，根据实事求是、公平的原则，会将有关情况告知当事人。当然登记机关在告知时会保障当事人隐私，不会宣读婚史，只是尽必要的告知义务。**

家庭是社会的基础，婚姻是家庭的起源。婚姻自古以来就是人生中极其重要的事情，客观上讲，两个人的结合不仅仅是爱情的结果，还是两个家庭甚至



---

1 《中华人民共和国民法典》第一千零五十四条　无效的或者被撤销的婚姻自始没有法律约束力，当事人不具有夫妻的权利和义务。同居期间所得的财产，由当事人协议处理；协议不成的，由人民法院根据照顾无过错方的原则判决。对重婚导致的无效婚姻的财产处理，不得侵害合法婚姻当事人的财产权益。当事人所生的子女，适用本法关于父母子女的规定。
婚姻无效或者被撤销的，无过错方有权请求损害赔偿。

家族的资源整合。相较于封建社会的包办婚姻，现代法治社会保障了每个人的婚姻自由，自由不仅仅赋予了当事人选择自己心仪的伴侣的权利，而且赋予当事人慎重选择伴侣、对自己的选择负责的重担。无论是法定结婚年龄还是婚姻的登记制度、离婚的冷静期制度，都是在提醒每一个适婚青年要慎重选择。法律从来不约束恋爱，也一直尊重每个人选择的婚姻伴侣。在恋爱中可以任意选择相恋或者分手，也可以选择和一个人结婚或者不结婚（以符合法定结婚条件为前提）。但是一旦选择登记结婚，就意味着这段婚姻关系受到法律约束，夫妻双方的身份利益受到法律保护，不可能允许任何一方无理由单方面解除婚姻，而是需要通过法定的协议离婚程序或者诉讼离婚程序，经过离婚冷静期或者司法的审查，以此保障夫妻双方的权益。

## 延伸阅读



1. 杨某与王某撤销婚姻纠纷案二审民事判决书 /（2020）京 02 民终 8623 号

**裁判要旨：**

因胁迫结婚的，受胁迫的一方可以向婚姻登记机关或人民法院请求撤销该婚姻。当事人对自己提出的主张，有责任提供证据。本案中，杨某主张自己与王某 2019 年 8 月 23 日的婚姻登记系受到王某胁迫，并提交了相关证据，但结合王某之抗辩与所提交之证据，杨某之证据并未充分有力证明该婚姻系王某以给杨某或者其近亲属的生命、身体健康、名誉、财产等方面造成损害为要挟，故综合全案事实与证据，法院对杨某之诉讼请求不予支持。

2. 张某某与刘某某撤销婚姻纠纷案二审判决书 /（2021）鲁 01 民终 7257 号

**裁判要旨：**

本案中，刘某某于 2020 年 1 月 6 日出院时被山东省精神卫生中心诊断为：患有双相情感障碍、目前为不伴有精神病性状的躁狂发作。后双方恋爱来往，至双方在 2020 年 5 月 20 日登记结婚时，已近五个月，张某某所提交的证据不足以证明刘某某在双方结婚登记时属于精神疾病的发病期，且刘某某2020年12月14日治疗出院后，双方感情甚好。故张某某以刘某某患有重大疾病不如实告知为由要求撤销婚姻依据不足，不予支持。

### 3. 王某真与郭某撤销婚姻纠纷一审民事判决书/（2021）鲁0102民初3323号

**裁判要旨：**

关于重大疾病的具体范围，民法典并无明确规定。根据《中华人民共和国母婴保健法》第九条规定：经婚前医学检查，对患指定传染病在传染期内或者有关精神病在发病期内的，医师应当提出医学意见；准备结婚的男女双方应当暂缓结婚。该法第三十八条规定，该法中的指定传染病，是指《中华人民共和国传染病防治法》中规定的艾滋病、淋病、梅毒、麻风病以及医学上认为影响结婚和生育的其他传染病。本案中，郭某患有淋病，具有较强的传染性且难以治愈，郭某在结婚登记前未对王某真如实告知，现王某真在法定期间内以郭某婚前隐瞒重大疾病为由主张撤销婚姻，事实清楚，于法有据，且郭某表示认可，本院予以支持。

# 拒缴停车费应受何种惩罚?

热点事件

2019年年底，高某和刘某某共同买了一辆小客车。2021年10月，二人将车停入虹桥机场停车场，此后很长时间都未将车开走。三个多月后，两人来到机场，想要逃避上万元的停车费。高某驾驶该小客车，跟随刘某某乘坐的白色商务车行驶至停车场出口的收费闸口。趁白色商务车过卡，栏杆尚未放下之际，高某驾驶着小客车紧随其后快速闯过闸机。停车场报案后，警方通过查询监控锁定了高某和刘某某。后检察院以抢夺罪对二人提起公诉，鉴于二人有自首情节，且自愿认罪认罚，并已退赔全部停车费用，依法可以从宽处理。最终，长宁区人民法院认定二人构成抢夺罪，判处有期徒刑9个月，缓刑1年，并处罚金人民币1000元。[1]



## 高某和刘某某何以构成抢夺罪?

从客体要件来看，抢夺罪侵犯的是公私财物的所有权。客观方面表现为乘人不备获取财物，使人来不及抗拒的行为。被害人并非因为受到暴力胁迫不能或不敢反抗，而是反应不及，来不及反抗。同时，抢夺罪要求行为人存在抢夺的故意。《刑法》第二百六十七条规定，抢夺公私财物，数额较大的，或者多次抢夺的，处三年以下有期徒刑、拘役或者管制，并处或者单处罚金；数额巨大或者有其他严重情节的，处三年以上十年以下有期徒刑，并处罚金；数额特别巨大或者有其他特别严重情节的，处十年以上有期徒刑或者无期徒刑，并处

1 参见《公然闯卡逃避缴纳停车费用高达上万元，是否构成犯罪？》，载腾讯网，最后访问时间2022年6月19日。

罚金或者没收财产。携带凶器抢夺的，依照本法第二百六十三条的规定定罪处罚。根据《最高人民法院、最高人民检察院关于办理抢夺刑事案件适用法律若干问题的解释》，抢夺公私财物价值一千元至三千元以上的，应当被认定为数额较大。

高某和刘某某存在逃避停车费的主观故意，这是毫无疑问的。本案中，二人逃避停车费的方式为尾随前车，趁栏杆未放下时迅速通过收费闸口。新闻中也提到“工作人员追赶不及”这一细节。所以，工作人员并不是因人身权利受到威胁，或被暴力制服不能抗拒而没有反抗，而是因二人趁其不备、使其来不及追赶而造成财物损失。此外，二人逃避的停车费超过了一万元，达到了数额较大的标准。综上所述，高某和刘某某的行为符合抢夺罪的构成要件。因此，法院最终判决高某和刘某某构成抢夺罪。



## 逃停车费还可能涉嫌哪些犯罪?

如果后车司机尾随前车迅速通过收费闸机的栏杆时，停车场的工作人员与栏杆相距较远，不存在任何致人伤亡的可能性，当逃避的停车费达到数额较大的标准时，后车司机可能会构成盗窃罪。区分盗窃罪和抢夺罪的关键就在于犯罪对象是否属于他人紧密占有的财物，以及是否存在对物的暴力。“乘人不备”和秘密性本就在语意和适用情形上存在重合。除此之外，越来越多的人也开始认同“公开盗窃”这一观点。所以类似逃避停车费的行为是会被认定为盗窃还是抢夺，要结合个案分析致人伤亡的可能性有多大。如果行为人在“巧”过栏杆时，对工作人员或路人的人身安全造成了极大的威胁，如在车旁有人时车速极快，栏杆旁有工作人员仍强行闯过等情况，则很有可能被认定为抢夺。如果在通过闸机时四下无人，不存在任何致人伤亡的可能性，那么很有可能被认定为盗窃。这也是很多类似案件中，法官认定行为人构成盗窃罪的原因。如果后车司机尾随前车闯过收费闸机的栏杆后，刚好有停车场的人员在停车场外进行阻拦，后车司机开车以撞人的形式逃离，那么后车司机可能会构成抢劫罪。

因为我国《刑法》第二百六十九条规定，犯盗窃、诈骗、抢夺罪，为窝藏赃物、抗拒抓捕或者毁灭罪证而当场使用暴力或者以暴力相威胁的，依照本法第二百六十三条的规定（抢劫罪）定罪处罚。当然，如果行为人采取暴力，胁迫工作人员开闸放行，那么此时侵犯了工作人员的人身安全以及公私财物的所有权，很有可能被认定为抢劫。如果后车司机未能成功闯过栏杆，而是正好撞上栏杆且将收费闸机破坏，当数额较大时，后车司机可能会构成故意毁坏财物罪和抢夺罪的未遂，公安机关将择一重罪处罚。

勿以善小而不为，勿以恶小而为之。大多数逃避停车费的司机可能只想占点小便宜，未想违法犯罪。但就算是类似逃避停车费这样的“小事”，也可能会使我们受到刑罚的规制。做人做事，诚信为本；要小聪明、心存侥幸的人，终将自食其果。



## 延伸阅读

1. 刘某盗窃一审刑事判决书 /（2021）沪 0115 刑初 851 号

**裁判要旨：**

被告人刘某自 2019 年 1 月至 2020 年 10 月，在上海浦东国际机场 P2 停车库缴费区，多次以紧跟前车趁收费杆未落下之机，快速驶离停车库收费区的方式偷逃停车费。经上海至臻联合会计师事务所审计，共计偷逃停车费 471 次，合计偷逃停车费人民币 9900 元。本院认为，被告人刘某以非法占有为目的，多次秘密窃取公私财物，数额较大，已构成盗窃罪。

2. 胡某某盗窃一审刑事判决书 /（2021）沪 0115 刑初 756 号

**裁判要旨：**

被告人胡某某以非法占有为目的，多次偷逃停车费，数额较大，其行为已构成盗窃罪，公诉机关指控的罪名成立，予以采纳。被告人胡某某到案后能如实供述自己罪行并认罪认罚，依法从轻处罚。

### 3. 薛某盗窃一审刑事判决书 /（2021）沪 0115 刑初 796 号

**裁判要旨：**

2019 年 2 月至 2020 年 10 月，被告人薛某在上海浦东国际机场 P2 停车场缴费区，多次以紧跟前车通过收费口的方式偷逃停车费。经审计，被告人薛某共计偷逃停车费 476 次，涉案金额人民币 9505 元。本院认为，被告人薛某以非法占有为目的，秘密窃取他人财物，数额较大，其行为已构成盗窃罪。

# “犯罪的不是我，是我体内的另一个灵魂！”

热点事件

2021年7月19日，杭州临安警方公布一起盗窃案。嫌疑人汤某林因拉车门盗窃被逮捕。嫌疑人汤某林辩解称：“我的身体里住着两个灵魂，我控制不住他做的事情！”汤某林一直坚称自己叫汤某国，并说汤某林是他身体中住着的另一个人，盗窃行为都是汤某林干的，和自己无关。“我经常教育他不要去偷了，但是他都不听，就因为这样我之前替他背了好几次锅，我真的恨死他了。”但汤某林坚决否认自己有精神病，只是两个灵魂共用了一个身体。当民警提出带他去医院检查时，汤某林马上承认自己是为了躲避公安处罚才谎称有“双重人格”，并如实交代了两次盗窃车内物品以及盗窃一辆电动自行车的犯罪事实。目前，汤某林因涉嫌多次盗窃已被临安警方依法采取刑事强制措施。[1]



## 犯罪嫌疑人的精神状况鉴定

我国刑法本着保障人权的原则，规定了精神病人在不能辨认或者不能控制自己行为的时候造成危害结果，经法定程序鉴定确认的，不负刑事责任。[2] 对于“精神病不能辨认或者不能控制自己行为”的认定并非依据犯罪嫌疑人的辩解[3]，

1 参见《男子盗窃被抓称身体里有两个灵魂：我控制不住他》，载澎湃视频，最后访问时间2022年6月19日。

2 《中华人民共和国刑法》第十八条第一款　精神病人在不能辨认或者不能控制自己行为的时候造成危害结果，经法定程序鉴定确认的，不负刑事责任，但是应当责令他的家属或者监护人严加看管和医疗；在必要的时候，由政府强制医疗。

3 《中华人民共和国刑事诉讼法》第五十五条第一款　对一切案件的判处都要重证据，重调查研究，不轻信口供。只有被告人供述，没有其他证据的，不能认定被告人有罪和处以刑罚；没有被告人供述，证据确实、充分的，可以认定被告人有罪和处以刑罚。

也并非单纯依据辩护人提供的犯罪嫌疑人患有精神病的证据，[1] 而是依据科学标准，按照法定程序鉴定确认。[2]

《刑事诉讼法》第一百一十五条规定，公安机关对已经立案的刑事案件，应当进行侦查，收集、调取犯罪嫌疑人有罪或者无罪、罪轻或者罪重的证据材料。《刑事诉讼法》还规定侦查机关为了查明案情，需要解决案件中某些专门性问题的时候，应当指派、聘请有专门知识的人进行鉴定，出具鉴定意见。[3] 公安机关作为本案的侦查机关，不仅要收集汤某林的有罪证据，而且要收集无罪证据、罪轻证据和罪重证据。汤某林若是精神病人，且在盗窃时属于发病期间，则有可能不负刑事责任。汤某林的精神状况可能会影响其定罪量刑，所以警察需要收集相关证据。所以，警察在侦查时，发现犯罪嫌疑人精神状况异常（如本案中的汤某林在审讯期间发表奇特言论等），有可能被认定为精神病，会带其前往法定的司法鉴定机构进行精神鉴定。由于本案中汤某林主动承认自己装疯，如实供述自己的罪行，则无须进一步鉴定。



## 有精神病就可以免于刑事处罚吗?

假设汤某林真的被认定为精神病，可以因此不负刑事责任吗?

《刑法》规定，行为人在犯罪时有精神病且不能辨认或者不能控制自己行为造成危害结果的，不负刑事责任。但间歇性精神病人精神正常时、尚未完全丧失辨认或者控制自己行为能力的精神病人犯罪的，应当负刑事

1 《中华人民共和国刑事诉讼法》第四十二条　辩护人收集的有关犯罪嫌疑人不在犯罪现场、未达到刑事责任年龄、属于依法不负刑事责任的精神病人的证据，应当及时告知公安机关、人民检察院。

2 《中华人民共和国刑事诉讼法》第一百一十五条　公安机关对已经立案的刑事案件，应当进行侦查，收集、调取犯罪嫌疑人有罪或者无罪、罪轻或者罪重的证据材料。对现行犯或者重大嫌疑分子可以依法先行拘留，对符合逮捕条件的犯罪嫌疑人，应当依法逮捕。

3 《中华人民共和国刑事诉讼法》第一百四十六条　为了查明案情，需要解决案件中某些专门性问题的时候，应当指派、聘请有专门知识的人进行鉴定。

第一百四十七条　鉴定人进行鉴定后，应当写出鉴定意见，并且签名。

鉴定人故意作虚假鉴定的，应当承担法律责任。

第一百四十八条　侦查机关应当将用作证据的鉴定意见告知犯罪嫌疑人、被害人。如果犯罪嫌疑人、被害人提出申请，可以补充鉴定或者重新鉴定。

责任。[1]

只要鉴定意见证明，患有精神病的行为人在犯罪时对自己行为具有完全的认知和控制能力的，即便犯罪后病发仍应当负刑事责任。本案中，汤某林并非精神病人，而是具备刑事责任能力的、精神正常的人，若构成犯罪将应依法承担刑事责任。

虽然汤某林的辩解内容让人大跌眼镜，但犯罪嫌疑人依法享有辩护权也是毫无疑问的，国家机关也应当为犯罪嫌疑人行使刑事辩护权提供充分支持。“天网恢恢，疏而不漏。”那些企图以编造谎言“装疯卖傻”来逃避处罚、心存侥幸的不法分子，最终都会受到法律的制裁。

## 延伸阅读

### 1. 熊某杀女被强制医疗案 /（2017）粤 0306 强医 5 号

**裁判要旨：**

熊某因长期信奉其所称的“基某教”，导致精神恍惚，遂决定用自杀的方式殉教，但舍不得八个月大的女儿艾某2蕊，于是将艾某2蕊的头部往地上撞击了七八次后，又用手掐她的脖子致其死亡。熊某因患有"未特定的非器质性精神病",实施故意杀人行为，严重危害公民人身安全，经法定程序鉴定案发时为依法不负刑事责任的精神病人，其有继续危害社会可能，法院认为其符合强制医疗条件，决定对其强制医疗。

### 2. 王某1因患有精神病危害社会被强制医疗案 /（2020）甘 1121 刑医 2 号

**裁判要旨：**

王某1在门前巷道内碰见刚出门的魏某，遂拿出随身携带的刀子向魏某腹部戳了一刀，致魏某受伤，后被送至通渭县人民医院抢救治疗，9月28日，魏某因治疗无效死亡。经兰州市第三人民医院精神病鉴定所鉴定，

1 《中华人民共和国刑法》第十八条第二款　间歇性的精神病人在精神正常的时候犯罪，应当负刑事责任。
第十八条第三款　尚未完全丧失辨认或者控制自己行为能力的精神病人犯罪的，应当负刑事责任，但是可以从轻或者减轻处罚。

王某1患精神分裂症，案发时处症状波动期，王某1对本案应评定为无刑事责任能力。法院认为，王某1虽不负刑事责任，但有继续危害社会可能的，决定对其强制医疗。

### 3. 流浪精神病人石某因实施暴力致人死亡被强制医疗案 /（2019）苏0211刑医1号

**裁判要旨：**

对于实施暴力行为，危害公共安全或者严重危害公民人身安全的流浪精神病人，虽经法定程序鉴定其依法不负刑事责任，但确有继续危害社会可能的，可予以强制医疗。人民法院在审理强制医疗案件时，对于无法确定其他法定代理人的流浪精神病人，应当通知对其负有救助义务的县级以上政府民政部门派出代表参加诉讼。

# 扛 4 麻袋硬币恶意支付执行款？被罚 5 万元！

热点事件

广西北海一汽车公司老板叶某因未与员工签订劳动合同、拖欠员工工资，以年龄不适为由单方面解除合同而被法院判决支付员工二倍工资差额 33640 元。法院判决后，叶某拒不支付。直到法院依法扣押了被执行公司名下的一辆汽车，叶某才带着几名公司员工，拖着 4 个装满硬币的麻袋，共计 2 万元，来到法院清偿执行款。涉案劳动者手部因工受伤，无法清点，因此拒收。而叶某此举颇具侮辱意味。法院认为叶某的消极对抗行为严重妨碍司法人员的执行工作，决定再对该公司罚款 5 万元。[1]



## 申请人是否有权拒收硬币？

根据《中国人民银行法》第十六条规定，中华人民共和国的法定货币是人民币。以人民币支付中华人民共和国境内的一切公共的和私人的债务，任何单位和个人不得拒收。《人民币管理条例》第二条也规定，人民币是指中国人民银行依法发行的货币，包括纸币和硬币。综上，可以得出一个结论，即用硬币支付中华人民共和国境内的一切公私债务，任何单位和个人不得拒收。这么看来，本案中的申请执行人拒收硬币的行为貌似属于违法行为。但是，本案已经进入执行阶段，根据《最高人民法院关于执行款物管理工作的规定》，法院可以指定被执行人通过银行转账的方式还款。法院也公开表示，此前已要求涉事公司通过银行转账方式还款，并在法律文书上注明了每一个应当受偿的主体的银行账

1　参见《扛 4 麻袋硬币恶意支付执行款，被罚 5 万冤不冤？》，载抚州法院网，最后访问时间 2022 年 6 月 19 日。

户。该公司完全有能力通过纸币、银行转账、移动支付等其他方式还款，而且该硬币来源与公司正常经营不存在正常关联，属于故意兑换硬币消极对抗执行的行为。因此，申请人有权拒绝执行法律文书确定的执行方式以外的支付方式，并不违反《中国人民银行法》中的相关规定。当然，如果叶某仅仅是通过硬币来给员工发工资，员工是不可以拒收的。

## 法院的罚款决定合法吗?

回顾本案，法院先前向叶某送达的法律文书中已经明确了还款方式，叶某却一直拒绝履行其法律义务。直到法院强制执行扣押其车辆后，叶某才以恶意使用硬币支付执行款的方式表达自己的不满。从叶某自己来还钱都得带着公司员工也可以看出，申请执行人根本无法当场处理这些硬币，更何况申请人因工伤，本就不方便清点。叶某虽然客观上履行了法律义务，但是主观上带有明显的消极对抗意图，故意增加法院清算成本，严重妨碍法院的执行工作。根据《民事诉讼法》第一百一十四条规定，诉讼参与人以暴力、威胁或者其他方法阻碍司法工作人员执行职务的，人民法院可以根据情节轻重予以罚款、拘留；构成犯罪的，依法追究刑事责任。[1] 叶某此举属于以“其他方式”阻碍司法人员执行职务的行为，法院对其进行罚款并无不妥。

司法是捍卫社会公平正义的最后一道防线。如果法院对这种恶意支付行为听之任之，不仅会影响执行效率、浪费司法资源，也会给申请执行人带来不必



1 《中华人民共和国民事诉讼法》第一百一十四条　诉讼参与人或者其他人有下列行为之一的，人民法院可以根据情节轻重予以罚款、拘留；构成犯罪的，依法追究刑事责任：
（一）伪造、毁灭重要证据，妨碍人民法院审理案件的；
（二）以暴力、威胁、贿买方法阻止证人作证或者指使、贿买、胁迫他人作伪证的；
（三）隐藏、转移、变卖、毁损已被查封、扣押的财产，或者已被清点并责令其保管的财产，转移已被冻结的财产的；
（四）对司法工作人员、诉讼参加人、证人、翻译人员、鉴定人、勘验人、协助执行的人，进行侮辱、诽谤、诬陷、殴打或者打击报复的；
（五）以暴力、威胁或者其他方法阻碍司法工作人员执行职务的；
（六）拒不履行人民法院已经发生法律效力的判决、裁定的。
人民法院对有前款规定的行为之一的单位，可以对其主要负责人或者直接责任人员予以罚款、拘留；构成犯罪的，依法追究刑事责任。

要的负担。对于这种恶意用硬币支付执行款的行为，应该从法律上划定红线，明确恶意支付的边界，从而根治社会恶意支付的现象。

## 延伸阅读

1. 郑某拒不支付劳动报酬一审刑事判决书 /（2019）赣 0681 刑初 302 号

**裁判要旨：**

本院认为，被告人郑某以逃匿的方法逃避支付劳动者的劳动报酬，数额较大，经政府有关部门责令支付仍不支付，其行为已构成拒不支付劳动报酬罪。

2. 孟某朋妨害公务罪一审刑事判决书 /（2020）苏 0321 刑初 534 号

**裁判要旨：**

本院认为，被告人孟某朋无视国法，采用暴力等方法阻碍司法机关工作人员依法执行公务，其行为已构成妨害公务罪，应处三年以下有期徒刑、拘役、管制或者罚金。

3. 曹某桥拒不执行判决、裁定一审刑事判决书 /（2021）湘 1003 刑初 165 号

**裁判要旨：**

本院认为，被告人曹某桥隐藏财产，使用他人银行卡和微信账号用于其务工、经营餐饮店等经济收入和支出。对人民法院的判决、裁定有能力执行而拒不执行，情节严重，其行为构成拒不执行判决、裁定罪。

# 找“代骂”服务骂人，荒唐的违法

**热点事件**

2021 年 8 月 21 日，据《齐鲁晚报》报道，记者在电商平台搜索发现，“代吵架”、“代整人”等服务在某些电商平台上被公开售卖。早在 2016 年，淘宝就曾揭露过包括“代骂”服务在内的多种突破法律红线或违反社会伦理道德的奇葩行为。可时至今日，此类“生意”不仅做得风生水起，还发展出专门的“帮骂群”、“帮帮骂”，群成员甚至达到了四五百人。[1] 那么，这类行为是否会触及法律的红线呢？



## “代骂”服务是否违法？

对于买家来说，购买“代骂”服务，买家必定会向商家提供被骂人的手机号、微信号等个人信息。根据《民法典》第一百一十一条规定，自然人的个人信息受法律保护。任何组织或者个人需要获取他人个人信息的，应当依法取得并确保信息安全，不得非法收集、使用、加工、传输他人个人信息，不得非法买卖、提供或者公开他人个人信息。因此，买家的行为可能会侵犯他人的个人信息，对方可以依据《民法典》第一百七十九条的规定要求买家赔礼道歉、消除影响、赔偿损失。[2]

对于卖家来说，骂人的内容可能会构成侮辱、诽谤。此时，根据《治安管

---

1 参见《28 元买 15 分钟的专业“代骂”？“报复经济”，该清理了》，载光明网，最后访问时间 2022 年 6 月 19 日。

2 《中华人民共和国民法典》第一百七十九条　承担民事责任的方式主要有：

（一）停止侵害；

（二）排除妨碍；

（三）消除危险；

（四）返还财产；

（五）恢复原状；

（六）修理、重作、更换；（转下页）

理处罚法》第四十二条规定，多次发送淫秽、侮辱、恐吓或者其他信息，干扰他人正常生活的，处五日以下拘留或者五百元以下罚款；情节较重的，处五日以上十日以下拘留，可以并处五百元以下罚款。[1] 如果导致比较严重的后果，可能需要承担刑事责任。当然，买家也应当承担此责任。

由此可见，网络并不是法外之地，无论是“找骂”的买家还是“代骂”的卖家都会涉嫌违法行为。

## 找“代骂”致使对方自杀构成故意杀人吗?

自杀是自愿结束自己生命的行为。根据我国法律规定，自杀行为本身不是犯罪，但引起自杀、促成自杀的原因很复杂。有的与犯罪没有关系，有的则可能隐藏着犯罪行为。所以，对于由行为人的先前行为，而引起他人自杀结果的发生应分三种情况进行讨论：第一，行为人的先前行为是正当的或只是一般错误、一般违法行为，他人自杀的主要是由于自杀者本人的心胸过于狭窄，这时不存在犯罪问题。第二，行为人先前实施了严重的违法行为，导致被害人自杀身亡的，可把致人自杀的结果作为一个严重情节考虑，将先前严重违法行为上升为犯罪处理。第三，行为人先前实施某种犯罪行为，造成被害人自杀的，只



（接上页）（七）继续履行；
（八）赔偿损失；
（九）支付违约金；
（十）消除影响、恢复名誉；
（十一）赔礼道歉。
法律规定惩罚性赔偿的，依照其规定。
本条规定的承担民事责任的方式，可以单独适用，也可以合并适用。
1 《中华人民共和国治安管理处罚法》第四十二条　有下列行为之一的，处五日以下拘留或者五百元以下罚款；情节较重的，处五日以上十日以下拘留，可以并处五百元以下罚款：
（一）写恐吓信或者以其他方法威胁他人人身安全的；
（二）公然侮辱他人或者捏造事实诽谤他人的；
（三）捏造事实诬告陷害他人，企图使他人受到刑事追究或者受到治安管理处罚的；
（四）对证人及其近亲属进行威胁、侮辱、殴打或者打击报复的；
（五）多次发送淫秽、侮辱、恐吓或者其他信息，干扰他人正常生活的；
（六）偷窥、偷拍、窃听、散布他人隐私的。

要行为人对这种自杀结果没有故意，应按其先前的犯罪行为定罪，而将自杀结果作为量刑时考虑的一个从重或选择较重法定刑处罚的情节。

本案中，如果找“代骂”致使对方自杀，由于骂人的人并没有直接杀人而是通过语言羞辱、辱骂导致对方死亡。这种情况下，骂人者的先前行为虽然属于严重违法行为，但是骂人的先前行为并不会导致死亡结果的出现，对方的死亡结果是由于自杀而导致的，那么对方的自杀行为就中断了先前行为与死亡之间的因果关系，所以，骂人者致使对方自杀不构成故意杀人罪，但会依据《刑法》第二百四十六条要求骂人者承担刑事责任。[1] 而找“代骂”的人，可能与骂人者构成共同犯罪，承担《刑法》第二十九条规定的教唆犯的刑事责任。[2]

每个人都有生活和工作上的不如意，会感到压抑，想要发泄。但我们要清楚，面对困扰和问题，骂人根本无济于事，往往还会让事情变得更糟。即便发泄了一时怨气，也只会给自己和他人带来新的麻烦。学会平和地面对矛盾、理性地解决问题，才是正确的应对之道。“代骂”虽爽，可不要随便下单哟。



**延伸阅读**

### 1. 杨某群与北京微某创科网络技术有限公司网络侵权责任纠纷一审民事判决书 /（2020）京 0491 民初 20160 号

**裁判要旨：**

本院认为，原告主张涉案微博的内容存在侵害其名誉权的情况，会导致一般社会公众对其社会评价的降低。微某创科公司作为网络服务提供者，其在收到原告主张的侵权内容后已经及时删除侵权微博，并依据本院出具

1 《中华人民共和国刑法》第二百四十六条　以暴力或者其他方法公然侮辱他人或者捏造事实诽谤他人，情节严重的，处三年以下有期徒刑、拘役、管制或者剥夺政治权利。

前款罪，告诉的才处理，但是严重危害社会秩序和国家利益的除外。

通过信息网络实施第一款规定的行为，被害人向人民法院告诉，但提供证据确有困难的，人民法院可以要求公安机关提供协助。

2 《中华人民共和国刑法》第二十九条　教唆他人犯罪的，应当按照他在共同犯罪中所起的作用处罚。教唆不满十八周岁的人犯罪的，应当从重处罚。

如果被教唆的人没有犯被教唆的罪，对于教唆犯，可以从轻或者减轻处罚。

的《协助调查函》，披露用户“司马某忌”的相关信息，尽到了网络服务提供者应尽的义务，故对原告要求提供涉案注册用户注册信息的诉请，本院不再重复支持。

2. 郭某、河南商某农村商业银行股份有限公司名誉权纠纷案二审民事判决书 /（2021）豫16民终3426号

**裁判要旨：**

本院认为，名誉是对民事主体的品德、声望、才能、信用等的社会评价。依据一审查明事实，商某农商行因工作失误，将郭某纳入不良征信，是基于事实上并非郭某本人贷款的前述2005年的5000元借贷。商某农商行的行为早已对郭某名誉权中的信用社会评价部分形成侵害并持续至今（民法典施行后），应停止侵权，并向郭某赔礼道歉、赔偿损失。

3. 张某与甘肃秦某农村商业银行股份有限公司名誉权纠纷案一审民事判决书 /（2021）甘0522民初1360号

**裁判要旨：**

本院认为，公民名誉权受法律保护。秦某农商银行内部疏于管理，审查不严，在实际贷款人未到场的情况下，放任案外人张某1冒用张某姓名，与张某签订贷款合同，并将该合同约定的贷款30000元支付给张某1使用，导致张某在中国人民银行征信中心出现不良记录，秦某农商银行的行为降低了张某从事贷款、购房等的社会评价，侵害了张某的名誉权，其应该承担相应的民事侵权责任。

## 为掩盖自家狗撒的尿，老太太烧整栋楼应判何罪？

**热点事件**

2020 年 11 月 10 日，上海一位老阿姨刘某某发现其宠物狗在楼道里撒尿后，顺手拿起与其经常起争执的邻居的自行车车套擦拭。再次下楼时，刘某某为掩盖还未晒干的尿迹，拿出打火机将车套点燃，导致一楼楼道起火燃烧。该事故造成该楼一名居民轻微伤，还造成约 3.9 万元的财产损失。最终，法院结合刘某某坦白、认罪认罚等情节，以放火罪判处其有期徒刑三年三个月。据网曝，刘某某在 2003 年还因诈骗罪被判处有期徒刑 10 年。[1]



### 刘某为什么构成放火罪？

《刑法》第一百一十四条、第一百一十五条第一款规定了放火罪。故意放火，危害公共安全，尚未造成严重后果的，处三年以上十年以下有期徒刑；致人重伤、死亡或者使公私财产遭受重大损失的，处十年以上有期徒刑、无期徒刑或者死刑。[2] 本案中，首先，刘某某对放火持故意心理；其次，蔓延的大火造成危险的范围不确定，危害公共安全；最后，事故没有造成人员重伤、死亡以及公私财产重大损失的严重后果，属于“尚未造成严重后果”的情形。因此，刘某某构成放火罪且应当被判处三年以上十年以下有期徒刑。

---

1　参见《为掩盖宠物狗的尿渍，62 岁阿姨竟放火烧了一栋楼……》，载光明网，最后访问时间 2022 年 6 月 19 日。

2 《中华人民共和国刑法》第一百一十四条　放火、决水、爆炸以及投放毒害性、放射性、传染病病原体等物质或者以其他危险方法危害公共安全，尚未造成严重后果的，处三年以上十年以下有期徒刑。第一百一十五条第一款　放火、决水、爆炸以及投放毒害性、放射性、传染病病原体等物质或者以其他危险方法致人重伤、死亡或者使公私财产遭受重大损失的，处十年以上有期徒刑、无期徒刑或者死刑。

《刑法》第六十七条第三款规定，犯罪嫌疑人虽不具有自首情节，但如实供述自己罪行的，可以从轻处罚。《刑事诉讼法》第十五条规定，犯罪嫌疑人自愿如实供述自己的罪行，承认指控的犯罪事实，愿意接受处罚的，可以依法从宽处理。据法院查明的事实，刘某某到案后如实供述犯罪事实并自愿认罪认罚，在家属的帮助下积极进行经济赔偿及补偿，并取得所在社区、物业以及相关居民的谅解。可见，刘某某具备从轻处罚、从宽处理的情节。因此，最终法院判处刘某某有期徒刑三年三个月。

## 刘某属于累犯吗？

《刑法》第六十五条、第六十六条规定了一般累犯和特别累犯。[1] 成立一般累犯要同时满足以下条件：第一，前后罪都必须是故意犯罪；第二，前后罪的犯罪主体都必须是已满 18 周岁的人；第三，前后罪都必须是被判处或应判处有期徒刑以上刑罚的犯罪；第四，后罪发生的时间必须在前罪刑罚执行完毕或者赦免以后 5 年内。成立特殊累犯突破了成立一般累犯的时间要求，即危害国家安全犯罪、恐怖活动犯罪、黑社会性质的组织犯罪的犯罪分子，在刑罚执行完毕或者赦免以后，在任何时候再犯上述任一类罪的，都以累犯论处。



如果网曝为真，刘某某在 2003 年因诈骗罪被判处有期徒刑 10 年，我们假设没有减刑、假释等特殊情况，那么刘某某刑罚执行完毕的时间是 2013 年，距 2020 年 11 月 10 日已有七年左右的时间，如果有减刑、假释的情形，则距离本次犯罪的时间更长。此外，刘某某也没有参与过危害国家

1 《中华人民共和国刑法》第六十五条　被判处有期徒刑以上刑罚的犯罪分子，刑罚执行完毕或者赦免以后，在五年以内再犯应当判处有期徒刑以上刑罚之罪的，是累犯，应当从重处罚，但是过失犯罪和不满十八周岁的人犯罪的除外。

前款规定的期限，对于被假释的犯罪分子，从假释期满之日起计算。

第六十六条　危害国家安全犯罪、恐怖活动犯罪、黑社会性质的组织犯罪的犯罪分子，在刑罚执行完毕或者赦免以后，在任何时候再犯上述任一类罪的，都以累犯论处。

安全犯罪、恐怖活动犯罪、黑社会性质的组织犯罪。因此，刘某某不存在成立累犯的情节。

作为有犯罪史的人，应当更加豁达与理性，切忌因过分在意他人的看法而做出冲动之举；对待有犯罪史的人，我们应当多一份包容与理解，使其更好地融入社会。毕竟，善意是一种选择，是人性中永恒的向阳面。

## 延伸阅读

1. 肖某辰放火罪一审刑事判决书 /（2021）冀 0606 刑初 362 号

**裁判要旨：**

被告人肖某辰为泄私愤故意纵火焚烧公私财物，危害公共安全，其行为构成放火罪，公诉机关指控的罪名成立。被告人肖某辰积极赔偿被害人的经济损失，得到了被害人的谅解，可对被告人肖某辰酌情从轻处罚。被告人肖辰认罪认罚，可从宽处罚。

2. 哈密市伊州区人民检察院与李某放火罪一审刑事判决书 /（2021）新 2201 刑初 255 号

**裁判要旨：**

被告人李某因家庭纠纷故意放火，危害公共安全，其行为已触犯刑律，构成放火罪。公诉机关的指控成立，予以支持。鉴于被告人李某积极赔偿获得了谅解，根据被告人李某的犯罪事实、犯罪的性质、情节以及对于社会的危害程度，结合调查评估意见书，宣告缓刑没有再犯罪的危险，且对所居住社区没有重大不良影响，故本院决定对其从轻处罚并宣告缓刑。被告人李某有自首情节，自愿认罪认罚，可以从轻处罚。

3. 于某放火罪一审刑事判决书 /（2021）川 0181 刑初 193 号

**裁判要旨：**

都江堰市人民检察院指控被告人于某犯放火罪的事实清楚，证据确实、充分，指控罪名成立，量刑意见适当，本院予以支持。被告人于某到案后如实供述自己的犯罪事实，是坦白，可以从轻处罚。被告人于某自愿认罪认罚，可从宽处理。

第二篇

# 知法懂法：智者之道

# “碰瓷”翻了车，到底谁之责？

热点事件

2021年4月，济南一货车司机周师傅在开车的过程中不小心碾死了一名妇女。周师傅随后立即报警，交警查看行车记录仪后，发现这名妇女是自己主动钻入车底的，但妇女的家属向周师傅索要一百多万元的赔偿款。[1] 面对这种情况，司机是否需要承担赔偿责任呢？

## 司机是否需要承担责任？



本案中，这名妇女故意制造交通事故，钻到被告车底下被碾死的责任应该如何认定呢？《民法典》第一千一百七十四条规定，损害是因受害人故意造成的，行为人不承担责任。且根据《道路交通安全法》第七十六条规定，机动车发生交通事故造成人身伤亡、财产损失的，由保险公司在机动车第三者责任强制保险责任限额范围内予以赔偿。超过限额的部分，如果是机动车之间发生交通事故的，由有过错的一方承担赔偿责任；双方都有过错的，按照各自过错的比例分担责任。机动车与非机动车驾驶人、行人之间发生交通事故的，非机动车驾驶人、行人没有过错的，由机动车一方承担赔偿责任；但是，有证据证明非机动车驾驶人、行人有过错的，根据过错程度适当减轻机动车一方的责任；机动车一方没有过错的，承担不超过百分之十的赔偿责任。交通事故的损失是由非机动车驾驶人、行人故意造成的，机动车一方不

1　参见《一男子碰瓷失败惨被碾死！家属索赔巨款 交警：一分不赔！》，载搜狐网，最后访问时间2022年6月19日。

承担责任。[1]

本案中该妇女对被告的行为，系属于被害人自陷风险。被害人自陷风险是指被害人在危害结果发生之前已经意识到了存在的风险，却仍然将自己陷入危险之中。一般来说，自陷风险是由被害人自己对结果负责。该妇女作为一名精神正常、具有正常认知能力的成年人，对车起步后会让自己陷入危险中具有认识能力，且对自己的行为具有控制能力，所以应该对自己行为造成的危害结果负责。根据《民法典》第一千一百七十四条和《道路交通安全法》第七十六条的规定，交通事故的情况属于非机动车驾驶人、行人故意碰撞机动车造成的，机动车一方不承担责任。综上所述，被告无须承担任何责任。

## “碰瓷”是否可能涉及犯罪?



近年来，“碰瓷”现象层出不穷。实践中，一些不法分子总是通过“设局”，制造或者捏造他人对自己人身、财产造成了损害的假象来实施违法犯罪；有的通过自伤、造成同伙受伤或者利用自身原有损伤，诬告系被害人所致来实施；有的故意制造交通事故，利用被害人存在酒后驾驶、无证驾驶、机动车手续不全等违法违规行为，害怕被查处的心理来实施；有的在“碰瓷”行为被识破后，直接对车主实施抢劫、抢夺、故意伤害等违法犯罪活动。针对这些“碰瓷”行为，2020 年最高人民法院、最高人民检察院、公安部联合发布了《关于依法办理“碰瓷”违法犯罪案件的指导意见》(以下简称《意见》)，根据不同的“碰瓷”行为特点，综合考虑行为人的主观恶性、行为手段、危害后果以及行为人在案件中所起的作用来依法惩治“碰瓷”违法犯罪活动，维护社会秩序。

---

1《中华人民共和国道路交通安全法》第七十六条　机动车发生交通事故造成人身伤亡、财产损失的，由保险公司在机动车第三者责任强制保险责任限额范围内予以赔偿；不足的部分，按照下列规定承担赔偿责任：

(一)机动车之间发生交通事故的，由有过错的一方承担赔偿责任；双方都有过错的，按照各自过错的比例分担责任。

(二)机动车与非机动车驾驶人、行人之间发生交通事故，非机动车驾驶人、行人没有过错的，由机动车一方承担赔偿责任；有证据证明非机动车驾驶人、行人有过错的，根据过错程度适当减轻机动车一方的赔偿责任；机动车一方没有过错的，承担不超过百分之十的赔偿责任。

交通事故的损失是由非机动车驾驶人、行人故意碰撞机动车造成的，机动车一方不承担赔偿责任。

根据《意见》，“碰瓷”行为根据不同的行为方式可能会涉及不同的犯罪，常见的情形主要有：以虚构事实、隐瞒真相，骗取赔偿的方式实施“碰瓷”，符合《刑法》第二百六十六条规定的，以诈骗罪定罪处罚。[1] 以捏造人身、财产权益受到侵害的事实，虚构民事纠纷，并提起民事诉讼的方式实施“碰瓷”，符合《刑法》第三百零七条之一规定的，以虚假诉讼罪定罪处罚。[2] 以敲诈勒索他人财物的方式实施“碰瓷”，符合《刑法》第二百七十四条规定的，以敲诈勒索罪定罪处罚。[3] 如果实施“碰瓷”尚不构成犯罪，但违反《治安管理处罚法》的，依法给予治安管理处罚。像本案中的妇女，若没有被碾死，原本要以司机撞伤她为由要挟司机进行赔偿的行为，符合《刑法》第二百七十四条规定的，可以敲诈勒索罪定罪处罚。

“碰瓷”花样百出，令人防不胜防，导致大家看见老人倒地不敢扶，好人好事不敢做，消耗了大家的善意。有手有脚有劳动能力的人，还是不要用“碰瓷”去牟取不义之财，毕竟挺危险的，你说呢？



## 延伸阅读

### 1. 张某慧与高某、国某财产保险股份有限公司唐山中心支公司机动车交通事故责任纠纷一审民事判决书 /（2021）冀 0208 民初 2111 号

**裁判要旨：**

本院认为，本案事故系在驾驶过程中发生，在双方均无证据证实双方过错程度的情况下，本院确认双方各承担 50% 事故责任为宜。被告国某财险

---

1 《中华人民共和国刑法》第二百六十六条　诈骗公私财物，数额较大的，处三年以下有期徒刑、拘役或者管制，并处或者单处罚金；数额巨大或者有其他严重情节的，处三年以上十年以下有期徒刑，并处罚金；数额特别巨大或者有其他特别严重情节的，处十年以上有期徒刑或者无期徒刑，并处罚金或者没收财产。本法另有规定的，依照规定

2 《中华人民共和国刑法》第三百零七条第一款　以暴力、威胁、贿买等方法阻止证人作证或者指使他人作伪证的，处三年以下有期徒刑或者拘役；情节严重的，处三年以上七年以下有期徒刑。

3 《中华人民共和国刑法》第二百七十四条　敲诈勒索公私财物，数额较大或者多次敲诈勒索的，处三年以下有期徒刑、拘役或者管制，并处或者单处罚金；数额巨大或者有其他严重情节的，处三年以上十年以下有期徒刑，并处罚金；数额特别巨大或者有其他特别严重情节的，处十年以上有期徒刑，并处罚金。

唐山支公司主张对事故的真实性不认可，原告车辆多次理赔有“碰瓷”嫌疑，但其提交的证据不足以证实其主张，本院不予采信。

2. 刘某泉、王某芹机动车交通事故责任纠纷一审民事裁定书 /（2021）津0102 民初 4255 号

**裁判要旨：**

本院认为，虽然道路交通事故认定书认定刘某泉不承担道路交通事故责任，但根据《道路交通安全法》第七十六条的规定机动车一方没有过错的，承担不超过百分之十的赔偿责任，故刘某泉及其投保的保险公司仍负有对王某芹的赔偿责任。

3. 陈某 1、黄某、陈某 2 诈骗罪一案刑事一审判决书 /（2021）粤 0608 刑初 59 号

**裁判要旨：**

本院认为，被告人陈某 1、陈某 2、黄某、叶某无视国家法律，以非法占有为目的，虚构事实、隐瞒真相，结伙以“碰瓷”的方式诈骗他人财物，数额较大，其行为均已构成诈骗罪，且系共同犯罪。

# 凭“本事”薅的钱也是诈骗

热点事件

2018年4月，大学生杨某在使用肯德基App点单时，意外发现了它的系统漏洞。杨某利用漏洞免费骗取到相关兑换券和取餐码，分文未付便拿到了套餐，吃了多顿“霸王餐”。本着“有福同享”的精神，杨某随后将这一方法当面或通过网络方式传授给4名同学，并利用商家这个漏洞，将“免费”得来的套餐通过网络低价出售给他人。造成肯德基所属百胜公司经济损失5万余元。[1] 最终法院判决杨某犯诈骗罪，判处有期徒刑一年六个月，并处罚金人民币二千元；犯传授犯罪方法罪，判处有期徒刑六个月，决定执行有期徒刑一年八个月，并处罚金人民币二千元。



## 杨某是构成诈骗罪还是盗窃罪？

如今的互联网时代，各大商家都会利用电商平台通过发放优惠券等形式招揽顾客，由此出现了一批专门“薅羊毛”的“羊毛党”。有一些“羊毛党”会专门搜集各大平台的打折和优惠券，在平台设定的规则下为自己争取最大的优惠。至于本案，杨某利用App进行非法获利的行为是构成盗窃罪还是诈骗罪，不同的人有不同的观点。基于此，判断本案行为属于盗窃罪还是诈骗罪的关键在于机器软件能否认定为被骗对象。

《刑法》第二百六十六条规定的诈骗罪是指以非法占有为目的，行为人实施虚构事实或者隐瞒事实真相的欺骗行为，使被骗人产生或者继续维持错误认识，

1　案例来源：杨某诈骗一审刑事判决书 /（2020）沪0104刑初514号。

在错误认识的基础上自愿处分（或交付）财产，致使行为人或者使第三者获得财产，被害人遭受财产损失的行为。[1]

基于构成诈骗罪需要使受骗者产生错误认识这一要件，张明楷教授认为，诈骗罪中的受骗者只能是自然人，机器不能成为诈骗罪的受骗者，因为机器不可能存在认识错误。所以持有盗窃罪观点的人认为，本案中杨某非法获取肯德基套餐兑换码是因为肯德基 App 和微信客户端存在漏洞而错误处分给杨某的，不是基于错误的认识，而且机器软件不具备处分意识，因此认为本案不符合诈骗罪的构成要件，认为杨某应依据《刑法》第二百六十四条的规定构成盗窃罪。[2]

而持有诈骗罪观点的人认为，“机器不能被骗”的说法只是在强调机器或软件本身不能陷入错误认识，并不意味着因机器或软件出现漏洞而陷入错误认识的人不能成为被骗的对象。本案中，首先，杨某利用系统数据不同步获取兑换码，隐瞒已下单或者取消订单的事实，以此获取“霸王餐”行为，具有欺骗肯德基的属性。其次，杨某拿着兑换券去店里兑换了食物，店内工作人员以为是正常的兑换码而产生了错误认识，并基于这一错误认识将食物交给了杨某，造成了肯德基所属的百胜公司遭受了财产损失。依据《刑法》第二百六十六条的规定，杨某的行为构成诈骗罪。司法实践中，一般多持有此观点，认为应构成诈骗罪。



## 杨某为何还构成传授犯罪方法罪?

《刑法》第二百九十五条规定的传授犯罪方法罪是指用各种方式把犯罪方法

---

1 《中华人民共和国刑法》第二百六十六条　诈骗公私财物，数额较大的，处三年以下有期徒刑、拘役或者管制，并处或者单处罚金；数额巨大或者有其他严重情节的，处三年以上十年以下有期徒刑，并处罚金；数额特别巨大或者有其他特别严重情节的，处十年以上有期徒刑或者无期徒刑，并处罚金或者没收财产。本法另有规定的，依照规定。

2 《中华人民共和国刑法》第二百六十四条　盗窃公私财物，数额较大的，或者多次盗窃、入户盗窃、携带凶器盗窃、扒窃的，处三年以下有期徒刑、拘役或者管制，并处或者单处罚金；数额巨大或者有其他严重情节的，处三年以上十年以下有期徒刑，并处罚金；数额特别巨大或者有其他特别严重情节的，处十年以上有期徒刑或者无期徒刑，并处罚金或者没收财产。

故意传授给他人的行为。[1] 本罪的构成主体为一般主体，多为具有犯罪经验和技能的人。主观方面具有故意且只能是直接故意。客体上侵犯了社会治安秩序，以及依据所传授的犯罪方法进行犯罪从而侵犯不同的社会关系。客观方面表现为通过语言、文字、动作或者其他方式方法将实施犯罪的具体经验、技能传授给他人的行为。本案中，杨某将通过肯德基 App 漏洞骗取钱财的方法传授给顾某，由于杨某骗取钱财的行为属于犯罪行为，所以他将此行为传授给顾某构成传授犯罪方法罪。

“薅羊毛”应该在合理正当的条件下进行，贪小便宜也要遵守道德和法律的规定。利用系统漏洞获取非法利益，是对他人财产的恶意占有。侵犯他人财产所有权，必定会受到法律的制裁。

## 延伸阅读



1. 杨某、张某、蒋某国等诈骗罪一审刑事判决书 /（2020）浙 0602 刑初 427 号

**裁判要旨：**

本院认为，被告人以非法占有为目的，采用虚构事实、隐瞒真相的方式，利用电信网络，骗取他人财物，其行为均已构成诈骗罪，且部分系共同犯罪。

2. 吴某魁、周某芝等诈骗罪一审刑事判决书 /（2017）宁 0402 刑初第 317 号

**裁判要旨：**

本院认为，被告人目无国法，以非法占有为目的，伙同他人采取虚构事实、隐瞒真相的方法，骗取公共财物，数额特别巨大。公诉机关指控被告人犯诈骗罪，事实清楚，证据确实充分，指控罪名成立。

1 《中华人民共和国刑法》第二百九十五条　传授犯罪方法的，处五年以下有期徒刑、拘役或者管制；情节严重的，处五年以上十年以下有期徒刑；情节特别严重的，处十年以上有期徒刑或者无期徒刑。

3. 张某犯信用卡诈骗罪一审刑事判决书 / （2015）牡东刑初字第 186 号

**裁判要旨：**

法院认为，王某以非法占有为目的，超过规定期限恶意透支信用卡，数额巨大，拒不归还，王某行为已构成信用卡诈骗罪，应依法追究刑事责任。

# 女子隐瞒婚育状态被公司辞退，过错在谁一方？

热点事件

2012年9月17日，王某与某培训公司签订了为期两年的劳动合同。在填写求职申请表及员工基本情况登记表时，王某因担心就业歧视而失去工作机会，隐瞒了自己未婚未育的事实，将婚育状态填写为已婚已育，并虚报已育有一女的信息。2014年2月，王某至医院就诊时被检查出"怀孕首胎"后即告知培训公司。培训公司便以王某入职时虚报个人资料为由与王某解除劳动合同。法院判决培训公司与王某自2014年4月8日起恢复劳动合同关系。[1] 那么，王某被辞退冤吗？



## 入职告知义务是否包括婚育状况？

《劳动合同法》第八条规定，用人单位有权了解劳动者与劳动合同**直接相关**的基本情况，劳动者应当如实说明，基于此，劳动者负有相应的如实告知义务。[2] 那么，婚育状况是否属于劳动者应如实告知的事项，是否属于用人单位有权了解的与劳动合同直接相关的基本情况呢？

一般来说，与劳动合同直接相关的基本情况是指与其履行存在**实质性意义**的事项，通常包括劳动者个人身份信息资料、能一定程度反映劳动者工作能力、技术熟练程度的工作履历、原单位推荐函、特殊岗位必须具备的资格证书或健康资料等。婚姻、生育状况通常与劳动合同的履行没有必然关系，但根据行业

1 案例来源：王某与上海朗某培训中心劳动合同纠纷一审民事判决书 /（2014）黄浦民一（民）初字第4034号。

2 《中华人民共和国劳动合同法》第八条 用人单位招用劳动者时，应当如实告知劳动者工作内容、工作条件、工作地点、职业危害、安全生产状况、劳动报酬，以及劳动者要求了解的其他情况；用人单位有权了解劳动者与劳动合同直接相关的基本情况，劳动者应当如实说明。

的性质不同也会有所区别。比如，在含有毒物质浓度超过国家卫生标准的工作场所或抗癌药物及己烯雌酚生产的车间等不适合怀孕女职工工作的场所工作，就需要劳动者如实告知自己的身体情况。但在本案中，是否婚育并不影响王某在其竞聘的岗位上进行具体工作，不属于与劳动合同直接相关的基本情况，其没有告知义务。

## 隐瞒谎报婚育状况是否构成欺诈?

所谓欺诈，是指当事人故意告诉对方虚假信息，或者故意隐瞒真实情况，并使对方陷入错误认识而作出意思表示的行为。它的构成要件包括：存在欺诈故意、具有欺诈行为、表意人因欺诈陷入错误认识、表意人因错误认识而为意思表示。



本案中，王某因担心就业压力而故意隐瞒自己的生育状况，存在欺诈的故意和欺诈的行为，但培训公司明确表示并没有因为相信王某已生育的虚假陈述而决定与其签订劳动合同，也就是说培训公司没有因王某的欺诈行为陷入错误认识而作出意思表示，且王某的行为未给公司造成任何损失，所以王某的行为不构成欺诈。因此，培训公司无权以王某在签订劳动合同、填写求职申请表以及员工基本情况登记表时对生育状况作出的不实陈述为由与王某解除劳动关系。

当代女性真的太难了，既要赚钱养家，又要貌美如花，公司希望员工已婚已育，那对象到底由谁来发。隐瞒婚育是迫不得已，希望职场公平共同兴旺“种花家”。

### 延伸阅读

1. 中国铁路济某局集团有限公司、中国铁路济某局集团有限公司青岛站劳动合同纠纷二审民事判决书 /（2020）鲁 02 民终 8151 号

**裁判要旨：**

本院认为，孙某系上诉人录用的正式员工，上诉人以孙某系刑满释放

人员为由解除劳动合同，于法无据。故，原审撤销上诉人出具的《解除（终止）劳动合同证明》并无不当，本院予以维持。

2. 广东康某制药有限公司与朱某涛劳动合同纠纷案民事一审判决书/（2020）粤2071民初8372号

**裁判要旨：**

本院认为，朱某涛虽未向康某公司如实告知病情，但结合日常生活经验法则，一般人并不具备识别职业病、慢性病的专业知识，康某公司也确认朱某涛入职时"有体检，但没有显示有问题"，且朱某涛入职后一直正常工作。由此推断，朱某涛的身体健康状况并没有直接影响双方劳动合同的订立及履行。故，本院对康某公司诉称朱某涛以欺诈手段建立劳动关系的主张不予确认。

3. 中国铁路济某局集团有限公司、中国铁路济某局集团有限公司青岛站等与孙某吉劳动合同纠纷一审民事判决书/（2020）鲁0202民初1618号

**裁判要旨：**

本院认为：本案孙某吉虽曾犯罪，但其就业权利应当得到法律的保护。劳动合同法虽然规定了劳动者被追究刑事责任的，用人单位有权解除合同，但没有规定劳动者被追究过刑事责任的，用人单位有权解除合同。为了进一步做好刑释解教人员促进就业和社会保障工作，有效预防和减少重新违法犯罪，维护社会稳定，中央社会治安综合治理委员会、司法部、公安部、劳动和社会保障部、民政部、财政部、国家税务总局、国家工商行政管理总局在2004年2月6日还下发了《关于进一步做好刑满释放、解除劳教人员促进就业和社会保障工作的意见》（综治委［2004］4号）。现济某铁路局青岛站以孙某吉曾被依法追究刑事责任为由，解除劳动合同，于法无据，也与我国相关司法政策相悖。

# 这家奶茶店涉嫌合同诈骗，不要轻信明星代言！

热点事件

2021 年 5 月，上海警方在河北、广东等地警方的大力协助下，成功破获上海首例以虚假奶茶品牌“茶芝兰”吸引加盟商、虚构履约能力骗取加盟费的合同诈骗案，抓获金某、王某等 90 余名犯罪嫌疑人，捣毁多个虚假招商网站，查获大量虚假授权文书、合同文书、话术清单、贴牌奶茶等涉案物品，涉案金额 7 亿余元。演员马某还是该品牌的代言人。事件一出，马某方面已经第一时间向该品牌提出解约通知，并表示将协助受骗的加盟商维权。[1]



## 马某是否需要与商家承担连带责任？

明星代言具有很强的品牌效应，有些受害者基于对公众人物的信任而降低了警惕。那么，明星代言的品牌涉嫌诈骗犯罪，明星需要承担多大的法律责任？是否需要和广告主一起承担连带责任呢？根据《广告法》第五十六条规定，广告经营者、广告发布者、广告代言人，明知或者应知广告虚假仍设计、制作、代理、发布或者作推荐、证明的，应当与广告主承担连带责任。[2] 可以看出，与广告主承担连带责任的前提是广告代言人“明知或应知”广告是虚假的。也就

1　参见《沪上首例“套路加盟”合同诈骗案告破 涉案金额逾 7 亿元》，载光明网，最后访问时间 2022 年 6 月 19 日。

2 《中华人民共和国广告法》第五十六条　违反本法规定，发布虚假广告，欺骗、误导消费者，使购买商品或者接受服务的消费者的合法权益受到损害的，由广告主依法承担民事责任。广告经营者、广告发布者不能提供广告主的真实名称、地址和有效联系方式的，消费者可以要求广告经营者、广告发布者先行赔偿。

关系消费者生命健康的商品或者服务的虚假广告，造成消费者损害的，其广告经营者、广告发布者、广告代言人应当与广告主承担连带责任。

前款规定以外的商品或者服务的虚假广告，造成消费者损害的，其广告经营者、广告发布者、广告代言人，明知或者应知广告虚假仍设计、制作、代理、发布或者作推荐、证明的，应当与广告主承担连带责任。

是说，明星在接代言前必须对产品进行市场调查和背景调查，包括产品是否合格，公司是否取得相应的资质等。需要注意的是，虽然明星作为广告的代言人，对代言的商品或服务理应尽到高于普通消费者的审查义务和注意义务，但是明星毕竟不是行业专家，对他们需尽到的审查义务也不能过于苛刻，所以我国对明星代言产品前应尽的审查义务规定为形式审查而非实质审查。本案就需要马某证明自己在代言之前对于商家的从业背景、履约能力、项目正当性以及商品质量等进行了全面的了解，比如该企业是否有涉及虚假广告的诉讼，是否在市场监督管理部门进行过备案。如果马某并没有尽到应尽的注意义务和审查义务，则需要与商家一并承担连带责任。

## 商家为何构成刑事上的合同诈骗罪而非民事合同欺诈?



《刑法》第二百二十四条规定的合同诈骗罪是指，以非法占有为目的，在签订、履行合同过程中，通过虚构事实、隐瞒真相、设定陷阱等手段骗取对方财产的行为。[1] 民事合同欺诈的定义是指签订合同的一方当事人故意告知对方虚假情况，或者故意隐瞒真实情况，诱使对方当事人基于错误的认识，签订和履行合同的行为。

若想准确界定两者的区别必须厘清两者的构成要件。合同诈骗罪的构成要件为：1. 本罪主体是一般主体，达到刑事责任年龄且具有刑事责任能力的自然人均能构成本罪，单位亦能成为本罪的主体。2. 本罪的主观方面为故意，且以非法占有为目的。3. 本罪侵犯的客体为合同相对方的财产所有权和市场秩序。

1 《中华人民共和国刑法》第二百二十四条　有下列情形之一，以非法占有为目的，在签订、履行合同过程中，骗取对方当事人财物，数额较大的，处三年以下有期徒刑或者拘役，并处或者单处罚金；数额巨大或者有其他严重情节的，处三年以上十年以下有期徒刑，并处罚金；数额特别巨大或者有其他特别严重情节的，处十年以上有期徒刑或者无期徒刑，并处罚金或者没收财产：
（一）以虚构的单位或者冒用他人名义签订合同的；
（二）以伪造、变造、作废的票据或者其他虚假的产权证明作担保的；
（三）没有实际履行能力，以先履行小额合同或者部分履行合同的方法，诱骗对方当事人继续签订和履行合同的；
（四）收受对方当事人给付的货物、货款、预付款或者担保财产后逃匿的；
（五）以其他方法骗取对方当事人财物的。

4. 本罪的客观方面表现为以非法占有为目的，在签订、履行合同过程中，实施了骗取对方当事人财物，数额较大的行为。而民事合同欺诈行为的构成要件为：1. 行为人在主观上有欺诈的故意。2. 行为人在客观上实施了欺诈行为。3. 相对人的错误认识与行为人的欺诈行为之间有因果关系。4. 相对人因错误认识而作出意思表示，与行为人签订合同或履行合同。由此可见，两者最本质的区别在于行为人主观上有无非法占有他人财物的目的。**刑法上所规定的合同诈骗罪并不希望履行合同，而民事欺诈是希望合同可以履行。**

本案中，该商家自始至终都没有履约能力，其通过搭建虚假知名奶茶招商加盟网站，聘请知名艺人做形象代言，在几个经营网点花钱雇人排队，都是为了骗取加盟费。这些行为足以证明该商家有非法骗取他人财物的目的，而且涉案金额高达 7 亿元，故商家涉嫌构成合同诈骗罪。

可能会有人产生疑问，本案为什么不认定为诈骗罪呢？其实，诈骗罪与合同诈骗罪的关系是法条竞合关系，区分的关键在于诈骗行为是否发生在签订、履行合同过程中，利用合同的形式骗取公私财物或者财产性利益。很明显，该案中犯罪嫌疑人的诈骗行为发生在签订、履行合同过程中，因此定性为合同诈骗罪。



现在的诈骗套路越来越多，防不胜防，消费者和投资者都要更加小心谨慎。商家逐利要遵守法律法规，明星代言也要尽到前期的审查义务，切记天上不会掉馅饼，高回报高收益的背后必定会有大“坑”出现。

## 延伸阅读

1. 刘某明合同诈骗一审刑事判决书 /（2021）辽 0304 刑初 116 号

**裁判要旨：**

本院认为，被告人刘某明以非法占有为目的，在签订履行合同过程中，骗取他人财物，数额巨大，其行为构成合同诈骗罪。

2. 余某勇、余某等与陈某国等合同纠纷案 /（2019）鄂 0103 民初 2639 号

**裁判要旨：**

本院认为，陈某国等人提出余某勇在协议签订时隐瞒对外债权，采用欺诈、恐吓手段致使其误认为债权没有任何保障情况下签订协议以及协议内容明显违反公平、等价原则的抗辩意见，均系合同撤销权的法律规范的构成要求，与确认合同效力的规则没有关联，本院不予采纳。

3. 冯某顺与北京百姓阳某大药房有限公司等产品责任纠纷二审民事判决书 /（2016）京 02 民终 10572 号

**裁判要旨：**

本院认为，姚某虽系汤臣倍健产品的代言人，但鉴于冯某顺未能就百姓阳某大药房存在虚假宣传的情形及所受直接损害后果提供证据予以证明，故冯某顺要求姚某对百姓阳某大药房退还货款 88.2 元、赔偿 500 元承担连带责任的诉讼请求，缺乏事实依据，本院不予支持。百姓阳某大药房同意退还冯某顺货款的行为，系其公司自主、自愿的行为，亦不构成姚某承担连带责任的前提和依据。

# 会所虚假宣传，该当何罪？

**热点事件**

自2019年8月起，某梦公司以某苑会所的名义开始对外营业。公司的外联团队以张贴小广告和添加QQ、微信好友等方式寻找顾客。在与顾客聊天的过程中以“特色服务、私人订制、美女模特”等隐晦的词汇来引诱顾客。顾客到会所后，负责接待的人会利用事先准备好的话术向顾客暗示会所提供性服务，使顾客缴纳3000元起步的消费款或千元到万元不等的会员费。顾客付费后，会所却没有将事前的“承诺”付诸现实。[1]



## 民事欺诈和诈骗罪如何区分？

我国《民法典》第一百四十八条规定了民事欺诈，一方以欺诈手段，使对方在违背真实意思的情况下实施的民事法律行为，受欺诈方有权请求人民法院或者仲裁机构予以撤销。民事欺诈和诈骗罪具有相似的地方，二者都有欺骗行为且都给对方造成了一定的经济损失，但是民事欺诈和诈骗罪是存在本质区别的。首先，主观目的不同。诈骗罪是以非法占有为目的，行为人不打算付出任何代价，只想取得对方信任而非法占有财物；民事欺诈的行为人一般采用夸大事实或者虚构部分事实的办法，使对方陷入认识错误并与其订立合同，通过履行约定的民事行为，以达到谋取一定利益的目的。其次，客观行为不同。诈骗罪的行为人虚构的是基本事实，所作出的行为是建立在完全虚假的事实基础上的；民事欺诈行为人虚构的是辅助事实，这些信息不足

1 参见《假卖淫真诈骗，47名男子嫖娼不成反被骗50多万》，载中华网，最后访问时间2022年6月19日。

以完全影响对方的判断。欺骗内容的不同会导致诈骗罪的行为人和民事欺诈的行为人履行承诺的实际能力不同。诈骗罪的行为人根本没有能力实现自己的承诺；民事欺诈的行为人具有一定的履约能力，只是可能达不到相对人的预期。

本案中，会所工作人员通过暗示性的词汇让顾客误以为会所提供性服务，顾客付费是为获得性服务，而会所实际上并不提供性服务。可见，会所工作人员虚构了“提供性服务”这一基本事实，而会所根本不会履行也没有能力履行这一承诺。会所工作人员想利用顾客的信任而非法占有其消费款，这已经超出了民事欺诈的范畴，可能会构成诈骗罪。

## 该会所的工作人员是否构成诈骗罪?



诈骗罪的行为结构是这样的：行为人实施欺骗行为→对方产生或维持错误认识→对方基于错误认识处分财物→行为人取得财物。本案中，会所的工作人员用引诱性的语言吸引顾客前来消费，过程中不提供性服务，而是以更高额度充值才能享受更高档次服务的话术引诱顾客充值，顾客基于工作人员虚构的会所存在性服务的事实而处分财物，会所工作人员的行为符合诈骗罪的构成要件。此外，本案中顾客意图嫖娼，该行为确属不法，但不足以否定会所工作人员的非法占有目的及诈骗行为。

我国《刑法》第二百六十六条规定了诈骗罪，诈骗公私财物，数额较大的，处三年以下有期徒刑、拘役或者管制，并处或者单处罚金；数额巨大或者有其他严重情节的，处三年以上十年以下有期徒刑，并处罚金；数额特别巨大或者有其他特别严重情节的，处十年以上有期徒刑或者无期徒刑，并处罚金或者没收财产。本法另有规定的，依照规定。《最高人民法院、最高人民检察院关于办理诈骗刑事案件具体应用法律若干问题的解释》第一条第一款规定，诈骗公私财物价值三千元至一万元以上、三万元至十万元以上、五十万元以上的，应当分别认定为《刑法》第二百六十六条规定的“数额较大”“数额巨大”“数额特别巨大”。本案中，从2019年8月2日至16日，前去会所消费的顾客被骗财物合计54万余元，已经达到数额巨大的标准。但由于会所的工作人员系共同犯罪，每个人的分工不同、在犯罪过程中发挥的作用不同，故每个人所要承担的刑事责任也不同。法院根据案件具体情节，判处会所工作人员四年至十一个月不等的有期徒刑，处2万元至1000元不等的罚金。

偷鸡不成蚀把米。在我国，嫖娼属于违法行为。本案中，虽然顾客被骗了钱财，但因担心报警会对自己不利，从而不敢、不愿报警，不法分子就正好利用此心理进行诈骗、敲诈甚至抢劫等违法犯罪活动。友情提醒各位，抵制不良诱惑，增强法治观念，做守法公民，清清白白走正道坦途。



## 延伸阅读

1. 姜某琳、姜某芳等诈骗罪二审刑事裁定书 /（2021）苏10刑终91号

**裁判要旨：**

上诉人姜某琳、姜某芳、原审被告人刘某军等人以非法占有为目的，通过暗示方式，以色情服务为诱饵，共同虚构事实，骗取他人财物，其中上诉人姜某琳、姜某芳骗取他人财物数额巨大，原审被告人刘某军骗取他人财物数额较大，其行为均已构成诈骗罪，且系共同犯罪。

2. 汪某赛、胡某念、向某等诈骗罪一审刑事判决书 /（2021）浙0502刑初20号

**裁判要旨：**

被告人汪某赛、胡某念、向某、向某1、张某、章某、施某、倪某、向某2以非法占有为目的，结伙采用虚构事实、隐瞒真相的手段骗取他人财物，其中，被告人汪某赛、胡某念、向某的犯罪数额巨大；被告人向某1、张某、章某、施某、倪某、向某2的犯罪数额较大，其行为均已构成诈骗罪。

3. 尹某奇诈骗罪一审刑事判决书 / (2021) 苏 1003 刑初 37 号

**裁判要旨：**

被告人尹某奇与他人以非法占有为目的，采用虚构事实、隐瞒真相的手段，骗取他人财物，数额较大，其行为已构成诈骗罪，且是共同犯罪。

## 李阿姨落入养生圈套，1 年花 300 万元！

热点事件

2020 年 7 月，67 岁的李阿姨在小区周边闲逛，被一家足浴养生馆的员工拦下，称李阿姨可以体验他们的足疗服务，不满意不收钱。李阿姨体验后，认为捏脚等服务不错，于是在员工的劝说下买了一张可以优惠的泡脚卡。李阿姨一直患有重度抑郁症，治疗状况始终不佳。足浴养生馆便向李阿姨推荐本店的服务项目，说能够通过经络排毒达到根治的效果，而且说明了优惠条件：消费满 300 万元，每年都会有 100 万的积分，相当于现金 100 万元，不可以提现，但可以终身享受，并且可以前往该足疗店在北京办的养老院享受养老服务，但并未签订有关合同。李阿姨认为优惠力度很大，可以赚回本钱，于是每个星期会去一到两次，一年内消费了 290 多万元。据调查，李阿姨接受的项目包括激活肾细胞以及荷尔蒙、排酸、药王补气血等项目，价格从几千元到几十万元不等。该店老板因涉嫌诈骗犯罪，已被移交警方处理。[1]



### 提供高价保健服务一定构成诈骗吗？

《刑法》对于诈骗罪的罪状规定属于简单罪状，需要对其构成要件进行分析：构成诈骗罪的主体应年满十六周岁，具备刑事责任能力；诈骗罪的主观要件为具有骗取他人财物、非法占有他人财产的故意；客观方面表现为虚构事实、隐

1 参见《沪上 67 岁阿姨在足浴店被诱导消费近 300 万，其中还有“激活荷尔蒙”项目》，载澎湃新闻，最后访问时间 2022 年 6 月 19 日。

瞒真相使被害人形成错误认识而处分一定数额的财产。是否构成诈骗罪，关键在于认定服务提供者宣传夸大的程度是否属于“虚构事实、隐瞒真相”。一般来说，夸大宣传的内容超出了社会上一般人的理解程度，足以使顾客产生错误认识并基于错误认识而处分财产，则很有可能被认定构成诈骗罪。

应当注意的是，保健服务行业有自己的营销模式和营销手段，存在会员制的预充值模式，在宣传上难免有夸大的情况，夸大宣传可以根据夸大的程度分为一般夸大宣传和虚假宣传或者诈骗行为。只有那些过度夸大宣传高回报神奇功效，超出社会上一般人接受程度并让顾客产生错误认识而消费的才可能构成诈骗罪。不能仅因为价格高、利润高就认定保健服务提供者构成诈骗罪。

本案中，足浴店的激活荷尔蒙、激活肾细胞等功效宣传、北京养老机构的宣传和每年 100 万积分相当于 100 万元终身享受的宣传显然有夸大成分。如果上述情况均为虚构，加之提供服务与所收价格过度悬殊，则可以认为其具有非法占有他人财物的意图，其提供的体验服务只是谋取更多财产的手段，而李阿姨正是基于该宣传和前期一些体验服务而形成了错误认识，认为可以有巨大的优惠，处分了自己的财产，屡次前往该足浴店消费，则足浴店老板和有关员工构成诈骗罪。根据上海市诈骗罪的立案标准，290 多万元的金额属于数额特别巨大，依据《刑法》，足浴店人员可能被判处十年以上有期徒刑甚至无期徒刑。



## 如何合法提供高价保健服务

《民法典》规定了具备下列条件的民事法律行为有效：（一）行为人具有相应的民事行为能力；（二）意思表示真实；（三）不违反法律、行政法规的强制性规定，不违背公序良俗。基于以上要件，保健服务提供者和接受者应当具备相应的民事行为能力，即年满十八周岁（或者年满十六周岁以自己的劳动收入作为主要生活来源的），能够完全辨认自己的行为；双方意思表示真实，即具有提供、接受保健服务和订立相关合同的真实意思，保健服务提供者应当告知服务项目内容、服务时间、价格等关键事项，可以做适当宣传吸引顾客，但是应当把握分寸（如使用舒筋活血等用词，而非保证减脂等），不能虚构事实、隐瞒真相骗取顾客大量钱财，否则将会承担民事责任甚至刑事责任；提供的保健服务应符合法律、行政法规的强制性规定、符合公序良俗，比如不提供某些违法的“特殊服务”，也不能以提供特殊服务为噱头进行虚假宣传。做到上述几点，即便保健服务价格较高，在法律上通常仍认定高价保健服务合同合法有效。

老年人只要能够完全辨认自己的行为，就属于完全民事行为能力人，可以接受高价保健服务。只要服务提供方将相关事项如实告知老年人使其意思表示真实即可。不能仅根据保健服务价格高、利润高而认定保健服务提供者实施了诈骗行为，老年人有接受高价保健服务的权利。但是，老年人也应当学习相关知识，避免上当受骗；子女也应当向老人说明办卡、充值长期回报存在的风险，引导老年人理性消费。



## 延伸阅读

1. 孙某波等诈骗案（2021）京0108刑初2658号

**裁判要旨：**

孙某波以非法占有为目的，将老年人引诱至某中医医院，编造“不老莓浓浆”具有治病作用，并通过销售“不老莓浓浆”骗取老年人财物。依照《中华人民共和国刑法》的规定，孙某最终以诈骗罪被定罪处罚。

2. 上海市虹口区人民检察院诉陈某金、余某觉等诈骗案/《最高人民法院公报》2012年第12期（总第194期）

**裁判要旨：**

出于非法占有他人财物的目的，以虚构“医院、专家、神药”，假冒病患、导医、医生、收费员、药品发放员等身份，骗取被害人财物的行为，应当依照《刑法》第二百六十六条的规定，以诈骗罪定罪处罚。

3. 四川省泸县人民检察院诉黄某、袁某军等诈骗案 /《最高人民法院公报》2007 年第 8 期（总第 130 期）

**裁判要旨：**

行为人出于非法占有他人财产的目的，采取虚构事实、隐瞒真相、设置圈套的方法诱使他人参加赌博，并以欺诈手段控制赌局的输赢结果，从而骗取他人财物，数额较大的，构成诈骗罪，应当依照《中华人民共和国刑法》第二百六十六条的规定定罪处罚。

# 民警查房反被当作“仙人跳”

热点事件

2021 年 6 月 7 日凌晨，扬州市派出所接到当地群众的报警，称市区内的某宾馆有情色交易。民警接到报警后立即前往该地点进行检查，没想到却被当成了“仙人跳”。因为男子始终不相信民警的身份，拒绝配合调查，民警只能叫来增援。民警真实身份被证实后，该男子还假装镇定地狡辩，称该女子只是来给他送打火机。后来，民警对两人的聊天记录进行核查，男子的谎言不攻自破。最终，他承认了两人之间存在“卖淫嫖娼”行为。[1]



## 卖淫嫖娼是否构成犯罪?

违法行为和犯罪行为，是两个不同的概念。违法行为是指违反现行法律，给社会造成某种危害的、有过错的行为。违法行为按照情节严重程度分为一般违法行为和犯罪行为。按照行为主体违反的法律，可分为行政违法行为、民事违法行为、刑事违法行为和违宪行为。犯罪行为是指犯罪人所实施的违反《刑法》规定，构成犯罪的行为。犯罪行为是刑法学中犯罪构成的基础和行为人承担刑事责任的根据。也就是说，违法行为不一定是犯罪行为，但犯罪行为一定是违法行为。

现行法律中，单纯地卖淫嫖娼行为并不属于犯罪，但是属于违法行为。根据《治安管理处罚法》第六十六条规定，卖淫、嫖娼的，处十日以上十五日以下拘留，可以并处五千元以下罚款；情节较轻的，处五日以下拘留或者五百

1 参见《民警突击查房反被当作“仙人跳”失足女：“我来送打火机”》，载腾讯网，最后访问时间 2022 年 6 月 19 日。

元以下罚款。在公共场所拉客招嫖的，处五日以下拘留或者五百元以下罚款。但是，如果明知道自己患有性病还进行卖淫、嫖娼的，会根据《刑法》第三百六十条，以传播性病罪被定罪处罚。此外还要注意的是，自己去卖淫或嫖娼不构成犯罪，但是如果组织他人和容留、介绍他人卖淫嫖娼，是属于犯罪行为的，会依据《刑法》第三百五十八条、第三百五十九条和第三百六十一条，以组织、强迫、引诱、容留、介绍卖淫罪被定罪量刑。[1]

## "仙人跳"是否为违法犯罪行为?

"仙人跳"是指以美女为诱饵，设置骗局诈骗钱财的一种圈套，如以卖淫嫖娼为幌子，敲诈、偷抢嫖客谋取钱财的行为。"仙人跳"本身属于违法犯罪行为，根据取得他人钱财的手段不同被分为敲诈勒索型或抢劫型。如果被"仙人跳"之后行为人当场使用暴力相威胁，使受害人不敢反抗，失去抵抗能力，而当场劫取财物应定抢劫罪；如果是以施加暴力相威胁或者扬言将要施加暴力，从而索取财物的应定敲诈勒索罪。

抢劫罪和敲诈勒索罪在认定时的主要差别表现在"人身权利被损害的程度"和"当场"两个方面。抢劫罪是以非法占有为目的，**当场使用暴力、胁迫或者其他方法，强行夺取公私财物的行为**。它侵犯的客体是公私财产所有权和被害人的人身权利。客观方面表现为对公私财物的所有者当场使用暴力、胁迫或者



1 《中华人民共和国刑法》第三百六十条　明知自己患有梅毒、淋病等严重性病卖淫、嫖娼的，处五年以下有期徒刑、拘役或者管制，并处罚金。

《中华人民共和国刑法》第三百五十八条　组织、强迫他人卖淫的，处五年以上十年以下有期徒刑，并处罚金；情节严重的，处十年以上有期徒刑或者无期徒刑，并处罚金或者没收财产。

组织、强迫未成年人卖淫的，依照前款的规定从重处罚。

犯前两款罪，并有杀害、伤害、强奸、绑架等犯罪行为的，依照数罪并罚的规定处罚。

为组织卖淫的人招募、运送人员或者有其他协助组织他人卖淫行为的，处五年以下有期徒刑，并处罚金；情节严重的，处五年以上十年以下有期徒刑，并处罚金。

《中华人民共和国刑法》第三百五十九条　引诱、容留、介绍他人卖淫的，处五年以下有期徒刑、拘役或者管制，并处罚金；情节严重的，处五年以上有期徒刑，并处罚金。

引诱不满十四周岁的幼女卖淫的，处五年以上有期徒刑，并处罚金。

《中华人民共和国刑法》第三百六十一条第一款　旅馆业、饮食服务业、文化娱乐业、出租汽车业等单位的人员，利用本单位的条件，组织、强迫、引诱、容留、介绍他人卖淫的，依照本法第三百五十八条、第三百五十九条的规定定罪处罚。

其他对人身实行强制的方法，并抢走财物或者迫使被害人交出财物的行为。主观方面以非法占有公私财物为目的。而敲诈勒索是指以非法占有为目的，**以威胁或者要挟的方法，强索公私财物的行为**。侵犯的客体主要是公私财产所有权，人身权利为次要。并且，人身权利被侵害的主体和财产权利被侵害的主体可能不一致。客观方面表现为以威胁或者要挟的方法，向公私财物的所有人或者持有人强索财物的行为。主观方面要求具有非法占有公私财物的故意。通过比较可见，抢劫罪与敲诈勒索罪的不同点在于被害人人身权利被损害或受到威胁的程度及是否当场实施劫取他人财物两个方面。

根据案情来看，本案的男子可能不止一次被“仙人跳”了。被“仙人跳”，多是因为自身嫖娼而不敢报警，怕自己也要进警察局。嫖娼违反法律，要承担行政责任，从事“仙人跳”的团伙构成的是更严重的刑事犯罪。首先洁身自好远离“仙人跳”，其次如遭遇“仙人跳”，忍气吞声不是办法，唯一能够救自己的办法就是当机立断报警。否则，这些犯罪分子只会越来越嚣张。



### 延伸阅读

1. 亓某栋抢劫案二审刑事判决书 /（2020）鲁 13 刑终 416 号

**裁判要旨：**

本院认为，原审被告人亓某栋与他人结伙，实施“仙人跳”行为，采用暴力、胁迫的方式劫取他人财物，其行为已构成抢劫罪，依法应予惩处。亓某栋系自首，主动赔偿被害人损失并取得被害人谅解，依法可对其减轻处罚。

2. 卢某得抢劫案一审刑事判决书 /（2021）浙 1102 刑初 194 号

**裁判要旨：**

本院认为，被告人卢某得与他人合谋以“仙人跳”方式盗窃他人财物，为抗拒抓捕当场使用暴力，致使被害人轻微伤，其行为已构成抢劫罪。

### 3. 鲍某振敲诈勒索案一审刑事判决书 /（2020）豫1628刑初167号

**裁判要旨：**

本院认为，被告人鲍某振伙同他人用“仙人跳”的方式实施敲诈，勒索他人财物，数额较大，其行为已构成敲诈勒索罪。

# 交了 200 万元意向金还买不了房，谁应承担责任？

**热点事件**

2020 年年底，江苏苏州的张女士联系上了先前认识的中介徐某，想要购买一处房产。徐某称正好有一套房源，因为比市价便宜，张女士十分心动，随即交了 20 万元意向金。之后徐某又以看房人多、房东有要求等理由向张女士收取 80 万元。在签合同前一天，徐某又提出追加意向金，张女士提出看房，徐某带张女士看房后张女士十分满意，就又转给了徐某 100 万元。徐某前后收取了张女士共计 200 万元的意向金，却迟迟未签合同，这让张女士心生疑惑。索要退款无果后，张女士便报了警，才发现徐某早已从中介离职，原来自己被骗了。民警发现，徐某还以同样的方式骗取了另外三名购房者 75 万元的意向金，累积共计 275 万元。[1] 后来徐某被警方逮捕。那么，徐某的行为是否构成诈骗罪？张女士能否以不知徐某离职为由向徐某原所在公司主张赔偿呢？



## 徐某是否构成诈骗罪？

诈骗罪是指以非法占有为目的，行为人**实施虚构事实或者隐瞒事实真相的欺骗行为**，使被骗人**产生或者继续维持错误认识**，在错误认识的基础上**自愿处分（或交付）**财产，致使行为人或者第三方获得财产，被害人遭受财产损失的行为。本案中，徐某通过掩盖自己已从原中介公司离职的事实，让张女士陷入错误认识，并使她基于这种错误认识先后转账 200 万元，致使张女士的财物遭受损失，符合诈骗罪的构成要件，徐某构成诈骗罪。

---

1　参见《女子被离职中介骗 200 万意向金》，载新浪财经，最后访问时间 2022 年 6 月 19 日。

《刑法》第二百六十六条规定，诈骗公私财物，数额较大的，处三年以下有期徒刑、拘役或者管制，并处或者单处罚金；数额巨大或者有其他严重情节的，处三年以上十年以下有期徒刑，并处罚金；数额特别巨大或者有其他特别严重情节的，处十年以上有期徒刑或者无期徒刑，并处罚金或者没收财产。本法另有规定的，依照规定。并且根据《最高人民法院、最高人民检察院关于办理诈骗刑事案件具体应用法律若干问题的解释》的规定，徐某前后诈骗共计 275 万元，在定罪量刑时属于“数额特别巨大”的情形，因此，徐某很可能面临十年以上有期徒刑的处罚。[1]

## 张女士能否向徐某原所在公司主张赔偿？

要想知道张女士能否向徐某原所在公司主张赔偿，就要弄清徐某的行为是否构成表见代理。根据《民法典》第一百七十二条规定，表见代理是指虽然行为人的行为属于无权代理，但善意相对人**有理由认为行为人有代理权**而与其产生民事法律关系，则无权代理人代理行为的法律后果由被代理人承担的代理行为。[2] 可见，表见代理的构成需要符合以下四个要件：行为人无代理权、有使相对人相信行为人具有代理权的事实或理由、相对人为善意且无过失、相对人与无权代理人实施了民事法律行为。

首先，徐某从中介公司离职，已经不再享有代理权，无权代表中介公司与张女士就购房达成合意。其次，虽然徐某在此之前一直就职于该中介公司且与张女士有过业务往来，并且在张女士要求下也带张女士进行了实地看房。但是，徐某多次收取张女士意向金后未与张女士签署购房意向金协议并且一直推脱签



1 《最高人民法院、最高人民检察院关于办理诈骗刑事案件具体应用法律若干问题的解释》第一条　诈骗公私财物价值三千元至一万元以上、三万元至十万元以上、五十万元以上的，应当分别认定为刑法第二百六十六条规定的“数额较大”、“数额巨大”、“数额特别巨大”。

各省、自治区、直辖市高级人民法院、人民检察院可以结合本地区经济社会发展状况，在前款规定的数额幅度内，共同研究确定本地区执行的具体数额标准，报最高人民法院、最高人民检察院备案。

2 《中华人民共和国民法典》第一百七十二条　行为人没有代理权、超越代理权或者代理权终止后，仍然实施代理行为，相对人有理由相信行为人有代理权的，代理行为有效。

合同的行为，本应引起张女士的合理怀疑，不足以使张女士相信徐某具有代理权。最后，张女士在主观上未尽到合理的注意义务，具有过失，不符合善意相对人的标准。因为通常购买二手房的流程是先看房，看房后如果对房子有兴趣再缴纳意向金，中介公司会与缴纳意向金的购房者签署购房意向金协议，明确房屋的具体情况。而本案的张女士因为担心被别人抢先买走房子和出于对徐某的信任，在没有看房的情况下，多次通过转账的形式向徐某给付意向金，对损害结果的发生存在主观上的过失。综上所述，徐某的行为并不构成表见代理，张女士无权向徐某原所在公司主张赔偿。

防人之心不可无，200 万元真不是个小数目，不核实、不签协议就转账，还是转给私人账户，真的是“财大气粗”。友情提醒各位：转款交易要谨慎，核实确认再进行，一旦发现不对劲，立马拨打 110。



## 延伸阅读

### 1. 朱某蓝与宁波荔某大酒店有限公司、杭州欣某营销策划有限公司商品房预售合同纠纷一案民事判决书 /（2020）浙 0225 民初 7509 号

**裁判要旨：**

本院认为，依原告主张，本案为商品房预售合同纠纷。原告主张其在被告荔某公司售楼处支付款项构成表见代理，《荔港珑湾居间成交确认单》明确记载了“居间费”的内容，原告是向被告吉某公司刷 POS 机支付的案涉款项，付款人需要刷卡后在签账单上签名确认，签账单上载有付款对象的商户名称等要素，故原告应当知道付款对象。此外，房屋价款是购房的主要考虑因素，原告在签订《商品房买卖合同》前，应当知道房屋的价格，其对超付款项并没有做出合理解释。即使原告是在签订《商品房买卖合同》时知道房屋价款，对其超额支付的款项没有立即追回，明显不合常理。因此，本院不认为原告在支付案涉款项时善意且无过失，不符合表见代理的构成要件。

2. 杨某顺、窦某杰诈骗案 /（2021）辽 1002 刑初 130 号

**裁判要旨：**

本院认为，被告人以非法占有为目的，虚构事实骗取他人钱款，数额较大，构成诈骗罪。到案后能够如实供述自己罪行，愿意接受处罚，能够退还赃款，积极缴纳罚金，对其可从轻处罚。

3. 龙某军诈骗一审刑事判决书 /（2021）湘 0224 刑初 62 号

**裁判要旨：**

本院认为，被告人通过虚构事实，隐瞒真相的方式骗取他人财物，数额巨大，其行为构成诈骗罪，公诉机关指控的罪名成立。

# 电话号码上电视，被迫火了，怎么办？

**热点事件**

电视剧《神犬小七》第三部中的播放画面上出现了山东济南市民陶某的手机号码。陶某因此接到全国多地观众来电，致使生活和工作受到严重影响。陶某遂向法院起诉，将电视剧出品方告上法庭。法院判决出品方完某世界（北京）互动娱乐有限公司（以下简称完某世界）向陶某支付精神损害抚慰金3.5万元。[1]

因为本案发生时间在《民法典》生效前，根据《最高人民法院关于适用〈中华人民共和国民法典〉时间效力的若干规定》第一条的规定，应适用《民法总则》和《侵权责任法》来进行分析。[2]



## 出品方是否侵犯陶某隐私权？

《民法总则》第一百一十条（现《民法典》第一百零三十二条）规定，自然人享有隐私权。[3] 关于隐私，通常认为包含两个方面的内容：一方面是自然人的私人生活安宁；另一方面是自然人不愿为他人知晓的私密空间、私密活动、私密信息。私人生活安宁指的是自然人维持安稳宁静的私人生活状态、排斥他人

1 案例来源：陶某亮与完某世界（北京）互动娱乐有限公司、北京爱某艺科技有限公司网络侵权责任纠纷一审民事判决书/（2020）鲁0113民初2504号。

2 《最高人民法院关于适用〈中华人民共和国民法典〉时间效力的若干规定》第一条 民法典施行后的法律事实引起的民事纠纷案件，适用民法典的规定。

民法典施行前的法律事实引起的民事纠纷案件，适用当时的法律、司法解释的规定，但是法律、司法解释另有规定的除外。

民法典施行前的法律事实持续至民法典施行后，该法律事实引起的民事纠纷案件，适用民法典的规定，但是法律、司法解释另有规定的除外。

3 《中华人民共和国民法总则》第一百一十条 自然人享有生命权、身体权、健康权、姓名权、肖像权、名誉权、荣誉权、隐私权、婚姻自主权等权利。

法人、非法人组织享有名称权、名誉权、荣誉权等权利。

不当侵扰的权利。维持安稳宁静的生活状态既包括不受他人通过电话、短信、社交应用软件等进行的物理性侵扰，也包括不陷于明显的被侵扰的危险中。就本案涉及的私人生活安宁来说，在判断是否构成侵害隐私权时，应考量其个人生活状态是否有因被诉行为介入而产生变化，以及该变化是否对个人生活安宁造成一定程度的侵扰。一般而言，需要依据社会习俗、一般理性人的感受等因素进行判断，同时也要结合案件的具体场景和情形具体分析。由于侵害隐私权的侵权责任适用过错责任原则，所以责任构成上须具备侵权责任构成的一般要件，即须具备**加害行为、损害后果、因果关系和主观过错**要件。本案中，判断电视剧使用和公开涉案手机号码是否侵害原告隐私权，也应从上述四个方面具体考察：

第一是加害行为。具体来说，私人生活安宁主要包括：日常生活安宁、住宅安宁和通信安宁等。由于“手机实名制”和“网络实名制”的实施，作为重要通信联络方式的个人手机号码，被广泛应用于各类社交应用软件的账号创建，客观上手机号码与个人生活安宁的关联也更加密切。个人手机号码一般应由权利人决定向特定的人群公开。若非法律规定或经权利人许可，被他人不当披露给不特定人群，可能导致权利人的通信安宁被侵扰，妨害权利人的正常生活安宁。本案中，《神犬小七》出品方把陶某合法所有的手机号码，在陶某不知情的情况下公开，导致各地观众通过电话侵扰陶某，侵害了陶某私生活领域内应有的安宁状态。

第二是损害后果。私生活安宁主要是一项精神性人格权益，它受侵害主要导致的是精神损害。当外部侵扰超出了一般理性人能够容忍的限度，达到对私人生活安宁一定程度的侵扰，就可构成对隐私权的不法侵害。本案中，陶某因接到全国各地观众的电话，使得生活和工作受到严重影响，已超出原告应当容忍的限度，破坏了原告的安宁状态。

第三是因果关系。法律上的因果关系是指损害后果必须是可归因于加害行为的后果，即需判断加害行为是否属于损害后果的条件。本案中，陶某的生活受到了侵扰是由于出品方公开了其手机号码，激发了观众的好奇心，存在着客观的因果关系。

第四是主观过错。本案中出品方对于画面涉及的手机号码，未尽相应的注意义务，主观上存在过错。

综上所述，出品方显然构成对陶某隐私权的侵害。

## 如果构成侵权，应承担何种责任？

如前所述，出品方侵害了陶某的隐私权。陶某可依法请求出品方承担侵权责任。根据《侵权责任法》第十五条第（六）、（七）项（相关规定见《民法典》第一百七十九条）的规定，出品方应承担赔偿损失和赔礼道歉的民事责任。[1] 且根据《侵权责任法》第二十二条（相关规定见《民法典》第一千一百八十三条）规定，侵害他人人身权益，造成他人严重精神损害的，被侵权人可以请求精神损害赔偿。[2]

精神损害赔偿，系用于对精神受到损害者予以抚慰。因精神损害具有难以量化和证明的特点，通常情况下以发生了足以产生精神痛苦或损害的行为来认定。本案中，涉案侵权行为主要造成的是精神损害，陶某因涉案侵权行为无端遭受陌生观众的侵扰，即使出品方较快地进行了一定处理，但仍导致原告在一段时期内遭受私人生活安宁被侵扰的痛苦，以及承受可能被继续侵扰的苦闷。因此，陶某有权自侵权人处获得精神损害赔偿，依据《最高人民法院关于确定民事侵权精神损害赔偿责任若干问题的解释》，赔偿的具体金额应综合考虑涉案侵权行为的影响范围、持续时间、侵权人主观过错等因素予以确定。综上所述，除了赔礼道歉、赔偿损失以外，也可以主张精神损害赔偿。



---

1 《中华人民共和国侵权责任法》第十五条　承担侵权责任的方式主要有：
（一）停止侵害；
（二）排除妨碍；
（三）消除危险；
（四）返还财产；
（五）恢复原状；
（六）赔偿损失；
（七）赔礼道歉；
（八）消除影响、恢复名誉。
以上承担侵权责任的方式，可以单独适用，也可以合并适用。

2 《中华人民共和国侵权责任法》第二十二条　侵害他人人身权益，造成他人严重精神损害的，被侵权人可以请求精神损害赔偿。

隐私保护很重要，尤其是影视行业，受众面广，观众的好奇心又很强，稍有不慎就可能给普通民众带来极大的困扰，所以出品方在审查时一定要谨慎谨慎再谨慎。

## 延伸阅读

1. 黄某敏与霍尔果斯凤某联动影业有限公司等网络侵权责任纠纷案一审民事判决书 /（2020）京 0491 民初 9079 号

**裁判要旨：**

本院认为涉案手机号码被涉案网剧不当披露，造成了原告私人生活安宁被侵扰，超出了合理容忍的限度，对此制作方主观上存在过错，构成对原告隐私权的侵害。

2. 张某与北京某奇艺科技有限公司等隐私权一审民事判决书 /（2018）京 0108 民初 49569 号

**裁判要旨：**

本院认为，新某公司未尽审慎注意义务在涉案电视剧中披露张某手机号码，构成对张某个人隐私权的侵害。张某有权依照《侵权责任法》的有关规定，要求新某公司停止侵害、消除影响、赔礼道歉、赔偿精神损害赔偿金。

3. 赵某祥与新某传媒股份有限公司、山东影视传媒集团有限公司等隐私权纠纷一审民事判决书 /（2014）临民初字第 2429 号

**裁判要旨：**

本院认为，被告的行为侵犯了原告的隐私权，致使原告在生活上长期受到不确定的困扰，且随着电视剧的播出，公开的电话号码信息已为不确定的大众所获知，不能排除原告将来还会接到电话及短信等骚扰的可能。故被告的行为对原告的生活及精神造成了一定的伤害，应对原告所造成的精神损害进行赔偿。

# 店主抢回自己的烧鸡打伤对方被判刑，为何？

热点事件

2019 年 12 月，经营烧鸡店的韩某在店铺内营业。一位醉酒男子于某前来买烧鸡。双方因价格问题发生争执。于某突然拿起一只烧鸡拔腿就跑，但是于某半路上被同村的高某、赵某阻拦并被劝说回家。[1]然后韩某赶到，打了于某两下，之后两人厮打在一起。后致于某倒地、左膝盖受伤，经鉴定为轻伤二级。法院以故意伤害罪，判处韩某有期徒刑十个月。[2]



## 别人抢我东西我立刻追回是正当防卫吗？

正当防卫是法定的违法阻却事由。依据我国《刑法》，为了使国家、公共利益、本人或者他人的人身、财产和其他权利免受正在进行的不法侵害，而采取的制止不法侵害的行为，对不法侵害人造成损害的，属于正当防卫，不负刑事责任。正当防卫明显超过必要限度造成重大损害的，应当负刑事责任，但是应当减轻或者免除处罚。[3] 由此得出正当防卫的构成要件。

第一，起因条件：不法侵害现实存在。不法侵害既包括侵犯生命、健康权利的行为，也包括侵犯人身自由、公私财产等权利的行为；既包括犯罪行为，也包括违法行为。若没有不法侵害而行为人假想存在，则属于假想防卫。由于防卫行为人没有犯罪故意，如有过失可能构成过失犯罪，否则属于意外事件。

---

1 案例来源：韩某兵判决书 /（2020）豫 0329 刑初 574 号。

2 案例来源：韩某兵故意伤害二审刑事裁定书，（2021）豫 03 刑终 303 号。

3《中华人民共和国刑法》第二十条第一款　为了使国家、公共利益、本人或者他人的人身、财产和其他权利免受正在进行的不法侵害，而采取的制止不法侵害的行为，对不法侵害人造成损害的，属于正当防卫，不负刑事责任。

第二，防卫时间：可以认定为正当防卫的时间范围。法律规定为“不法侵害正在进行”，事前和事后防卫不属于正当防卫。但是应当注意的是，对于“不法侵害正在进行”即防卫时间的认定，不能以局外人的理性视角来判断，而应当做适当的时间范围扩大：开始时间为实行行为时，排除犯罪预备时间，否则为事前防卫；结束时间为危险排除，如不法侵害行为人被制服或者犯罪中止，需要考查防卫行为人的能力等各方面因素综合认定。例如，在侵犯财产性犯罪中，即使财产已经脱离原占有人占有、为侵害行为人所控制，侵害行为已经构成既遂，但如果尚能通过有效措施及时追回财物的，可以认为不法侵害尚未结束，允许原占有人进行正当防卫，予以追回。

第三，防卫意图：防卫行为人认识到不法侵害正在进行，有保护合法权益的意图。故意犯罪但是客观上制止了不法侵害行为、挑唆他人侵犯自己或者诱使他人犯罪而进行的防卫不属于正当防卫，而是故意犯罪；没有保护合法权益的意图且没有犯罪意图的防卫行为，不属于正当防卫，并且可能构成故意犯罪。



第四，防卫对象：必须是不法侵害人。否则，可能构成过失犯罪。

第五，防卫限度：正当防卫必须在合理限度内进行，明显超过必要限度则构成防卫过当，需要承担刑事责任，但是应当减轻或者免除处罚。[1] 此处需要“明显”超出必要限度，适当地超过限度是允许的。而且在特殊防卫情况下是可以无限防卫的，即在对抗正在进行的严重危及人身安全的暴力犯罪时防卫，造成不法侵害人伤害、死亡的，不存在防卫过当，均属于正当防卫，防卫行为人不需要对造成的损害后果负刑事责任。[2]

对于抢夺财物的行为是可以进行正当防卫、立刻追回的。抢夺行为侵犯了所有权人的所有权或者占有权人的占有利益，至少属于违法行为，属于相关司法解释规定的不法侵害，满足防卫的起因条件；防卫时间上，只要仍有立刻追回的可能，即便财物已经为抢夺人占有，仍然可以追回；追回自己的财物，具

1 《中华人民共和国刑法》第二十条第二款　正当防卫明显超过必要限度造成重大损害的，应当负刑事责任，但是应当减轻或者免除处罚。

2 《中华人民共和国刑法》第二十条第三款　对正在进行行凶、杀人、抢劫、强奸、绑架以及其他严重危及人身安全的暴力犯罪，采取防卫行为，造成不法侵害人伤亡的，不属于防卫过当，不负刑事责任。

有保护自己权益的防卫意思；防卫对象是抢夺人，以及在必要限度内。满足以上条件属于正当防卫，不负刑事责任。因此，别人抢我东西我立刻追回来属于正当防卫。那么，本案应该如何认定呢？

## 为何本案被判有罪？

根据本案细节，韩某对于某的**伤害行为**并不属于正当防卫。其行为仅满足正当防卫的部分要件。首先，虽然烧鸡价格较低，未达到犯罪数额标准，但是于某抢夺烧鸡的行为侵犯了韩某的占有权益，属于不法侵害行为；韩某在仍能追回的情况下追逐于某，满足正当防卫的时间条件和防卫对象条件；**但是本案存在介入因素，即醉酒的于某已经被村民阻拦、劝说，其逃跑的危险暂时解除。**韩某虽仍有权维护权益，但伤害于某的必要性并不存在，可以通过商讨、通知其家属进行赔偿来解决，所以防卫不适时，属于事后防卫。而且韩某在于某被阻拦后仍对于某进行殴打，双方互殴导致于某轻伤，明显超出了维权（解决烧鸡费用）的必要限度，故认定韩某构成故意伤害罪，依法进行处罚。

东西被抢，气愤、维权都是人之常情，其情可悯，但是冲动万不可取。即便财产权益被侵犯，也不可认为可以随意殴打、拘禁、伤害侵权人，任意损害其人身权益。遇到类似情况应尽量通过协商或者求助民警解决。



### 延伸阅读

1. 陈某杰正当防卫案 /（2016）琼 02 刑终 28 号

**裁判要旨：**

容某等人酒后滋事，调戏陈某杰的妻子，辱骂陈某杰，不听劝阻，使用足以造成严重危及他人重大人身安全的凶器殴打陈某杰。陈某杰作为一个男人，一个丈夫，在自己的妻子被调戏，自己被辱骂并被围殴之时，用小刀刺、划正在围殴他的容某等人，符合特殊防卫的条件，虽致容某死亡，周某某轻伤，纪某练轻微伤，但不影响正当防卫的成立，依法不负刑事责任。

2. 邓某娇故意伤害案 / (2009) 巴刑初字第 82 号

**裁判要旨：**

邓某娇故意伤害他人身体，致人死亡。其行为已构成故意伤害罪，关于邓某娇在遭受邓某大、黄某智无理纠缠、拉扯推搡、言行侮辱等不法侵害的情况下，实施的反击行为具有防卫性质。但明显超过了必要限度，属于防卫过当，邓某娇的行为构成犯罪。鉴于邓玉娇是部分刑事责任能力人。并具有防卫过当和自首等法定从轻、减轻或者免除处罚情节，可以对邓玉娇免除处罚。

3. 新疆维吾尔自治区喀什市人民检察院与王某兵、张某伟等故意伤害罪二审刑事案（2021）新 31 刑终 49 号

**裁判要旨：**

法院认为，本案双方系互殴，均有不法侵害之故意；行为上王某兵、张某伟等四人均在伤害行为暂时停止或对方失去反抗能力后继续实施了殴打等伤害行为，属于事后防卫；王某兵、张某伟、王某晨或使用木棒、啤酒瓶或赤手空拳，均对着对方头部这样人体致命、脆弱的部位实施加害行为，明显超过正当防卫的限度。故本案不构成正当防卫。

# 村民发牢骚被拘 15 天，状告有关部门，谁之错？

## 热点事件

2019 年 2 月 11 日，广东省中山市的肖某在其个人微信号上就其所在镇上相关企业财务不透明，征收补偿款下落不明等问题发了几句牢骚。同年 2 月 13 日，镇派出所对肖某进行了立案处理。派出所认为，肖某发布、散播失实言论，起哄闹事，构成寻衅滋事。上报市局后，决定依据《治安管理处罚法》第二十六条第四款对肖某行政拘留 15 天。肖某不服，拘留期满后，立即到法院提起诉讼，要求撤销公安机关的行政处罚决定，并且依据《国家赔偿法》向其赔偿 4739.1 元。最终，法院依据《行政诉讼法》和《国家赔偿法》的相关规定支持了肖某主张公安机关赔偿 4739.1 元的诉讼请求。[1]



## 肖某的行为是否属于寻衅滋事？

《治安管理处罚法》第二十六条规定的寻衅滋事违法行为，是指在公共场所无事生非，起哄闹事，肆意挑衅，横行霸道，打群架，破坏公共秩序，尚未造成严重后果的行为。[2] 本类行为表现为行为人公然藐视国家法纪、社会公德，破坏公共场所秩序和生活中人们应当遵守的共同准则，实施寻衅滋事行为扰乱公共秩序。寻衅滋事行为主要表现为如下几种形式：一是追逐、

1 案例来源：中山市公安局与肖某洪其他（公安）一案行政二审判决书 /（2020）粤 20 行终 281 号。

2 《中华人民共和国治安管理处罚法》第二十六条　有下列行为之一的，处五日以上十日以下拘留，可以并处五百元以下罚款；情节较重的，处十日以上十五日以下拘留，可以并处一千元以下罚款：

（一）结伙斗殴的；

（二）追逐、拦截他人的；

（三）强拿硬要或者任意损毁、占用公私财物的；

（四）其他寻衅滋事行为。

拦截他人，即出于取乐、寻求精神刺激等不健康的动机，无故追赶、拦挡、侮辱、谩骂他人，以及追逐、拦截异性等。二是强拿硬要或者任意损毁、占用公私财物，即以蛮不讲理的手段，强行索要市场、商店的商品及他人的财物；或者随心所欲损坏、毁灭、占用公私财物。三是结伙斗殴。一般是出于私仇宿怨、争霸一方或者其他动机而以结成团伙的方式打群架。四是其他寻衅滋事行为，比如，在公共场所起哄闹事，造成公共场所秩序混乱；行为人出于取乐、寻求精神刺激等目的在公共场所无事生非，制造事端，扰乱公共秩序。

本案中，肖某在微信编辑、发送相关言论不符合寻衅滋事的构成要件，只是对可能存在的社会消极现象发发牢骚，通过此方式行使自己的批评、建议权，即使语气激动，言论刺耳，也不属于起哄闹事、扰乱公共秩序的寻衅滋事行为。综上所述，肖某的行为并不构成寻衅滋事行为。



## 市有关部门行政处罚程序是否合法?

根据《行政处罚法》第四十四条规定，行政机关在作出行政处罚决定之前，应当告知当事人拟作出的行政处罚内容及事实、理由、依据，并告知当事人依法享有的陈述、申辩、要求听证等权利。第四十五条规定，当事人有权进行陈述和申辩。行政机关必须充分听取当事人的意见，对当事人提出的事实、理由和证据，应当进行复核。[1]《治安管理处罚法》第九十四条也规定，公安机关作出治安管理处罚决定前，应当告知违反治安管理行为人作出治安管理处罚的事实、理由及依据，并告知违反治安管理行为人依法享有的

1 《中华人民共和国行政处罚法》第四十五条　当事人有权进行陈述和申辩。行政机关必须充分听取当事人的意见，对当事人提出的事实、理由和证据，应当进行复核；当事人提出的事实、理由或者证据成立的，行政机关应当采纳。
行政机关不得因当事人陈述、申辩而给予更重的处罚。

权利。[1] 也就是说，行政机关在作出处罚决定前，应当采取“先告知后处罚”的方式。

本案中，通过市公安局提交的光盘证据显示，市公安局执法人员于2019年2月15日0时19分13秒至0时26分46秒向肖某宣读行政处罚决定书，于2019年2月15日0时27分4秒至0时31分5秒向肖某宣读《中山市公安局行政处罚告知笔录》，两份材料的宣读时间间隔不到一分钟。由此可见，市公安局作出行政处罚决定在先，告知当事人作出行政处罚决定的事实、理由及依据在后，属于程序违法，应当依法撤销违法行政行为。

## 如何获得国家赔偿?



国家赔偿，是指国家机关及其工作人员因行使职权给公民、法人及其他组织的人身权或财产权造成损害，依法应给予的赔偿。《国家赔偿法》第九条规定，提起国家赔偿的途径主要有以下三种：1. 向赔偿义务机关提出；2. 在申请行政复议时同时提出；3. 向人民法院提起诉讼。[2] 需要注意的是，赔偿请求人要求国家赔偿应当先向赔偿义务机关提出，也可以在申请行政复议和提起行政诉讼时一并提出。也就是说，公民、法人和其他组织可以在申请行政复议时，向复议机关提出行政赔偿的要求；也可以向人民法院提起行政诉讼时一并要求赔偿。在提起行政赔偿诉讼时，申请人还可以同时请求法院撤销行政机关的行政行为。

本案中，肖某选择向人民法院提起诉讼，要求法院撤销公安机关作出的违反法定程序的行政行为并对其进行赔偿。对肖某要求市公安局向其赔偿4739.1

1 《中华人民共和国治安管理处罚法》第九十四条　公安机关作出治安管理处罚决定前，应当告知违反治安管理行为人作出治安管理处罚的事实、理由及依据，并告知违反治安管理行为人依法享有的权利。
违反治安管理行为人有权陈述和申辩。公安机关必须充分听取违反治安管理行为人的意见，对违反治安管理行为人提出的事实、理由和证据，应当进行复核；违反治安管理行为人提出的事实、理由或者证据成立的，公安机关应当采纳。
公安机关不得因违反治安管理行为人的陈述、申辩而加重处罚。

2 《中华人民共和国国家赔偿法》第九条　赔偿义务机关有本法第三条、第四条规定情形之一的，应当给予赔偿。
赔偿请求人要求赔偿，应当先向赔偿义务机关提出，也可以在申请行政复议或者提起行政诉讼时一并提出。

元的诉讼请求，法院认为市公安局作出的涉案行政处罚决定认定事实的主要证据不足、程序违法，故肖某有权向市公安局请求行政赔偿。法院依据《国家赔偿法》第三条和第三十三条的规定，按照国家上年度职工日平均工资判决给予肖某 4739.1 元（315.94 元 / 日 ×15 日）的国家赔偿，并撤销了之前公安机关作出的违法行政行为。[1]

由于相关的法律法规对寻衅滋事的界定较为模糊，寻衅滋事“口袋化”的倾向越来越明显。2013 年“两高”颁布《解释》，进一步明确了寻衅滋事罪的入罪标准及其他法律适用问题。鉴于《治安管理处罚法》中寻衅滋事行为的行政处罚认定还没有细则，我们可以“举重以明轻”，参考刑法及其司法解释对寻衅滋事行为的定义和寻衅滋事罪构成要件来进行判断。司法机关应当严格按照构成要件认定违法犯罪行为，不能将所有找不到法律依据的行为都认定为寻衅滋事。此外，面对行政机关所作出的违法违规行为，当事人要积极主张自己的权利，无惧公权力的威慑，相信法律和正义。



## 延伸阅读

### 1. 原告马某某诉被告某局治安行政处罚及行政赔偿案一审行政判决书 /（2016）陕 0831 行初 5 号

**裁判要旨：**

本院认为，原告马某某与第三人张某某两家相邻而居，双方因出行通道产生矛盾。原告在得知第三人家修楼梯时前来阻止，其行为是民事纠纷

1 《中华人民共和国国家赔偿法》第三条　行政机关及其工作人员在行使行政职权时有下列侵犯人身权情形之一的，受害人有取得赔偿的权利：
（一）违法拘留或者违法采取限制公民人身自由的行政强制措施的；
（二）非法拘禁或者以其他方法非法剥夺公民人身自由的；
（三）以殴打、虐待等行为或者唆使、放纵他人以殴打、虐待等行为造成公民身体伤害或者死亡的；
（四）违法使用武器、警械造成公民身体伤害或者死亡的；
（五）造成公民身体伤害或者死亡的其他违法行为。
《中华人民共和国国家赔偿法》第三十三条　侵犯公民人身自由的，每日赔偿金按照国家上年度职工日平均工资计算。

引发的，并非无事生非，亦非发生在公共场所，从法律上讲不能认定为寻衅滋事。而被告某局适用《中华人民共和国治安管理处罚法》第二十六条之寻衅滋事定性处罚，属于适用法律错误。因为寻衅滋事违法行为主要侵犯的是公共秩序，而本案原告马某某的行为不涉及侵犯公共秩序，为此被告于2015年11月20日作出的子公（城）行罚决字〔2015〕427号行政处罚决定应予撤销。

**2. 原告李某贤与被告新某县公安局治安行政处罚决定及行政赔偿一案一审行政判决书 /（2016）湘0522行初40号**

**裁判要旨：**

本院认为，本案被告认定原告与第三人发生肢体冲突且在追打过程中将第三人推倒致伤，缺少充足的证据予以证实，因此本院认为被告对原告做出行政拘留五日的行政行为无事实依据，应依法予以撤销，但根据《中华人民共和国行政诉讼法》第七十四条之规定，被告所作处罚决定已经执行完毕，处罚决定书已无可撤销内容，故应予确认其行政行为违法。



**3. 龚某、通州区张芝山镇东某家用纺织品厂等与南通市通州区张芝山镇人民政府不服行政侵权赔偿决定一审行政判决书 /（2019）苏0691行赔初34号**

**裁判要旨：**

本院认为，原告提供了显示其厂房屋顶缺漏、厂房内积水以及家纺产品浸水的照片。三原告系家纺产品生产经营企业，在厂房内必然会囤积大量的家纺产品，被告未能提交拆除现场的视频资料显示三原告已经在拆除时将厂房、办公楼内的家纺产品全部清空。在原告提供了其产品因厂房屋顶受损而导致厂房内产品受损的初步证据，被告未能提供其他证据证实其主张的情况下，被告应对原告主张的四件套损失予以合理赔偿。本院结合上述四件套的市场价以及受损情况等因素，酌情支持原告四件套损失30000元。

# 因上卫生间时间太长，公司把员工开除，合法吗？

热点事件

来自天津的刘某于2006年4月进入某公司工作。2015年7月开始，刘某上班期间每天在卫生间停留的时间为3—6个小时。2015年9月，该公司就刘某长时间停留卫生间事宜同刘某沟通。在征得公司工会书面同意的情况下，该公司作出《惩罚解雇通知书》，因刘某违反《员工手册》而跟其解除劳动关系。刘某与该公司就劳动关系解除的事宜发生纠纷，案件现已审理完毕。[1]



## 某公司与刘某解除劳动关系的依据是否合法？

《劳动合同法》第三十九条规定："劳动者有下列情形之一的，用人单位可以解除劳动合同：……（二）严重违反用人单位的规章制度的……"[2] 本案中，该公司与刘某解除劳动关系的依据是该公司《员工手册》第二篇《员工就业相关规则》中的"就业规则"第七十九条第一款第三项"迟到、早退、未经允许因私离岗一个月内累计达15次或一年内累计达25次"的规定。关于该依据是否合法，需要从解除依据的内容是否合法、其制定或修改是否经民主程序，以及是否公示或告知劳动者三方面进行认定。

---

1 案例来源：天津丰某汽车座椅部件有限公司与刘某亮劳动争议申诉、申请民事裁定书，（2016）津02民终3243号。

2 《中华人民共和国劳动合同法》第三十九条 劳动者有下列情形之一的，用人单位可以解除劳动合同：
（一）在试用期间被证明不符合录用条件的；
（二）严重违反用人单位的规章制度的；
（三）严重失职，营私舞弊，给用人单位造成重大损害的；
（四）劳动者同时与其他用人单位建立劳动关系，对完成本单位的工作任务造成严重影响，或者经用人单位提出，拒不改正的；
（五）因本法第二十六条第一款第一项规定的情形致使劳动合同无效的；
（六）被依法追究刑事责任的。

首先，内容的合法性问题。刘某主张该公司《员工手册》中关于年假规定的内容违法。但即使关于年假的规定违法，也不能以此否认整个《员工手册》其他条款内容的合法性。其次，是否经过民主程序的问题。该公司提供了 2007 年 12 月 17 日公司修改《员工手册》中“就业规则”的会议记录及部分在职参会人员署名的《情况说明》，证明其解除劳动合同依据的《员工手册》内容是经民主程序制定的。最后，是否告知劳动者的问题。虽然刘某签收的第三版《员工手册》已经修改，但其中解除劳动合同依据部分并未修改，该公司完成了对刘某的告知义务。因此，该公司与刘某解除劳动关系的依据合法。并且，在与刘某解除劳动关系之前，该公司就已经告知工会并取得了工会的同意，程序也无问题。



## 刘某的行为是否违反了公司的规章制度?

刘某的行为是否属于“因私离岗”？《员工手册》第四十五条第一款规定“职工在工作时间内应专心于本职工作，原则上不允许因私外出、因私会见等因私事而离开工作岗位（下称‘因私离岗’）”。从常理上来讲，正常的即去即回的上卫生间的行为不属于因私离岗。然而，长时间停留卫生间的行为是否属于因私离岗，则应结合其原因和影响具体分析。

首先，应当考虑长时间停留卫生间的原因。刘某称其因进行了痔疮手术而长时间停留卫生间，而患病是该公司单位组织结构及日常管理混乱，侵犯其合法休假权利等对其身心健康造成影响所致。但刘某未能证明公司管理混乱、不合理的休假安排和身患痔疮之间的因果关系，也未能证明痔疮手术与术后需长时间停留卫生间之间的因果关系。其次，应当考虑长期长时间停留卫生间的影响。刘某受总经理的直接领导，工作内容多为临时性工作任务。并且，待岗亦是一种应有的工作状态，长期长时间脱离工作岗位，势必造成临时工作任务无法及时完成的后果。在每天工作时间为 8 小时的情况下，刘某在卫生间的停留时间已经超过了正常上卫生间的范围。因此，刘某长期长时间停留卫生间的行为应当属于因私离岗的范畴，其行为违反了《员工手册》中“就业规则”的规定，而《员工手册》作为解除劳动关系的依据是合法的，且解除劳动关系的程序合法，故某公司与刘某解除劳动合同关系的行为是合法的。

正常生理需求的满足本是无可非议，公司也不能进行干涉和限制。但是如果超出了正常生理需求的范围，影响了正常的工作，就可能违反公司规章制度，成为公司解除劳动关系的理由。公司不侵犯劳动者的合法权益，劳动者为公司的利益努力工作，这才是健康的劳动关系。

## 延伸阅读

1. 沃某玛（山西）百货有限公司阳泉桃北东路分店、刘某劳动争议二审民事判决书 /（2021）晋 03 民终 720 号

**裁判要旨：**

沃某玛公司阳泉分店主张刘某有违反劳动纪律的行为，已符合《员工手册》及《奖惩政策》的规定后果，故解除与刘某的劳动合同合法合规，但其提交的视频资料、《面谈记录》均不能直接证明刘某存在“严重违反用人单位规章制度”的情形，且刘某对此亦不予确认，故沃某玛公司阳泉分店应承担举证不足的不利后果。

2. 盼某安居门业有限责任公司、王某伟劳动争议案二审民事判决书 /（2021）辽 08 民终 1302 号

**裁判要旨：**

本案中，盼某安居门业有限公司向王某伟发出的《解除劳动关系通知书》载明“根据《中华人民共和国劳动合同法》第三十九条之规定，因你严重违反用人单位的规章制度，公司现决定于 2020 年 5 月 12 日与你解除劳动关系，此决定已依法通知工会”。《解除劳动关系通知书》认定王某伟严重违反用人单位的规章制度，但是未明确王某伟违规的事实，故盼某安居门业有限责任公司以此为依据解除与王某伟的劳动关系属违法解除劳动

关系。

### 3. 徐某良、承德鸿某伟业人力资源管理咨询有限公司劳动争议二审民事判决书 /（2021）冀 08 民终 1825 号

**裁判要旨：**

上诉人徐某良工作期间严重违反用人单位的规章制度，承德鸿某伟业人力资源管理咨询有限公司依据法律和合同解除与徐某良的劳动合同关系，符合法律规定，无须向徐某良支付解除劳动合同经济补偿金，故上诉人主张二被上诉人支付解除劳动合同经济补偿金的诉讼请求，本院不予支持。

# “网红”带货山寨机，发生爆炸该如何？

热点事件

2021年5月23日，科技博主“科技小辛”称，自己在快手短视频平台头部主播“驴嫂平荣”的直播间购买了一款“朵唯12pro”手机。但是，他最终收到的手机和宣传型号完全不同，也没有通过国家认证和备案，属于山寨机。而且，主播在直播间里宣传该手机有三个摄像头、硬件配置为8G+128G，也与事实不符。据查，该品牌的同款手机在官网上只卖599元，直播间则要899元。根据数据显示，二驴夫妇在直播间销售的这款手机近30天有超过上万台的销量。也就是说，二驴夫妇光是从这台手机的差价上，就赚了300万元。7月26日，还有网友爆出在直播间买的这部手机发生了爆炸，炸伤了消费者的左手。[1] 面对“如此”带货，主播和平台应当承担何种责任呢？



## 主播应该承担何种责任呢？

《刑法》第一百四十条规定，生产者、销售者在产品中掺杂、掺假，以假充真，以次充好或者以不合格产品冒充合格产品，销售金额五万元以上的，构成生产、销售伪劣商品罪。[2] 本案中主播销售的手机，由于未通过国家认证和备案，属于山寨机，是不允许使用和销售的。山寨机因为质量无法保证、存在安全隐

1 参见《二驴夫妇真摊上事了，售卖的山寨机发生爆炸，炸伤消费者左手》，载腾讯网，最后访问时间2022年6月19日。

2 《中华人民共和国刑法》第一百四十条 生产者、销售者在产品中掺杂、掺假，以假充真，以次充好或者以不合格产品冒充合格产品，销售金额五万元以上不满二十万元的，处二年以下有期徒刑或者拘役，并处或者单处销售金额百分之五十以上二倍以下罚金；销售金额二十万元以上不满五十万元的，处二年以上七年以下有期徒刑，并处销售金额百分之五十以上二倍以下罚金；销售金额五十万元以上不满二百万元的，处七年以上有期徒刑，并处销售金额百分之五十以上二倍以下罚金；销售金额二百万元以上的，处十五年有期徒刑或者无期徒刑，并处销售金额百分之五十以上二倍以下罚金或者没收财产。

患，属于假冒伪劣产品。主播在直播中以假充真、以不合格产品冒充合格产品，牟利将近 300 万元，涉嫌销售伪劣商品。

此外，主播在直播带货过程中宣称该手机有 3 个摄像头，但实际只有一个可以正常使用。硬件信息中显示其 8G+128G 的配置实际仅有 4G+64G。上述行为依据《反不正当竞争法》第八条规定，属于对其商品的性能、功能、质量等作虚假或者引人误解的虚假宣传。[1] 主播作为该手机的宣传方，在明知或应该知道该手机存在质量问题的情况下，依旧带货，根据《反不正当竞争法》第二十条规定，监督检查部门应当责令停止违法行为，处二十万元以上一百万元以下的罚款；情节严重的，处一百万元以上二百万元以下的罚款，可以吊销营业执照。[2]《广告法》第五十六条还规定了“广告荐证人”的责任，即明知或者应知广告虚假仍设计、制作、代理、发布或者作推荐、证明的，应当与广告主承担连带责任。所以该主播可能承担民事责任、行政责任甚至是刑事责任。



若在直播间消费的消费者拿到货不对版的山寨机，属于受到主播的欺诈，可以要求主播退货，并且可以依据《消费者权益保护法》第五十五条主张“退一赔三”的惩罚性赔偿。[3] 被涉案手机炸伤的消费者，还可以依据《消费者权益保护法》第四十九条主张赔偿医疗费、护理费、交通费等为治疗和康复支出的合理费用，以及因误工减少的收入等。[4]

---

1 《中华人民共和国反不正当竞争法》第八条　经营者不得对其商品的性能、功能、质量、销售状况、用户评价、曾获荣誉等作虚假或者引人误解的商业宣传，欺骗、误导消费者。

经营者不得通过组织虚假交易等方式，帮助其他经营者进行虚假或者引人误解的商业宣传。

2 《中华人民共和国反不正当竞争法》第二十条　经营者违反本法第八条规定对其商品作虚假或者引人误解的商业宣传，或者通过组织虚假交易等方式帮助其他经营者进行虚假或者引人误解的商业宣传的，由监督检查部门责令停止违法行为，处二十万元以上一百万元以下的罚款；情节严重的，处一百万元以上二百万元以下的罚款，可以吊销营业执照。

经营者违反本法第八条规定，属于发布虚假广告的，依照《中华人民共和国广告法》的规定处罚。

3 《中华人民共和国消费者权益保护法》第五十五条第一款　经营者提供商品或者服务有欺诈行为的，应当按照消费者的要求增加赔偿其受到的损失，增加赔偿的金额为消费者购买商品的价款或者接受服务的费用的三倍；增加赔偿的金额不足五百元的，为五百元。法律另有规定的，依照其规定。

4 《中华人民共和国消费者权益保护法》第四十九条　经营者提供商品或者服务，造成消费者或者其他受害人人身伤害的，应当赔偿医疗费、护理费、交通费等为治疗和康复支出的合理费用，以及因误工减少的收入。造成残疾的，还应当赔偿残疾生活辅助具费和残疾赔偿金。造成死亡的，还应当赔偿丧葬费和死亡赔偿金。

## 直播平台应该承担何种责任呢?

毫无疑问，电商平台对售出的假货应承担相应的监管责任。我国法律法规对电商平台在打击假货方面应尽的义务有明确规定，《电子商务法》第三十二条规定，电子商务平台经营者应当遵循公开、公平、公正的原则，制定平台服务协议和交易规则，明确进入和退出平台、商品和服务质量保障、消费者权益保护、个人信息保护等方面的权利和义务。而且根据《电子商务法》第三十八条规定，电子商务平台经营者知道或者应当知道平台内经营者销售的商品或者提供的服务不符合保障人身、财产安全的要求，或者有其他侵害消费者合法权益行为，未采取必要措施的，依法与该平台内经营者承担连带责任。也就是说，本案中的消费者在快手平台上购买了假冒伪劣商品，快手平台发现后应当立即采取必要措施，否则应当与该平台内经营者承担连带责任。

随着网络购物带来的巨大收益，各类电商平台也越来越多，从原来单纯地从网购平台购物，到现在的各种网红直播带货。消费者应该擦亮眼睛，“网红”带货也应不昧良心，平台更要加强监管，共同营造诚信的网购环境。



### 延伸阅读

1. 江某彬与北京三某数码科技有限公司网络购物合同纠纷一案民事二审判决书 /（2020）粤 12 民终 1791 号

**裁判要旨：**

本院认为，江某彬主张三某公司出售的案涉手机容量及采用的材质与宣传不符，构成欺诈，主张三某公司应退还手机价款并予以三倍赔偿。

2. 唐某忠诉世纪卓某公司网络购物合同纠纷一案民事一审判决书 /（2014）朝民（商）初字第 37891 号

**裁判要旨：**

本院认为，经营者销售无法享受与在专柜购买的同类商品相同售后服务和质量保证的商品，而告知消费者该商品为“行货”的，属于欺诈行为，消费者有权要求经营者退货、退款并进行惩罚性赔偿。

### 3. 安丘市永某家电中心与王某网络购物合同纠纷二审民事判决书 /（2021）兵 08 民终 472 号

**裁判要旨：**

本院认为，被告永某家电中心未按照约定提供货物，致使该洗衣机无法使用，应当退还原告洗衣机款 1969 元，同时，被告永某家电中心向原告陈述该洗衣机的排水方式时存在欺诈行为，根据《中华人民共和国消费者权益保护法》第五十五条第一款的规定，应当按照消费者的要求增加赔偿其受到的损失，增加赔偿的金额为消费者购买商品的价款或者接受服务的费用的三倍；增加赔偿的金额不足五百元的，为五百元。本院予以支持。

# 为一则“恶搞”视频，泸州某窖索赔 7 万元

热点事件

2020 年年底，长沙的张女士在短视频平台发布了一则恶搞视频，视频内容为一只猫在舔人脚趾头，并且使用了泸州某窖的经典广告词“你能品味的历史，某窖等等”的配音。此类恶搞视频在短视频平台屡见不鲜，但泸州某窖认为，张女士所发的视频内容恶意贬损、诋毁其商业声誉。张女士通过模仿泸州某窖长期所使用的广告原声及经典广告词恶搞驰名商标“某窖 15××”博得大量播放量及关注，让短视频平台用户对“某窖 15××”品牌形象产生不雅联想。经劝阻其删除视频无果后，泸州某窖提起诉讼，向张女士索赔 20 万元并要求公开道歉 30 天，最终法院判决张女士赔偿泸州某窖 7 万元。[1]

## 公司的人格权问题

《民法典》规定，以取得利润并分配给股东等出资人为目的成立的法人，为营利法人。营利法人包括有限责任公司、股份有限公司和其他企业法人等。[2] 法人、非法人组织享有名称权、名誉权和荣誉权。[3] 故而，公司作为一种法人，享有名称权、名誉权和荣誉权。本案中，泸州某窖作为公司，享有名誉权。



1 参见《怒告网友获赔 7 万，泸州老窖“欺负”弱女子，格局小了？》，载腾讯网，最后访问时间 2022 年 6 月 19 日。

2 《中华人民共和国民法典》第七十六条　以取得利润并分配给股东等出资人为目的成立的法人，为营利法人。
营利法人包括有限责任公司、股份有限公司和其他企业法人等。

3 《中华人民共和国民法典》第一百一十条　自然人享有生命权、身体权、健康权、姓名权、肖像权、名誉权、荣誉权、隐私权、婚姻自主权等权利。
法人、非法人组织享有名称权、名誉权和荣誉权。

名誉权在《民法典》中有详细规定：民事主体享有名誉权。任何组织或者个人不得以侮辱、诽谤等方式侵害他人的名誉权。名誉是对民事主体的品德、声望、才能、信用等的社会评价。名誉还包括对于公司的产品品质、声誉和形象的社会评价。侵犯名誉权行为的构成要件包括：（一）损害事实必须存在，即表现为产品品质、声誉和形象等方面的社会评价的降低，如果是自然人还可能包括精神损害，公司则不存在精神损害；（二）行为人的行为具有违法性，即通过侮辱、诽谤等手段，如通过暴力打击、公开文字或者口头、录音录像资料的恶搞剪辑等方式贬损他人产品品质、声誉和形象等社会评价；（三）违法行为与损害结果之间有因果关系；（四）行为人有过错，即有主观要件上的故意或过失。通过短视频拍摄剪辑恶搞，对公司的产品品质、声誉、形象等的贬损诋毁造成损害后果的，属于侵犯公司名誉权的行为。



本案中，张女士在某音社交媒体平台发布短视频内容画面虽没有直接存在泸州某窖的商标或者产品形象，但是配有泸州某窖公司的经典且有较高辨识度的广告语，确实让人会联想到泸州某窖的产品。而猫舔人脚趾的画面也会对于泸州某窖产品品质的评价造成不良影响。此条视频在社交媒体平台广泛传播，造成了泸州某窖名誉的贬损，加之张女士的行为属于疏忽大意过失实施的违法行为，与损害结果之间存在因果关系，故认定张女士的行为侵犯了泸州某窖公司的名誉权。

## 网络侵犯名誉权的后果

网络侵犯名誉权案件中，作为网络用户的侵权行为人和提供网络服务的平台这两类主体都可能是侵权方。

首先，直接侵权人（网络用户）侵犯他人名誉权的，需要承担民事责任。

《民法典》规定名誉权属于人身权益中的人格权。[1] 对于他人侵犯名誉权的行为，受害人有权依照《民法典》和其他法律的规定请求行为人承担民事责任，如停止侵害、排除妨碍、消除危险、消除影响、恢复名誉、赔礼道歉，而且这些请求不受诉讼时效限制。除此之外，行为人侵害他人人身权益造成财产损失的，应当按照被侵权人因此受到的损失或者侵权人因此获得的利益赔偿。[2] 本案中，张女士作为网络用户，在拍摄短视频的过程中不当使用泸州某窖经典且具有较高辨识度的广告词的行为，侵犯了泸州某窖的名誉权。泸州某窖有权依法要求张女士承担侵权责任，如要求赔礼道歉、停止侵害、删除相关视频、赔偿损失等。

其次，平台作为网络服务提供者，应当履行监管义务。《民法典》规定，网络服务提供者知道或者应当知道网络用户利用其网络服务侵害他人民事权益，未采取必要措施的，与该网络用户承担连带责任。本案中，作为网络服务提供者的某音平台需要尽到监管义务，对于平台用户发布的视频内容进行监管，接到被侵权人泸州某窖的通知后应当及时处理，暂时屏蔽相关视频、与张女士沟通并要求其提供未侵权初步证明或者要求其删除。如果为了流量或者其他目的，没有采取必要措施，侵害他人民事权益的，某音将与张女士承担连带责任。

有人说维权合理合法，有人说泸州某窖格局太小。首先，从法律角度，此次事件是公司维护名誉权胜诉的典型案例。名誉权是民事主体的权利，理应受到保护。言论自由权（哪怕是开玩笑）在于不侵犯他人的权利。侮辱、诽谤他人造成他人名誉贬损的，将会承担法律责任。另外，公司顾及企业形象维护名誉权，类似要求赔礼道歉、索赔 1 元的案例也屡见不鲜。公司作为营利法人，在运用法律思维合理维权时，也应适当作出经济效益考量，避免因较小的维权



1 《中华人民共和国民法典》第九百九十条第一款　人格权是民事主体享有的生命权、身体权、健康权、姓名权、名称权、肖像权、名誉权、荣誉权、隐私权等权利。

2 《中华人民共和国民法典》第一千一百八十二条　侵害他人人身权益造成财产损失的，按照被侵权人因此受到的损失或者侵权人因此获得的利益赔偿；被侵权人因此受到的损失以及侵权人因此获得的利益难以确定，被侵权人和侵权人就赔偿数额协商不一致，向人民法院提起诉讼的，由人民法院根据实际情况确定赔偿数额。

影响经济效益。此事无关格局，但有关成本收益分析。

## 延伸阅读

1. 北京兰世某光电科技有限公司、黄某兰诉赵某名誉权纠纷案 / 指导案例143号

**裁判要旨：**

（1）认定微信群中的言论构成侵犯他人名誉权，应当符合名誉权侵权的全部构成要件，还应当考虑信息网络传播的特点并结合侵权主体、传播范围、损害程度等具体因素进行综合判断。（2）不特定关系人组成的微信群具有公共空间属性，公民在此类微信群中发布侮辱、诽谤、污蔑或者贬损他人的言论构成名誉权侵权，应当依法承担法律责任。



2. 上海法某信息技术有限公司诉北京奇某科技有限公司名誉权纠纷案 /《最高人民法院公报》2020年第10期（总第288期）

**裁判要旨：**

手机用户使用安全软件对呼入号码进行评价性标注，即使评价带有负面性特征，也属于公众正当社会评价的范畴。安全软件平台根据公众用户的标注，将被标注号码的负面性评价在手机用户接听界面中予以自动展示的，其行为不具有违法性。除号码权利人能够证明平台故意捏造虚假评价外，即使展示内容对号码权利人声誉产生一定影响，平台也不构成名誉权侵权或帮助侵权。

3. 康某医疗保健用品公司诉西北工某报社、陕西省某器械公司侵害法人名誉权纠纷案 /《最高人民法院公报》1990年第2期（总第22期）

**裁判要旨：**

报社的报道内容失实给他人名誉造成损害的构成名誉权侵权，失实信息的提供者和报社均应承担相应侵权责任。不论是报社的报道内容失实给

他人名誉造成损害，还是对他人反映的情况未加核实向报社提供内容失实的信息，给他人名誉造成损害，都构成对他人名誉权的侵害，报社和失实信息的提供者都应承担相应的侵权责任。

# 父亲嫌彩礼少把户口本藏起来，能去告他吗？

**热点事件**

江西赣州的小莉与男友小林决定结婚，小林和小莉的父亲商定给10万元的彩礼。后来，小林给了6万元的彩礼，剩余4万元因经济困难无法兑现。小莉父亲因此不同意二人的婚事，并将户口本藏了起来。小莉多次恳求，希望父亲成全，但父亲坚决不同意。小莉以侵犯婚姻自主权为由，将父亲告上法庭。今年5月，法院已通过调解的方式将此案处理完毕。[1]



## 小莉的父亲是否侵犯了小莉的婚姻自主权？

《宪法》第四十九条第四款规定，禁止破坏婚姻自由。《民法典》第一千零四十二条第一款规定，禁止包办、买卖婚姻和其他干涉婚姻自由的行为。禁止借婚姻索取财物。可见，婚姻自主权是公民的一项基本权利，任何人都无权干涉。《民法典》第一千一百六十五条规定了一般侵权责任，行为人因过错侵害他人民事权益造成损害的，应当承担侵权责任。本案中，小莉的父亲不同意她和小林的婚事并将户口本藏起来，属于干涉他人婚姻自由的行为。这一行为导致小莉和小林无法顺利登记结婚。小莉的父亲是故意将户口本藏起来的，主观上存在过错。因此，小莉有权以侵犯婚姻自主权为由要求父亲承担侵权责任。这里父亲承担侵权责任的方式主要是停止侵害，即将户口本拿出来，让小莉和小林顺利登记结婚。

前文主要是从法律角度分析的，但毕竟婚姻自主权的问题属于婚姻家庭纠

---

1　参见《因彩礼差4万，父亲藏户口本被女儿告上法庭》，载凤凰网资讯，最后访问时间2022年6月19日。

纷，机械地适用冰冷的法条会让亲缘关系失去温度。法院立案后认为，一纸判决虽然可以了结官司，但父女之间的感情可能就会因此破裂。为了能在庭前化解纠纷，法官多次做小莉父亲的思想工作，小莉父亲也逐渐认识到自己行为的荒谬，同意小莉和小林的婚事并协助他们办理了婚姻登记、户口迁出等手续。最后，小莉和父亲冰释前嫌，小莉和小林也有情人终成眷属，步入了婚姻的殿堂。

## 给付彩礼的性质到底如何呢?

如何区分彩礼和恋爱期间的赠与呢？我们可以结合当地是否有给付彩礼的习俗、给付时的目的是否为缔结婚姻、给付财物价值的大小等因素来具体判断。如果根据双方或者收受财物的一方所在地的实际情况，确定存在给付彩礼方能缔结婚姻的风俗习惯，一方按风俗习惯给另一方的财物，一般应认定为彩礼。社会生活中，男方婚前给付女方财物的情形比较普遍，但就其给付财物的直接目的而言，则大有不同。如果男方给付财物时的直接目的与婚姻无关，则不应认定为彩礼。彩礼一般为数额较大的金钱或者价值较高的实物。如果男方婚前给付的仅是数额较小的“见面礼”或者价值较小的饰物、衣物，一般均不宜认定为彩礼。

如果能确定男方给付女方的财物为彩礼，那么男方给付女方彩礼这一行为该如何定性呢？我们认为，给付彩礼应当认定为特殊的赠与。前文述及，现实生活中，一般都是由男方给付女方数额较大的彩礼。根据习惯，彩礼的给付通常是在订立婚约之时或之后。若不是为缔结婚姻，男方是不会赠与数额如此巨大的财物的。所以，一旦因婚约解除发生财物纠纷，就不能简单地将赠与彩礼的行为作为单纯的赠与行为处理。

本案中，小林和小莉的父亲约定给付 10 万元的彩礼，后来小林只能给付 6 万元，那么小莉的父亲能要求小林给付剩余的 4 万元吗？赠与合同是诺成合同，即该合同自赠与双方达成合意时成立并生效。但《民法典》第六百五十八条规定，在财产的权利转移之前，除公证的赠与合同和依法不得撤销的具有公益性质的赠与合同外，赠与人享有任意撤销权。[1] 因此，虽然小林和小莉的父亲之间的彩礼赠与协议成立且生效，但是剩余 4 万元的所有权并未转移，小林可以就剩余的 4 万元行使撤销权，故小莉的父亲无权要求小林给付剩余的 4 万元。

本案中，如果小林和小莉没能登记结婚，小林可以要求小莉的父亲返还已给付的 6 万元彩礼吗？《最高人民法院关于适用〈中华人民共和国民法典〉婚姻家庭编的解释（一）》第五条第一项规定，双方未办理结婚登记手续，当事人请求返还按照习俗给付的彩礼的，人民法院应当予以支持。[2] 给付彩礼是为缔结婚姻，如果给付方的目的落空时彩礼仍归对方所有，则有失公平。因此，小林虽已给付 6 万元的彩礼，赠与协议已经履行完毕，但如果婚未结成，小林仍可根据司法解释的规定要求小莉的父亲返还 6 万元的彩礼。

婚姻是爱情的水到渠成，而不是人身买卖；彩礼重在“彩头”而不在“礼金”。一味计较利益得失，可能会拆散一对有情人。



1 《中华人民共和国民法典》第六百五十八条　赠与人在赠与财产的权利转移之前可以撤销赠与。
经过公证的赠与合同或者依法不得撤销的具有救灾、扶贫、助残等公益、道德义务性质的赠与合同，不适用前款规定。

2 《最高人民法院关于适用〈中华人民共和国民法典〉婚姻家庭编的解释（一）》第五条　当事人请求返还按照习俗给付的彩礼的，如果查明属于以下情形，人民法院应当予以支持：
（一）双方未办理结婚登记手续；
（二）双方办理结婚登记手续但确未共同生活；
（三）婚前给付并导致给付人生活困难。
适用前款第二项、第三项的规定，应当以双方离婚为条件。

# 女子入住某季酒店，半夜却有裸男擅闯房间，责任当由谁负？

热点事件

2021年8月5日，一女子在网络上爆料，称自己7月30日晚入住某季酒店后，有一半裸男子凌晨擅自闯入其房间，随后脱掉内裤并露出隐私部位。女子随即大声呵斥将其赶出房间并报警。据该女子视频中描述，男子闯入后还说“装什么装呀，你门开着不就是让人进的吗，不就是为了让人来玩儿的吗”？此外，根据监控显示，该男子从酒店7楼开始，尝试打开每个房间的房门直至进入该女子的房间，整个过程持续将近50分钟。7月31日下午，该女士接到警方处理结果的通知，决定给予男子5日的行政拘留。[1]



## 该男子是否构成强奸罪、强制猥亵罪或非法侵入住宅罪？

《刑法》第二百三十六条规定的强奸罪是指以暴力、胁迫或其他手段强迫被害人进行性行为从而构成的犯罪。[2] 该罪主要表现为采用暴力、胁迫或者其他手段，在违背妇女意志的情况下，强行与之性交，侵犯其性自主权。本案中，判断该男子是否构成强奸罪主要看其是否有暴力、胁迫或其他与暴力、胁迫同等强度

1　参见《知名酒店摊上事了！男子半夜赤身闯女客房间，还曾游荡三层客房……酒店紧急道歉！》，载腾讯网，最后访问时间2022年6月19日。

2《中华人民共和国刑法》第二百三十六条　以暴力、胁迫或者其他手段强奸妇女的，处三年以上十年以下有期徒刑。

奸淫不满十四周岁的幼女的，以强奸论，从重处罚。

强奸妇女、奸淫幼女，有下列情形之一的，处十年以上有期徒刑、无期徒刑或者死刑：

（一）强奸妇女、奸淫幼女情节恶劣的；

（二）强奸妇女、奸淫幼女多人的；

（三）在公共场所当众强奸妇女、奸淫幼女的；

（四）二人以上轮奸的；

（五）奸淫不满十周岁的幼女或者造成幼女伤害的；

（六）致使被害人重伤、死亡或者造成其他严重后果的。

的手段强行与被害人性交的行为以及该男子主观上是否有强奸的意图。首先，根据该女子表述和监控的记录，可以看出该女子当时并没有处于不敢反抗或不能反抗的情形；其次，该男子当时的主观意图是什么，是仅仅裸露隐私部位还是内心有与该女子进行性行为的想法，由于具体细节没有披露，无法作出更准确的判断，但就目前掌握的证据材料来看，**该男子未达到强奸罪的构罪标准**。

《刑法》第二百三十七条规定的强制猥亵、侮辱罪是指以暴力、胁迫或者其他方法强制猥亵他人或者侮辱妇女的犯罪。[1] 该罪的犯罪主体为一般主体，主观方面表现为故意；客体上侵害的是他人的性自由权，具体包括忍受性权利的自愿选择，对性的厌恶感、羞耻感以及正常的性感情。客观上表现为以暴力、胁迫或者其他方法强制猥亵、侮辱他人。本案中的男子属于一般主体，主观上有裸露隐私部位的故意，客体上侵犯了该女子对性的羞耻感、正常的性感情，但是在客观上该男子并没有表现出暴力、胁迫等强制手段。由于本罪只惩罚以强制方法猥亵、侮辱的行为，所以**该男子不构成强制猥亵、侮辱罪**。但是该男子客观上确实有猥亵行为，但不构成强制猥亵、侮辱罪的，可以依据《治安管理处罚法》第四十四条的规定进行行政处罚。[2]



《刑法》第二百四十五条规定的非法侵入住宅罪是指违背住宅内成员的意愿或无法律依据，进入公民住宅，或进入公民住宅后经要求退出而拒不退出的行为。[3] 本案中，该男子的行为是否属于非法侵入住宅，关键在于酒店提供给住客住宿的客房是否属于“住宅”。由于司法解释中并未对“住宅”进行明确的界定，所以在判断时存在不同的学说观点。根据大部分法院司法判例中对非法侵入住宅罪中法益的认定，一般采用的是张明楷教授所主张的“住宅安宁说”，也就是说，公民以居住为目的生活、休息的封闭空间都可以被定义为住宅。本案中，酒店虽然不是传统意义上的住宅，但我们认为，酒店中供住客休息的客房是属于住客的一个封闭空间，住客在其住宿的时间段内享有所居住房间不被外人打

---

1 《中华人民共和国刑法》第二百三十七条第一款、第二款　以暴力、胁迫或者其他方法强制猥亵他人或者侮辱妇女的，处五年以下有期徒刑或者拘役。
聚众或者在公共场所当众犯前款罪的，或者有其他恶劣情节的，处五年以上有期徒刑。

2 《中华人民共和国治安管理处罚法》第四十四条　猥亵他人的，或者在公共场所故意裸露身体，情节恶劣的，处五日以上十日以下拘留；猥亵智力残疾人、精神病人、不满十四周岁的人或者有其他严重情节的，处十日以上十五日以下拘留。

3 《中华人民共和国刑法》第二百四十五条　非法搜查他人身体、住宅，或者非法侵入他人住宅的，处三年以下有期徒刑或者拘役。
司法工作人员滥用职权，犯前款罪的，从重处罚。

扰的安宁权，所以我们认为该女子居住的酒店房间属于“住宅”的范围，而该男子未经同意直接进入女子房间，**可能会构成非法侵入住宅罪**。

## 某季酒店是否尽到安全保障义务?

安全保障义务，是指经营者在经营场所对消费者、潜在的消费者或者其他进入服务场所的人的人身、财产安全依法承担的保障义务。《民法典》第一千一百九十八条规定，宾馆、商场、银行、车站、机场、体育场馆、娱乐场所等经营场所、公共场所的经营者、管理者或者群众性活动的组织者，未尽到安全保障义务，造成他人损害的，应当承担侵权责任。[1] 可以看出，本案中某季酒店属于安全保障义务的主体，应该尽到保障住客安全不受骚扰的义务。但是，该酒店第一次对该男子进行制止和警告后，没有尽到后续的审慎义务，之后监控室的工作人员也没有发现该男子又进行骚扰行为，且某季酒店的安保人员在进行寻层过程中也没有发现有客人房门没关。综上所述，该酒店存在疏于安全管理的行为，没有尽到安全保障义务，如果该女子因此受到损害，可以依据《民法典》第一百七十九条要求酒店承担相应的民事侵权责任。[2]



---

1 《中华人民共和国民法典》第一千一百九十八条　宾馆、商场、银行、车站、机场、体育场馆、娱乐场所等经营场所、公共场所的经营者、管理者或者群众性活动的组织者，未尽到安全保障义务，造成他人损害的，应当承担侵权责任。

因第三人的行为造成他人损害的，由第三人承担侵权责任；经营者、管理者或者组织者未尽到安全保障义务的，承担相应的补充责任。经营者、管理者或者组织者承担补充责任后，可以向第三人追偿。

2 《中华人民共和国民法典》一百七十九条　承担民事责任的方式主要有：

（一）停止侵害；
（二）排除妨碍；
（三）消除危险；
（四）返还财产；
（五）恢复原状；
（六）修理、重作、更换；
（七）继续履行；
（八）赔偿损失；
（九）支付违约金；
（十）消除影响、恢复名誉；
（十一）赔礼道歉。

法律规定惩罚性赔偿的，依照其规定。

本条规定的承担民事责任的方式，可以单独适用，也可以合并适用。

该涉事男子作为一名正常的成年人，应该为自己的行为负责。醉酒不应成为违法犯罪的借口，即使该女子因为疏忽没有关好房门，也不代表陌生人就可以随意进入。最后还要提醒大家，外出独自住宿一定要关好门窗，注意安全，防止不法侵害行为的发生。

## 延伸阅读

1. 潘某非法侵入住宅罪一审刑事判决书 /（2017）鄂 0303 刑初 212 号

**裁判要旨：**

本院认为，被告人潘某明知在案发当晚只有受害人罗某一人在家居住，未经住宅主人同意，非法强行闯入他人住宅，并故意伤害他人身体，犯罪事实清楚，证据确实、充分，被告人潘某的行为已构成非法侵入住宅罪。

2. 卞某龙非法侵入住宅、非法拘禁等一审刑事判决书 /（2020）苏 0281 刑初 2863 号

**裁判要旨：**

本院认为，被告人卞某龙伙同他人，非法侵入他人住宅；伙同他人，非法限制他人人身自由；伙同他人故意伤害他人身体，致一人轻伤二级，其行为已触犯《中华人民共和国刑法》，应当以非法侵入住宅罪、非法拘禁罪、故意伤害罪追究其刑事责任。

3. 张某洋强制猥亵、侮辱妇女一审刑事判决书 /（2021）京 0114 刑初 1396 号

**裁判要旨：**

张某洋持酒店房间总卡进入北京市昌平区南口格某豪泰酒店 209 房间内，趁马某某处于熟睡状态，采用亲吻胸部、抠摸阴部等方式对马某某进行猥亵。法院认为，公诉机关指控被告人张某洋犯强制猥亵罪的事实清楚，证据确实、充分，指控罪名成立，量刑建议适当，应予采纳。

# 一男子为骗回出借款，竟男扮女装一年，应承担什么责任？

热点事件

浙江男子赵某，借给朋友孙某6万元，多次讨债未果后，便想其他办法追债。于是，赵某给孙某在网上介绍了一个“女朋友”。之后，该女子以各种理由向孙某提出转账请求，孙某前后加起来向对方转了10万元左右。后来，孙某想与该女子见面，但一直未得到回应。孙某越发觉得不对劲，于是报警。经民警调查发现，介绍人赵某有重大作案嫌疑，讯问赵某后得知，与孙某互动的女生就是赵某假扮的。[1]

看到这，你有没有一点好奇，这种特别的讨债方式是否构成诈骗呢？如果构成诈骗，诈骗金额应如何认定呢？



## 骗回本应归还自己的钱，构成诈骗吗？

《中华人民共和国刑法》第二百六十六条规定的诈骗罪，是指以非法占有为目的，行为人**实施虚构事实或者隐瞒事实真相的欺骗行为**，使**被骗人产生或者继续维持错误认识**，并在**错误认识**的基础上**自愿处分（或交付）**财产，致使行为人或者第三者获得财产，被害人遭受财产损失的行为。[2]

本案中，赵某答应借钱给孙某并实际转移财产的行为，使他们之间产生了债权债务关系。货币作为一种特殊的动产，与一般动产不同，其是具有高度替代性的消费物和不特定物。我国著名民法学家梁慧星教授曾指出：由于货币的

1　参见《朋友欠6万迟迟不还，男子假扮少女骗回10万……结果被刑拘了》，载光明网，最后访问时间2022年6月19日。

2 《中华人民共和国刑法》第二百六十六条　诈骗公私财物，数额较大的，处三年以下有期徒刑、拘役或者管制，并处或者单处罚金；数额巨大或者有其他严重情节的，处三年以上十年以下有期徒刑，并处罚金；数额特别巨大或者有其他特别严重情节的，处十年以上有期徒刑或者无期徒刑，并处罚金或者没收财产。本法另有规定的，依照规定。

性质和职能，货币的所有权不得与对货币的占有相分离。我国对于货币所有权的主流观点也是“占有即所有”。所以，当赵某将6万元交付于孙某时，赵某就丧失了该货币的所有权，由孙某取得了所有权。但是，孙某负有借款合同上的还款义务，赵某可依据借款合同要求孙某返还借款及相应利息。基于孙某已经取得原6万元的物权，孙某返还赵某借款时，并不要求其返还原6万元本身。只要孙某返还了6万元，就可以认为其履行了合同上的义务。如果孙某拒不返还借款，赵某可以依据民事法律法规要求其承担民事责任，而不能通过实施其他违法犯罪行为“维护”自己的权益。孙某先前的违约行为并不是赵某违法犯罪行为的豁免事由，赵某不能因此免责。

赵某假扮少女，使孙某陷入错误认识，并在此期间通过各种借口让深陷错误认识的孙某先后转账共计10万元。虽然赵某本身具有讨债的目的，但其通过网恋骗走孙某钱财的行为造成了孙某财产上的损失，这个行为符合诈骗罪的构成要件。所以，赵某以前述方式拿回自己6万块钱的行为涉嫌构成诈骗罪，多拿4万元的行为，与拿回6万块的行为整体评价为一个诈骗行为。



## 诈骗金额如何确定?

赵某的行为构成诈骗罪毋庸置疑，但就本案而言，有人认为，赵某诈骗的10万元中，包含了之前对孙某出借的6万元，那这本该由孙某归还给赵某的6万元，是否也被包含在诈骗罪的犯罪数额中呢?

本案中，赵某前后共诈骗10万元。如前所述，货币具有特殊性，这10万元都属于孙某个人所有的财物。孙某的违约行为和赵某的诈骗行为是两个行为，不能进行抵消。因此认定此案诈骗金额时，应当按照实际诈骗金额确定，即为10万元。

根据《最高人民法院、最高人民检察院关于办理诈骗刑事案件具体应用法律若干问题的解释》的规定，10万元在定罪量刑时属于“数额巨大”的情形，赵某可能面临三年以上十年以下有期徒刑并处罚金的刑事处罚。[1]

那孙某欠赵某的 6 万块钱怎么办？赵某可以先私下进行催促；在多次催促未果的情况下，建议可以委托律师向法院提起民事诉讼，用合法的方式维护自己的合法权益。

## 延伸阅读

1. 舒某豹非法拘禁案一审刑事判决书 /（2019）鄂 0222 刑初 214 号

**裁判要旨：**

被害人欠被告人的钱虽然属实，但被告人应当通过法律途径依法追讨债务，其通过非法手段来企图实现合法目的的行为，应当受到法律的制裁。

2. 达州市通川区金某园苗圃与达县大某运业有限公司、杜何保管合同纠纷案一审民事判决书 /（2015）达达民初字第 127 号

**裁判要旨：**

对于拖欠工资等合理债权，应当依法请求解决，如果不采用合法手段追讨，而采取非法手段追讨，应当承担由此产生的后果。

3. 杨某琴与孙某莲、凌某钦不当得利纠纷案一审民事判决书 /（2020）鄂 0881 民初 2778 号

**裁判要旨：**

法院认为，原告向被告借款，理当偿还，但被告不得以违法方式索取债务且不得索取非法利息。



---

1 《最高人民法院、最高人民检察院关于办理诈骗刑事案件具体应用法律若干问题的解释》第一条　诈骗公私财物价值三千元至一万元以上、三万元至十万元以上、五十万元以上的，应当分别认定为刑法第二百六十六条规定的“数额较大”、“数额巨大”、“数额特别巨大”。

各省、自治区、直辖市高级人民法院、人民检察院可以结合本地区经济社会发展状况，在前款规定的数额幅度内，共同研究确定本地区执行的具体数额标准，报最高人民法院、最高人民检察院备案。

# "断崖式"降职，法院怎么判？

## 热点事件

陈某某2006年入职某公司，担任信息管理中心总监的职务。2019年6月，公司和陈某某未能就解除劳动关系的相关事宜达成一致，故公司将陈某某降职为普通员工，将其调至八楼前台工作并取消了其打印机使用权限，搬走其办公电脑。2019年6月14日，陈某某通过邮政快递向公司邮寄了律师函，通知公司其将于6月17日交还门禁卡和其他资料后，不再回原处上班。同年9月，公司将陈某某起诉到法院。经过二级审理程序，法院于2020年8月作出终审判决。[1]



## 公司的调岗行为是否具有合理性？

《劳动合同法》第三十五条规定，用人单位变更劳动合同，需要与劳动者协商一致。[2]但劳动合同属于继续性合同，劳动合同的履行状态始终处在一种变化状态中。用人单位基于生产经营的需要，势必会进行业务调整、结构优化。这同时也伴随对劳动者岗位、薪资、工作时间、工作地点等方面的调整。《劳动合同法》仅在第四十条关于劳动者无过失而被辞退的前两种情形中，间接规定了用人单位的单方劳动合同变更权利。[3]而用人单位是否具有单方调岗权，除《劳

---

1　参见《总监被降职为前台！法院：调岗具有侮辱性，单位补偿26万余元！》，载光明网，最后访问时间2022年6月19日。

2 《中华人民共和国劳动合同法》第三十五条　用人单位与劳动者协商一致，可以变更劳动合同约定的内容。变更劳动合同，应当采用书面形式。

变更后的劳动合同文本由用人单位和劳动者各执一份。

3 《中华人民共和国劳动合同法》第四十条　有下列情形之一的，用人单位提前三十日以书面形式通知劳动者本人或者额外支付劳动者一个月工资后，可以解除劳动合同：

（一）劳动者患病或者非因工负伤，在规定的医疗期满后不能从事原工作，也不能从事由用人单位另行安排的工作的；

（二）劳动者不能胜任工作，经过培训或者调整工作岗位，仍不能胜任工作的；

（三）劳动合同订立时所依据的客观情况发生重大变化，致使劳动合同无法履行，经用人单位与劳动者协商，未能就变更劳动合同内容达成协议的。

动合同法》第四十条的间接规定外，法律没有明文规定。实践中存在反对和赞成两种观点。持反对观点的人认为赋予用人单位单方调岗权是不可取的。即使持赞成观点的人也认为用人单位应当合理行使单方调岗权，那么，如何判断用人单位是否合理行使了单方调岗权呢？

对用人单位调岗行为的审查，通常需要考虑以下几个方面：调岗是否为企业经营所必需；新岗位是否匹配劳动者的工作技能以及身体状况；薪资幅度是否明显不合理地降低；调岗是否具有惩罚或者侮辱的性质；调岗是否会增大劳动者的劳动成本。本案中，公司因未与被告就解除劳动合同事宜达成一致，故将被告的职位由信息管理中心总监降级为普通员工，将被告的办公地点从办公室调整到 8 楼楼梯大厅的前台位置，并收回其办公电脑，取消打印机的使用权限。该调岗行为明显具有侮辱性和惩罚性。因此，该公司的调岗行为是不合理的。



## 陈某某是否可以要求解除劳动合同并主张经济补偿？

除了与用人单位协商一致以外，当用人单位具有特定情形时，劳动者可以单方解除劳动合同。这些情形规定在《劳动合同法》第三十八条中。其中第一种情形就是用人单位“未按照劳动合同约定提供劳动保护或者劳动条件的”。[1]本案中，公司因未就解除劳动合同的事项与陈某某达成合意而将其恶意降职，这一调岗行为本身就具有惩罚性和侮辱性。此外，公司还取消陈某某的打印机使用权限并收走其工作电脑，显然剥夺了陈某某应被提供的劳动条件。因此，陈某某有权单方解除劳动合同。陈某某向公司邮寄律师函并告知公司其将于

---

1 《中华人民共和国劳动合同法》第三十八条　用人单位有下列情形之一的，劳动者可以解除劳动合同：
（一）未按照劳动合同约定提供劳动保护或者劳动条件的；
（二）未及时足额支付劳动报酬的；
（三）未依法为劳动者缴纳社会保险费的；
（四）用人单位的规章制度违反法律、法规的规定，损害劳动者权益的；
（五）因本法第二十六条第一款规定的情形致使劳动合同无效的；
（六）法律、行政法规规定劳动者可以解除劳动合同的其他情形。
用人单位以暴力、威胁或者非法限制人身自由的手段强迫劳动者劳动的，或者用人单位违章指挥、强令冒险作业危及劳动者人身安全的，劳动者可以立即解除劳动合同，不需事先告知用人单位。

2019 年 6 月 17 日交还门禁卡和其他资料后不再回公司上班，该行为应视为陈某某向公司解除劳动合同的意思表示。公司和陈某某的劳动关系在 6 月 17 日解除。

《劳动合同法》第四十六条规定，劳动者依照本法第三十八条之规定解除劳动合同的，用人单位应当向劳动者支付经济补偿。[1] 经济补偿按劳动者在本单位工作的年限，以每满一年支付一个月工资的标准向劳动者支付。这里的月工资是指劳动者在劳动合同解除或者终止前十二个月的平均工资。显然，本案中的陈某某有权向公司主张解除劳动合同的经济补偿。根据前述标准，法院最终判决公司支付陈某某解除劳动合同的经济补偿 262665 元。

用人单位和劳动者在签订劳动合同后，二者之间会产生一种管理与服从的从属关系，但这并不意味着用人单位比劳动者享有更高的法律地位。在发生劳动争议后，劳动者要有与用人单位处于地位平等的认识，勇于拿起法律武器来维护自己的合法权益。



## 延伸阅读

### 1. 天某士医药集团股权有限公司与韦某劳动争议案二审民事判决书 /（2018）京 02 民终 2651 号

**裁判要旨：**

本案中，根据天某士医药公司提交的《岗位调整面谈表》可以确定天某士医药公司与韦某就调岗事宜进行过面谈，并且对于调岗结果，韦某也

1 《中华人民共和国劳动合同法》第四十六条　有下列情形之一的，用人单位应当向劳动者支付经济补偿：
（一）劳动者依照本法第三十八条规定解除劳动合同的；
（二）用人单位依照本法第三十六条规定向劳动者提出解除劳动合同并与劳动者协商一致解除劳动合同的；
（三）用人单位依照本法第四十条规定解除劳动合同的；
（四）用人单位依照本法第四十一条第一款规定解除劳动合同的；
（五）除用人单位维持或者提高劳动合同约定条件续订劳动合同，劳动者不同意续订的情形外，依照本法第四十四条第一项规定终止固定期限劳动合同的；
（六）依照本法第四十四条第四项、第五项规定终止劳动合同的；
（七）法律、行政法规规定的其他情形。

签字确认，因此双方已经就调岗事宜达成一致。但是劳动报酬也是劳动合同的重要内容，双方虽然对调岗达成一致，但是并未对劳动报酬的变更进行协商，虽然用人单位主张薪随岗变，但是并未将薪随岗变的依据和变更后的工资水平明确告知韦某，因此天某士医药公司单方降薪的行为不符合法律规定。

2. 北京市海淀区巨某龙培训学校与冯某俊劳动争议二审民事判决书 /（2017）京01民终6389号

**裁判要旨：**

本案中，巨某龙学校未能提交证据证明其对冯某俊进行调岗前双方进行了协商，且现有证据表明就冯某俊岗位调整后的工资待遇、工作内容并未明确，双方就工资待遇、工作内容并未达成一致，故巨某龙学校对冯某俊进行岗位调整存在瑕疵，冯某俊未到新岗位报到不构成旷工。

3. 卓某（北京）机电设备有限公司上诉张某梅劳动争议一案 /（2016）京0112民初20415号

**裁判要旨：**

《薪酬管理制度》无法作为卓某公司对张某梅进行成绩评定的合法依据，《成绩评定表》亦无法成为评定张某梅无法胜任工作岗位以及卓某公司对张某梅进行调岗降薪的依据。卓某公司基于此对张某梅作出的调岗降薪行为违反法律规定，属于用人单位单方面改变《劳动合同书》约定的劳动条件，张某梅作为劳动者有权以此为由解除劳动合同并要求卓某公司支付解除劳动合同经济补偿金。

# 女子坐网约车中途跳车受伤，谁应承担法律责任？

热点事件

2021年6月12日下午，浙江杭州的高女士打了一辆网约车。在这段只有8公里的路程中，司机却两次改变路线并拒绝说明原因。高女士因害怕司机心怀不轨就在途中跳车逃生，导致其身体大面积挫伤，左胳膊骨折，后续治疗花费医药费8000多元。事后高女士找到网约车公司讨要说法，却被公司说其精神有问题。经调查，公安机关未发现网约车司机张某涉嫌刑事犯罪或有违反治安管理行为。但该网约车驾驶员的行为违反了《杭州市客运出租汽车管理条例》第三十七条中“根据网络平台规划线路或者乘客意愿选择合理路线，不得绕道行驶”的规定，交通部门将依法依规对网约车司机和网约车平台进行处理。[1]面对如此情况，司机是否侵权？如果侵权，是否就由司机承担侵权责任呢？



## 司机是否侵权？由谁承担责任？

司机是否侵权，主要看其行为是否符合侵权的构成要件。一般来说，侵权的构成要件包括：违法行为、损害事实、行为和损害事实之间具有因果关系以及行为人主观上具有过错。根据我国《民法典》第八百二十三条规定，只要伤亡不是旅客自身健康原因造成的或者承运人不能证明是旅客故意、重大过失造成的，承运人就应当承担赔偿责任。[2]根据此条，可以认定我国《民法典》对承运人在运输过程中旅客的人身伤亡承担的是**无过错责任**，即承运人只要在从事

1 参见《女子乘网约车跳车受伤，谁该为此担责？》，载百度百家号，最后访问时间2022年6月19日。

2 《中华人民共和国民法典》第八百二十三条第一款 承运人应当对运输过程中旅客的伤亡承担赔偿责任；但是，伤亡是旅客自身健康原因造成的或者承运人证明伤亡是旅客故意、重大过失造成的除外。

运输的过程中导致了旅客的人身伤亡，就应当承担赔偿责任，**不以其是否具有过错为要件**。高女士受到损害造成多处挫伤和骨折已成事实，所以本文着重讨论司机的违法性以及其行为是否与高女士受伤存在因果关系。

司机是否在此订单中有违法性行为？根据事发地银湖派出所调取的录音来看，行程中司机与乘客并未出现“搭讪”等内容，也没有对高女士进行语言威胁、胁迫或殴打等不法行为。那么，司机的偏航是否属于违法性行为呢？根据网上公布的路线图来看，司机确实没有故意绕道，反而走了一条更近的线路。只是因为高女士不熟悉新路而产生恐慌，外加沟通不畅引发误解，所以司机在此次订单中并没有违法性行为。

司机的行为是否与高女士跳车受伤具有法律上的因果关系？法律上的因果关系要考察行为和结果是否具有“条件关系”和“相当性”两个因素。本案中，如果没有司机的偏离系统既定航线的行为，就不会有高女士的跳车行为，从这一点来看，可以认为司机偏航与高女士的受伤有条件关系。但是，是否司机偏航的行为就必然会导致高女士跳车呢？要想认定司机的行为与高女士跳车之间有因果关系，还需要认定两者之间的条件关系具有相当性，即以一个普通理性人的视角，认为大概率会出现这种结果。根据本案情形，在没有任何其他行为威胁到自己人身安全的情况下，网约车司机虽然更改路线且未及时与乘客进行沟通，但一个普通理性人根据地图能够明显看出线路未偏离正常路线。司机的行为并不足以引起乘客跳车。因此，司机与高女士跳车受伤的结果无因果关系。

综上所述，司机选择更优路线而偏离既定航线的行为不具有违法性，其行为与高女士受损害的结果不具有法律上的因果关系。因此，司机并无侵权行为。

那么，如果司机侵害了高女士的健康权，应该由谁承担责任呢？平台需要承担责任吗？在网约车侵权赔偿责任中，想要确定责任主体，首先要先捋清平台与司机的法律关系，根据《网络预约出租汽车经营服务管理暂行办法》第十八条规定，网约车平台公司应当保证提供服务的驾驶员具有合法从业资格，按照有关法律法规规定，根据工作时长、服务频次等特点，与驾驶员签订多种形式的劳动合同或者协议，明确双方的权利和义务。[1] 本案中的网约车平台采用与驾驶员签订劳动合同的模式，在这一模式下，驾驶员属于平台的员工，由网约车平台缴纳社会保险、发放工资待遇，专车的所有权和经营权都属于平台公司，平台公司是用人单位，司机属于平台公司的工作人员。《民法典》第一千一百九十一条规定，用人单位的工作人员因执行工作任务造成他人损害的，由用人单位承担侵权责任。用人单位承担侵权责任后，可以向有故意或者重大过失的工作人员追偿。所以如果本案司机在运营过程中致人损害，应当由平台承担侵权责任。

## 高女士跳车行为是否属于紧急避险？



紧急避险，又称“紧急避难”。是指为了使公共利益、本人或者他人的人身和其他权利免受正在发生的危险，不得已而采取的损害另一较小的合法利益，以保护较大的合法权益的行为。紧急避险成立的条件包括：为了保护公共利益、本人或者他人的合法权益免受危险的损害而采取行动；采取行动是迫不得已的；客观上具有正在发生的真实危险；以及紧急避险不能超过必要的限度而造成更大的危害。根据本案可知，虽然高女士是为了保护自己人身安全，迫不得已采取跳车行为，但是根据调查组公布的案件情况，客观上司机的偏航行为并没有发生真正的危险。所以本案中高女士的跳车行为不属于紧急避险。

前有长沙“某拉拉”，后有杭州“某汽约车”，这两次事件主要都是由于司机和乘客的沟通不畅导致的。针对此类情况，各个平台应该加强司机的培训。司机应该尽量按照既定路线行驶。即使是为了乘客的利益，欲选择更优的路线，司机也要与乘客积极沟通，协商一致才能更改路线，避免由于偏航或临时更改

---

1 《网络预约出租汽车经营服务管理暂行办法》第十八条第一款　网约车平台公司应当保证提供服务的驾驶员具有合法从业资格，按照有关法律法规规定，根据工作时长、服务频次等特点，与驾驶员签订多种形式的劳动合同或者协议，明确双方的权利和义务。网约车平台公司应当维护和保障驾驶员合法权益，开展有关法律法规、职业道德、服务规范、安全运营等方面的岗前培训和日常教育，保证线上提供服务的驾驶员与线下实际提供服务的驾驶员一致，并将驾驶员相关信息向服务所在地出租汽车行政主管部门报备。

行驶路线等情况引起乘客误解而造成悲剧。面对层出不穷的网约车安全隐患，女乘客害怕、紧张是情理之中，但无论什么情况下，跳车都应谨慎。

**延伸阅读**

1. 钮某林诉张某、刘某、陈某、上海大某蜂网络信息技术有限公司、中国平某财产保险股份有限公司天府新区支公司、成都笨某汽车租赁有限公司机动车交通事故责任纠纷案 /（2015）武侯民初字第 10476 号

**裁判要旨：**

网络平台经营者在客运运输合同中居于承运人的法律地位，在运输活动中侵害第三人权利，承运人应当承担责任。在无法查明网络平台经营者与驾驶员、车主之间如何约定权利义务，无法确定双方法律关系性质的情况下，与汽车租赁公司有利益合作关系的网络平台经营者，应当按照汽车租赁公司承担责任之方式，对侵权债务承担连带责任。

2. 上海雾某信息技术有限公司、高某道机动车交通事故责任纠纷二审民事判决书 /（2017）皖 01 民终 3982 号

**裁判要旨：**

网约车平台公司作为承运人，对平台注册司机所有的机动车运行在事实上具有支配管理的地位，且从该机动车的运行中获得了利益，网约车平台公司应当作为机动车事故的责任主体承担责任。网约车平台公司与平台注册司机之间存在雇佣关系，平台注册司机在履行客运合同过程中致乘客受伤，该公司作为雇主应承担替代性赔偿责任。

3. 雷某、李某婷等与中国人民财产保险股份有限公司某德市分公司、袁某强等机动车交通事故责任纠纷二审民事判决书 /（2018）湘 07 民终 757 号

**裁判要旨：**

网约车平台公司承担承运人责任，应当保证运营安全，保障乘客合法权

益。但乘车人在行程开始前，解除了与平台间的网络预约用车协议，并与驾车司机个人达成了合乘车辆的口头协议。司机持有与准驾车辆相符的机动车驾驶证，其所驾驶的车辆亦符合网约车经营的条件，网约车平台作为司机的管理方，不存在选任过错，对乘客的损害不承担连带赔偿责任。

# 把千万豪宅当成垃圾场，是否侵犯他人权利？

热点事件

2020年5月7日，上海静安区法院审理了一起相邻关系纠纷案件。根据判决可知，被告人侯某和陈某长期往家中捡垃圾，并在平改坡阁楼内（共用区域）与自己家中堆积垃圾，导致楼道内恶臭难闻，跳蚤、老鼠、蟑螂数量急剧增多，严重影响邻居的通风和居住安全。而且由于侯某和陈某家中电线裸露，大部分严重老化，在各种垃圾、纸箱、塑料堆积的室内极易引发火灾。最终，法院以被告的行为侵犯了原告的相邻权为由，判决被告清空阁楼内物品和杂物，恢复原状[1]。

由于本案发生在《民法典》生效以前，所以本文的分析将采用《物权法》的相关规定。



## 被告人是否侵犯了邻居的相邻权？

提到相邻权，就免不了要了解相邻关系。相邻关系是指土地、土地上的自然物或建筑物的相邻所有人在使用或经营这些相邻的不动产时，相互发生的权利义务关系。在相邻关系中，一方在使用或经营自己的不动产时负有不得妨碍对方合理行使权利的义务，同时也有权要求对方不妨碍和侵犯自己权利的合理行使，这个权利就是相邻权。《物权法》第八十四条（现《民法典》第二百八十八条）规定，不动产的相邻权利人应当按照有利生产、方便生活、团结互助、公平合理的原则，正确处理相邻关系。

相邻关系的种类主要包括：第一，相邻不动产通行或利用关系，是指不动

1 案例来源：单某、王某等与侯某军、陈某素相邻关系纠纷一审民事判决书 /（2020）沪0106民初4306号。

产所有人或使用人为了行使自己的不动产权利而必须利用其相邻之不动产权利人的不动产，则相邻之不动产权利人不得基于其所有权或使用权而予以禁止，但利用人必须选择给对方造成最小损失的方式。第二，相邻用水、排水关系，是指相邻各方对于水资源都有使用的权利，不可堵截、独占；对于处于高地的所有人或使用人，有向低地排水的权利。第三，相邻通风、采光、和日照关系，《物权法》第八十九条（现《民法典》第二百九十三条）规定，建造建筑物，不得违反国家有关工程建设标准，妨碍相邻建筑物的通风、采光和日照。第四，相邻不可量物侵害防免关系，是指不动产权利人不得违反国家规定弃置固体废物，排放大气污染物、水污染物、噪声、光、电磁波辐射等有害物质。

本案中，侯某和陈某在平改坡阁楼内的公共区域堆放物品，还在家中堆放过多废旧物品，因而散发出难闻气味，影响了邻居的通行与通风，侵害了邻居的相邻权。法律虽然没有明文规定房屋所有权人或使用人不得在家中堆放大量废旧物品，但是房屋所有权人或使用人在行使占有与使用房屋权利时不能影响他人正常的生活环境和居住安宁。



## 被告人是否侵犯了邻居的地役权？

在理论和实践中，有一个和相邻权很相近的概念，它就是地役权。地役权是指土地权利人（包括土地所有人、地上权人以及土地的承租人），为了自己使用土地的方便或者土地利用价值的提高，通过约定得以利用他人土地的权利。它与相邻权都涉及对他人不动产的利用，在某些方面交叉重叠，但又有各自的内涵范围。

相邻权和地役权的差异主要在于：首先，相邻权实质上是不动产所有人或使用人行使权利的延伸或限制，故相邻权不是一项独立的民事权利，并非独立的物权。而地役权是一种物权，它是归属于需役地人的一种用益物权。其次，两者的设立方式不同。相邻权是法定的，是依不动产自然而然发生的法定权利，无须登记即可发生效力；地役权主要是依据协议而取得，且未经登记不得对抗善意第三人。再次，两者的限制程度不同。相邻权是一种最小限度的调节，是为了达到使用不动产目的的最低标准；地役权是为了使不动产权利人的权利得到更好的行使。最后，相邻权依相邻关系产生，即存在于相邻的不动产所有权人或占有人之间，地役权的产生则不以不动产相邻为前提条件。

本案中，原告和被告属于不动产的相邻方，公共区域也不是被告所独有的不动产。被告在公共区域堆放大量废旧物品的行为影响到了邻居的通行与通风且存在极大的安全隐患，他人正常的生活环境和居住安宁遭到破坏，邻居无法正常使用房屋。所以本案被告侵犯的是邻居的相邻权而不是地役权。

如果你认识以前的“我”，也许你会原谅现在的“我”。被告人之所以会囤积废品，是因为经历过艰苦的日子而留下了这个习惯。但请不要忘记，行使自身权利也需要有边界，他人权利也一样需要被尊重。



## 延伸阅读

1. 黄某才与李某凤、黄某明相邻关系纠纷一审民事判决书 /（2021）粤0282 民初 996 号

**裁判要旨：**

本院认为，本案系相邻关系纠纷。根据现场勘查发现，原告家的屋檐水需通过与其房屋相邻的一块空地上排到 S342 线公路边的水沟，涉诉空地上的排水沟系原告家屋檐水排出的必要、合理途径，且原告家自修建房屋后至今十多年一直使用涉诉空地上的排水沟排水，依据《中华人民共和国民法典》第二百九十条第一款，被告堵塞涉诉空地上排水沟的行为，妨碍了原告家屋檐水的正常排水，侵害了原告的相邻权。

2. 张某香与应某甫、曹某相邻关系纠纷一审民事判决书 /（2021）川1527 民初 1067 号

**裁判要旨：**

本院认为，不动产的相邻权利人应当按照有利生产、方便生活、团结

互助、公平合理的原则，正确处理相邻关系，从而构建和睦相处的邻里关系。给相邻方造成妨碍或损失，应当停止侵害，排除妨碍，赔偿损失。

### 3. 杨某湘与肖某华、龙某红地役权纠纷一审民事判决书 /（2021）湘 0525 民初 1826 号

**裁判要旨：**

本院认为，被告修建房屋时在靠近原告空地的后墙上开了窗户，通过原告的空地通风采光，以提高自己不动产的效益，系地役权纠纷。原告按约定在此土地上修建了三层以下的房屋，被告肖某华应当按照协议约定一次性支付原告购地补偿款 36000 元。

# 把自己在公厕生的孩子扔进垃圾堆，算杀人还是遗弃？

热点事件

2020年1月8日，在浙江瑞安打工的小余在公司宿舍厕所产下一名男婴。惶恐的小余担心被同事发现，竟将亲生儿子装进黑色塑料袋，放到垃圾桶旁边。男婴被扔下后不久，清洁工刚好前来打扫卫生，发现了袋子里的男婴并将其救下。1月10日，小余主动到公安机关投案自首。浙江省瑞安市人民法院判决小余犯故意杀人罪，判处其有期徒刑三年，缓刑三年。[1]



## 小余为何构成故意杀人罪，而不构成遗弃罪？

我国《刑法》第二百六十一条规定了遗弃罪，对于年老、年幼、患病或者其他没有独立生活能力的人，负有扶养义务而拒绝扶养，情节恶劣的，处五年以下有期徒刑、拘役或者管制。我国《刑法》第二百三十二条规定了故意杀人罪，故意杀人的，处死刑、无期徒刑或者十年以上有期徒刑；情节较轻的，处三年以上十年以下有期徒刑。首先，遗弃罪和故意杀人罪中行为人的主观目的不同。遗弃罪中，负有扶养义务的行为人企图通过遗弃达到逃避本应由自己承担的扶养义务的目的。行为人并不希望孩子丧命，甚至希望有经济实力的好心人愿意收留孩子，给他更好的成长环境和生活条件；故意杀人罪的行为人主观上有非法剥夺他人生命的故意，即明知自己的行为会导致被扶养人死亡，却仍希望或放任这种结果的发生。相应地，遗弃罪和故意杀人罪中行为人的客观行为也不同。遗弃罪的行为人一般是将被害人遗弃于能够获得救助的场所，如车

1　参见《22岁女子厕所产子后扔进垃圾桶，犯故意杀人罪获刑》，载腾讯网，最后访问时间2022年6月19日。

站、派出所、别人家门口等；故意杀人罪的行为人则是将被害人置于不能或者不易获得救助的地方，如深山老林、人迹罕至的荒野以及其他不易被人发现的场所。除此之外，行为人如果作出了对被遗弃的孩子生命健康构成极大威胁的行为，如寒冬腊月将衣不蔽体的孩子遗弃、将患有急症且随时会有生命危险的孩子遗弃，也有可能涉嫌故意杀人。

本案中，小余将自己的孩子装进黑色的塑料袋后放到垃圾桶旁边。刚出生的孩子本就体弱，需要悉心照料，将其放置于塑料袋内有可能会产生呼吸不畅导致窒息死亡等其他威胁其生命健康的情况。垃圾桶旁的卫生环境也很有可能导致新生儿感染细菌、病毒。同时，小余遗弃孩子时正值寒冬，衣不蔽体的新生儿在塑料袋内生存下来的概率很低，这是正常成年人都能意识到、料想到的结果。在刑法中，“故意”分为直接故意和间接故意。直接故意是指行为人明知自己的行为会发生危害社会的结果，并且希望这种结果发生的心理态度。间接故意是指行为人明知自己的行为可能会发生危害社会的结果，并且放任这种结果发生的心理态度。小余明知这样做很可能会导致孩子死亡，却仍将孩子遗弃，放任孩子死亡，构成间接故意。因此，小余的行为已不单纯是逃避扶养义务了，而是非法剥夺孩子生存的机会，构成故意杀人罪。好在孩子命大，被清洁工救下，小余系故意杀人罪未遂，依法可以比照既遂犯减轻处罚。此外，小余存在自首情节且自愿认罪认罚，孩子现在身体状况正常，并和小余共同生活。法院综合考虑这些情节之后，判决小余构成故意杀人罪，判处有期徒刑三年，缓刑三年。



## 如果清洁工捡到弃婴后再将其丢弃，他会构成犯罪吗？

如果清洁工在垃圾桶附近发现弃婴，怕麻烦不想将其送到医院，而是将弃婴放到车站、别人家门口等地方，该清洁工是不构成犯罪的。虽然他没有全力救助弃婴，但是他将弃婴从不易被人发现的地方转移到容易得到救助的地方，该行为本身没有给弃婴制造新的危险，而是降低了婴儿因被遗弃而死亡的风险。

因此，该清洁工不会构成犯罪。

如果清洁工捡到弃婴并照顾该婴儿一段时间，之后该清洁工后悔，又将婴儿丢弃，那么该清洁工可能会构成遗弃罪甚至故意杀人罪。从我国刑法中对遗弃罪的规定来看，构成遗弃罪的主体并不限于家庭成员之间。不作为犯分为真正不作为犯和不真正不作为犯。真正不作为犯是指由刑法明文规定的只能由不作为构成的犯罪。不真正不作为犯的作为义务并非刑法明文规定，其作为义务往往产生于职务行为或者先前行为等，通常行为人是以不作为的形式触犯了通常是由作为构成的罪名。遗弃罪属于真正的不作为犯罪，只要对于年老、年幼、患病或者其他没有独立生活能力的人，负有扶养义务而拒绝扶养，达到情节恶劣程度的，就会构成遗弃罪。这里的“扶养义务”应当扩大理解为救助义务。清洁工将婴儿照顾一段时间之后，会使得婴儿对其产生依赖性，即婴儿的存活离不开清洁工的照顾。所以，清洁工基于其自愿接受的行为而对婴儿产生救助义务，如果他能够履行救助义务却将婴儿丢弃，就会构成遗弃罪。当然，如果清洁工将婴儿丢弃到人迹罕至的地方，排除了其他人救助婴儿的可能性，则可能构成故意杀人罪。



生育一事，生是本能，育是责任。孩子是人间的天使，请不要让天使还没来得及长大，就折断他们的翅膀。

## 延伸阅读

1. 郝某华故意杀人一审刑事判决书 /（2020）沪 0114 刑初 1726 号

**裁判要旨：**

公诉机关指控被告人郝某华非法剥夺他人生命，致一名婴儿死亡，其行为已构成故意杀人罪的犯罪事实清楚，证据确实、充分，指控罪名成立。公诉人关于郝某华意外生产后，一时冲动杀害亲生女婴，犯罪动机不属于卑劣，主观恶性相对较小，案发后对自己的行为真诚悔罪，重犯可能性很小，可以认定为故意杀人情节较轻的意见，合法有据，本院予以支持。控辩双方关于郝某华具有如实供述自己罪行、自愿认罪认罚等情节，可以从轻处罚的意见，合法有据，本院予以采纳。

2. 王某故意杀人罪一审刑事判决书 /（2020）陕 0118 刑初 207 号

**裁判要旨：**

被告人王某故意剥夺他人生命，致人死亡，其行为构成《中华人民共和国刑法》第二百三十二条规定的故意杀人罪。在量刑时本院考虑：被告人王某具有自首情节，自愿认罪认罚，主观恶性较小，依法可从轻处罚，公诉机关建议判处三年有期徒刑，可适用缓刑，本院予以采纳。关于辩护人认为系间接故意杀人一节，经查，被告人生下男婴后，害怕男婴啼哭，给其口中塞卫生纸，并放水冲洗便池，其行为必然导致被害人死亡后果的发生，并非持放任态度，故对该辩护意见不予采纳。

3. 次某故意杀人罪一审刑事判决书 /（2020）藏 0625 刑初 8 号



**裁判要旨：**

父母对子女负有抚养教育的法定义务，子女自出生之时起，人身权利就受到法律的保障，任何人不得加以危害。被告人次某具有完全刑事责任能力，主观上有非法剥夺他人生命的故意，凌晨 5 时许将对生母极度依赖、完全没有生存能力的新生婴儿遗弃在户外容易造成生命危险、不易获得救助的公厕粪坑内，并且明知该行为可能会发生致人死亡的后果，却希望或者放任这种后果发生，致使被害人的生命受到严重威胁，构成故意杀人罪。被告人次某针对未成年人实施犯罪，酌定对其从重处罚；到案后能如实供述自己的罪行，愿意接受处罚，犯罪未遂，取得被害人近亲属谅解，对其可以从轻处罚。

# 中学生入室抢劫殴打聋哑老人，该当何罪？

热点事件

2021年6月3日，广东汕头4名中学生冲进一聋哑老人家中，对老人拳打脚踢并抢夺老人的财物。老人又聋又哑，对方人多势众，老人的反抗没有起到丝毫作用，还遭到他们更加狠毒的殴打。据警方6月9日的通告显示，汕头潮阳公安已抓捕了4名涉案嫌疑人，案情也在进一步的审查办理之中。[1]

此事发生后在网络上引发热议，本次案件如何定罪量刑成了大家关注的焦点。



## 四名学生应承担何种责任？

从曝出的视频上来看，4名学生闯入老人家里，对老人拳打脚踢并抢夺财物，构成抢劫罪。[2] 根据《刑法》第二百六十三条的规定，他们的行为构成“入户抢劫”，属于抢劫罪的加重情节。[3] 那么，4名学生应承担怎样的刑事责任呢？这与他们的年龄有着很大的关系。虽然本案中没有准确说明这4名学生的年

1 参见《广东4名中学生殴打聋哑老人，入室抢劫，拿什么拯救他们的无知》，载腾讯网，最后访问时间2022年6月19日。

2 抢劫罪，是指以非法占有为目的，对财物的所有人、保管人使用暴力、胁迫或其他方法，强行将公私财物抢走的行为。

3《中华人民共和国刑法》第二百六十三条 以暴力、胁迫或者其他方法抢劫公私财物的，处三年以上十年以下有期徒刑，并处罚金；有下列情形之一的，处十年以上有期徒刑、无期徒刑或者死刑，并处罚金或者没收财产：

（一）入户抢劫的；

（二）在公共交通工具上抢劫的；

（三）抢劫银行或者其他金融机构的；

（四）多次抢劫或者抢劫数额巨大的；

（五）抢劫致人重伤、死亡的；

（六）冒充军警人员抢劫的；

（七）持枪抢劫的；

（八）抢劫军用物资或者抢险、救灾、救济物资的。

龄，但中学生一般不会超过 18 周岁。若已满 18 周岁的人犯罪应按《刑法》第二百六十三条正常量刑。《刑法》第十七条关于**刑事责任年龄**的规定，分成以下 3 种情况加以论述：

第一，如果学生的年龄已满 16 周岁但未满 18 周岁，那么他们应负抢劫罪的刑事责任，但根据《刑法》第十七条第四款的规定，应当从轻或减轻处罚。

第二，如果学生的年龄已满 14 周岁不满 16 周岁，根据《刑法》第十七条第 2 款规定，只对特定的八类罪承担刑事责任。即故意杀人、故意伤害致人重伤或者死亡、强奸、抢劫、贩卖毒品、放火、爆炸、投放危险物质罪。本案中，4 名学生的行为构成抢劫罪，属于八类罪之一，应当承担相应的刑事责任。

第三，如果学生的年龄不满 14 周岁则无须承担刑事责任，但会责令其父母或者其他监护人加以管教；在必要的时候，依法进行专门矫治教育。



讲到这里，大家可能会有疑问，刑事责任年龄不是下调到 12 周岁了吗？为什么没有讨论已满 12 周岁不满 14 周岁的情况呢？因为新修订的《刑法修正案（十一）》关于刑事责任年龄下调的规定在承担刑事责任的范围、情节和启动程序方面作了严格限定。范围上仅指**故意杀人罪与故意伤害罪这两种罪名**。行为手段、行为结果方面，仅限于**“致人死亡”**或**“以特别残忍手段致人重伤造成严重残疾”**。本案情形不符合以上规定，所以不做讨论。

不承担刑事责任不代表没有责任。《民法典》第一百八十七条规定，承担行政责任或者刑事责任不影响承担民事责任。[1]《民法典》第一千一百六十七条规定，侵权行为危及他人人身、财产安全的，被侵权人有权请求侵权人承担停止侵害、排除妨碍、消除危险等侵权责任。[2] 所以本案学生的行为，无论是否需要承担刑事责任，都应该承担相应的民事侵权责任。

1《中华人民共和国民法典》第一百八十七条　民事主体因同一行为应当承担民事责任、行政责任和刑事责任的，承担行政责任或者刑事责任不影响承担民事责任；民事主体的财产不足以支付的，优先用于承担民事责任。

2《中华人民共和国民法典》第一千一百六十七条　侵权行为危及他人人身、财产安全的，被侵权人有权请求侵权人承担停止侵害、排除妨碍、消除危险等侵权责任。

## 如何根据刑事责任年龄量刑

当前，我国《刑法》把刑事责任年龄划分为四个阶段，不同的年龄阶段所负的刑事责任不同。所以在审理未成年人刑事案件，应当把被告人犯罪时的年龄作为重要事实予以查清。要特别注意年龄的计算、刑事责任年龄的确定和跨刑事责任年龄犯罪认定的问题。

第一是关于年龄的计算。法律规定的年龄，是指按公历的年、月、日进行计算。过了周岁生日，从第二天起算已满周岁。例如“不满 14 周岁”，包括周岁生日当天；“已满 14 周岁”，应从周岁生日的第二天起算。

第二是关于刑事责任年龄的确定。刑事责任年龄是依犯罪行为实施时还是依犯罪结果产生时确定，可能会对认定行为人的行为是否构成犯罪以及对其量刑的轻重产生影响，例如在某些案件中可能会出现行为人在实施犯罪行为时未满 14 周岁，而结果发生时已满 14 周岁的情况。现阶段司法实践中的主流观点是以行为人行为时的实际年龄去判断是否需要负刑事责任。如果行为有连续或持续状态，就应当以持续状态结束时被告人的实际年龄确定其刑事责任年龄。[1]

第三是关于跨刑事责任年龄犯罪认定。在某些情况下，行为人可能在不同的刑事责任年龄阶段均实施了犯罪行为，那么应该如何追究相应的刑事责任呢？根据《最高人民法院关于审理未成年人刑事案件具体应用法律若干问题的解释》，行为人在达到法定刑事责任年龄前后均实施了犯罪行为，只能依法追究其达到法定刑事责任年龄后实施的犯罪行为的刑事责任，但之前的行为，在量刑时会酌情考虑。比如，甲在 13 周岁时盗窃 4000 元，在 17 周岁时又抢劫 6000 元，18 周岁时被抓获。此时，就不应追究甲 13 周岁时盗窃的 4000 元的刑事责任，只追究其 17 周岁时抢劫 6000 元的刑事责任。[2]

---

1　参见刘宪权著:《刑法学名师讲演录》，上海人民出版社 2016 版，第 173 页。

2《最高人民法院关于审理未成年人刑事案件具体应用法律若干问题的解释》第十二条　行为人在达到法定刑事责任年龄前后均实施了危害社会的行为，只能依法追究其达到法定刑事责任年龄后实施的危害社会行为的刑事责任。

行为人在年满十八周岁前后实施了不同种犯罪行为，对其年满十八周岁以前实施的犯罪应当依法从轻或者减轻处罚。行为人在年满十八周岁前后实施了同种犯罪行为，在量刑时应当考虑对年满十八周岁以前实施的犯罪，适当给予从轻或者减轻处罚。

由于未成年人身心发展不成熟，所以有很大的改造希望、可塑性。我们国家针对犯罪的未成年人一直坚持教育为主、惩罚为辅的原则，对其进行教育、感化、挽救。但要切记，年龄并不是犯罪行为的保护伞！无论处于何种年龄阶段都应该提高自身的法律意识，做一名遵纪守法的好公民。

### 延伸阅读

1. 吕某飞、李某宝抢劫罪一审刑事判决书 /（2015）磐刑初字第 320 号

**裁判要旨：**

法院认为，被告人吕某飞犯罪时系已满十六周岁未满十八周岁的未成年人，对其应当从轻处罚；其自愿认罪，对其可酌情从轻处罚；其对未成年人实施抢劫行为，且具有劣迹行为，在量刑时应予以酌情考虑。



被告人李某宝犯罪时系已满十四周岁未满十六周岁的未成年人，对其应当从轻处罚；其自愿认罪，案发后赃物被公安机关追回并返还被害人，且被告人赔偿被害人经济损失取得谅解，对其可酌情从轻处罚；其对未成年人实施抢劫行为，在量刑时应予以酌情考虑。

2. 郭某 1、谢某抢劫二审刑事裁定书 /（2019）黔刑终 165 号

**裁判要旨：**

郭某 1 伙同陈某 3、张某采取暴力方法劫取他人财物并致一人死亡，其行为已构成抢劫罪。法院认为，郭某 1 犯罪情节恶劣，后果特别严重，本应依法严惩，鉴于其作案时系未成年人，系从犯，并如实供述主要犯罪事实，具有坦白情节，可依法从轻处罚。

3. 李某寻衅滋事罪一案一审刑事判决书未成年人犯罪一案一审刑事判决书 /（2015）湘刑初字第 179 号

**裁判要旨：**

本院认为，被告人李某随意殴打他人，致一人轻伤，情节恶劣，其行为已构成寻衅滋事罪。被告人李某在犯罪时已满十六周岁未满十八周岁，系未成年人，予以从轻处罚。

# 由爱生恨，杭州杀妻碎尸案许某被判死刑

热点事件

2021年7月26日14时30分，浙江省杭州市中级人民法院对被告人许某故意杀人刑事附带民事诉讼一案进行公开宣判。

检方指控，被告人许某与被害人来某某系夫妻，因感情、经济等原因产生矛盾。许某心生怨恨，购买美工刀、切割机等，决意杀害来某某。2020年7月4日晚，许某在家中向来某某睡前饮用的牛奶内投入安眠药，待来某某昏睡之际，采用胶带纸封口、枕头捂压口鼻的方式致来某某死亡。之后，许某将被害人尸体搬至卫生间，用事先准备的工具肢解后分散抛弃。作案后，许某编造虚假信息，称来某某失踪，逃避侦查。当年7月22日，警方筛查小区化粪池发现部分人体组织，于23日将许某抓获。被告人许某在最后陈述阶段认罪、悔罪，称无论怎么判决都不会上诉。

一审法院以故意杀人罪判处被告人许某死刑，剥夺政治权利终身；判决其赔偿附带民事诉讼原告人经济损失人民币20万元。[1]



## 判了死刑一定会死吗？

从实体上看，我国《刑法》上“判处死刑”包括两种：死刑立即执行（刑法上称为死刑）和死刑缓期二年执行（刑法上称为死缓）。从保障人权的原则出发，我国《刑法》对于死刑立即执行的适用条件作出了限制：只适用于罪行极

1 参见《杭州杀妻案一审宣判：被告人许国利被判处死刑》，载光明网，最后访问时间2022年6月19日。

其严重、必须立即执行的犯罪分子。[1] 不是必须立即执行的，可以判处死刑同时宣告缓期二年执行。是否宣告缓期二年执行，会在判决中写明。

对于判处死刑缓期二年执行的，在死刑缓期执行期间，如果没有故意犯罪，往往都不会被执行死刑，在缓刑期间届满后，减为无期徒刑。犯罪分子在死刑缓期执行期间，如果确有重大立功表现的，2 年期满以后，减为 25 年有期徒刑。如果故意犯罪，情节恶劣的，报请最高人民法院核准后执行死刑；对于缓刑期间故意犯罪未执行死刑的，死刑缓期执行的期间重新计算，并报最高人民法院备案。[2] 所以犯罪分子被判处死缓后能否被执行死刑并不确定。

从程序上看，判处死刑的案件，均需经过最高人民法院核准（除依法由最高人民法院判决的外）。但是最高院对于死刑立即执行的案件并不一定批准，只有核准了死刑立即执行时，国家才会对犯罪人执行注射死刑或者枪决。对于不核准死刑的案件，最高人民法院可以发回重新审判或者予以改判。[3]

本案中，许某被中院一审判处死刑立即执行。他有上诉的权利，若不上诉则进入报请核准程序：由浙江省高院复核后，报请最高院核准。若上诉，二审仍判处其死刑立即执行，则报请最高院核准。[4] 由于许某系有预谋地犯罪，犯罪手段极其残忍，社会影响恶劣，罪行极其严重，大概率会被核准执行死刑。



1 《中华人民共和国刑法》第四十八条　死刑只适用于罪行极其严重的犯罪分子。对于应当判处死刑的犯罪分子，如果不是必须立即执行的，可以判处死刑同时宣告缓期二年执行。

死刑除依法由最高人民法院判决的以外，都应当报请最高人民法院核准。死刑缓期执行的，可以由高级人民法院判决或者核准。

2 《中华人民共和国刑法》第五十条　判处死刑缓期执行的，在死刑缓期执行期间，如果没有故意犯罪，二年期满以后，减为无期徒刑；如果确有重大立功表现，二年期满以后，减为二十五年有期徒刑；如果故意犯罪，情节恶劣的，报请最高人民法院核准后执行死刑；对于故意犯罪未执行死刑的，死刑缓期执行的期间重新计算，并报最高人民法院备案。

对被判处死刑缓期执行的累犯以及因故意杀人、强奸、抢劫、绑架、放火、爆炸、投放危险物质或者有组织的暴力性犯罪被判处死刑缓期执行的犯罪分子，人民法院根据犯罪情节等情况可以同时决定对其限制减刑。

3 《中华人民共和国刑事诉讼法》第二百五十条　最高人民法院复核死刑案件，应当作出核准或者不核准死刑的裁定。对于不核准死刑的，最高人民法院可以发回重新审判或者予以改判。

4 《中华人民共和国刑事诉讼法》第二百四十七条　中级人民法院判处死刑的第一审案件，被告人不上诉的，应当由高级人民法院复核后，报请最高人民法院核准。高级人民法院不同意判处死刑的，可以提审或者发回重新审判。

高级人民法院判处死刑的第一审案件被告人不上诉的，和判处死刑的第二审案件，都应当报请最高人民法院核准。

## 认罪悔罪可以减轻处罚吗?

根据《最高人民法院、最高人民检察院印发〈关于常见犯罪的量刑指导意见（试行）〉的通知》的规定：对于当庭自愿认罪的，根据犯罪的性质、罪行的轻重、认罪程度以及悔罪表现等情况，可以减少基准刑的10%以下。这里的用语为“可以”而非“应当”，所以法官有自由裁量权决定是否减轻处罚。

许某虽然当庭认罪悔罪，但其实施的杀人行为性质极其恶劣，手段极其残忍，法官没有减轻处罚，于情于理于法均极为合适。

思之可怖，叹之可悲。本是枕边人，却变成了杀人的恶魔。九泉之下夫妻相见不知作何感想。人之为人，应能明白真善美，能克制自己的脾气，能够理智解决矛盾，万不可用暴力，更不能头脑发热到去杀害他人。



### 延伸阅读

1. 杨某毅强奸罪一案刑事裁定书 /（2021）最高法刑核78493152号

**裁判要旨：**

对于罪行极其严重，严重影响人民群众安全感的暴力犯罪分子依法判处死刑，是我国的民情所在，民愿所向，民意所期。杨某毅的犯罪行为既违国法，又悖天理，更逆人情，严重突破国家法律界线，严重挑战伦理道德底线，严重冲击社会公共安全红线，社会危害性极大。杨某毅主观恶性深，人身危险性大，罪行极其严重，依法应当予以严惩。杨某毅虽有自首情节，但依法不足以对其从宽处罚。

2. 蔡某芬故意杀人罪二审刑事案（2020）吉刑终106号

**裁判要旨：**

蔡某芬因不能正确处理婚姻问题，持尖刀杀死被害人陈某，故意非法剥夺他人生命，其行为已构成故意杀人罪。其犯罪手段残忍，后果严重，本应依法严惩，但鉴于其有自首情节，陈某婚内出轨，对引发本案存在过错，法院对蔡某芬依法从宽处罚。判决认定蔡某芬犯故意杀人罪，判处无期徒刑，剥夺政治权利终身。

### 3. 冯某娟故意杀人案　广东省高级人民法院（2014）粤高法刑一复字第66号

**裁判要旨：**

冯某娟通过婚外情寻求安慰，该过错行为是导致家庭矛盾激化升级的主要原因，且冯某娟残杀未成年子女的主要目的是泄愤及报复丈夫，法院认为其犯罪性质恶劣；冯某娟是有准备、有预谋地实施杀子行为，犯罪意志坚决，根本没有给三子女留有生还余地，严重违背基本人伦，犯罪后果极其严重，尽管冯某娟具有从轻处罚的情节，但综合全案考虑，法院认为不足以对其从轻处罚。据此，广东省高级人民法院裁定同意一审对冯某娟的死刑判决，对冯某娟的死刑判决依法报请最高人民法院核准。

# 在逃犯去法院旁听庭审，真实演绎自投罗网

热点事件

2020年8月25日，上海市静安区人民法院开庭审理一起招工诈骗案件。由四名犯罪嫌疑人组成的诈骗团伙，伪造上海地铁招聘工作人员的信息，先后诱骗上千名被害人去指定医院体检，通过收取医院方给予的体检回扣牟利。诈骗团伙中的三名从犯已经落网，而主犯孙某还在逃。在审判长按例核查旁听人员的身份信息时，一旁的公诉人发现其中一名旁听人员的姓名和正在追诉的主犯孙某一致，确定其身份后，法警将孙某当庭抓获。9月23日，上海市静安区人民检察院以涉嫌诈骗罪对孙某批准逮捕。[1]



## 孙某去法庭旁听构成自首吗？

我国《刑法》第六十七条第一款和第二款规定，犯罪以后自动投案，如实供述自己的罪行的，是自首。被采取强制措施的犯罪嫌疑人、被告人和正在服刑的罪犯，如实供述司法机关还未掌握的本人其他罪行的，以自首论。对于自首的犯罪分子，可以从轻或者减轻处罚。可见，构成自首的情形有两种：一是行为人在实施犯罪行为后自动向公安机关或者其他职能机关投案；二是到案后如实供述自己的罪行以及个人基本信息。自动投案应满足两个条件：投案行为必须发生在犯罪人尚未归案之前，这是时间条件；投案行为是由犯罪分子的意志所决定的，这是成立自动投案的关键。本案中，孙某作为诈骗罪的主犯，尚未归案，但是其出现在法庭上的目的是通过旁听案件了解案件审理的进程，为

---

1 参见《在逃嫌犯在法院旁听庭审，被当庭指认后还狡辩来“自首”！》，载澎湃新闻，最后访问时间2022年6月19日。

自己继续逃避法律制裁获取信息，而不是向有关机关投案自首。故孙某去法庭旁听庭审的行为并不构成自首，他也不能因此从轻或者减轻处罚。

## 刑事案件主犯在逃，从犯如何处理？

我国《刑法》第二十六条规定，组织、领导犯罪集团进行犯罪活动的或者在共同犯罪中起主要作用的，是主犯。对组织、领导犯罪集团的首要分子，按照集团所犯的全部罪行处罚。对于首要分子以外的主犯，应当按照其所参与的或者组织、指挥的全部犯罪处罚。《刑法》第二十七条规定，在共同犯罪中起次要或者辅助作用的，是从犯。对于从犯，应当从轻、减轻处罚或者免除处罚。可见，主犯和从犯在犯罪活动中起到的作用不同，对社会的危害性不同，定罪量刑也不同。主犯和从犯在违法性方面具有关联性，但在有责性方面要个别地、独立地进行评价。



《人民检察院刑事诉讼规则》第一百五十八条第三款规定，对于移送起诉的案件，犯罪嫌疑人在逃的，应当要求公安机关采取措施保证犯罪嫌疑人到案后再移送起诉。共同犯罪案件中部分犯罪嫌疑人在逃的，对在案犯罪嫌疑人的移送起诉应当受理。《最高人民法院关于适用〈中华人民共和国刑事诉讼法〉的解释》第二百二十条第一款规定，对一案起诉的共同犯罪或者关联犯罪案件，被告人人数众多、案情复杂，人民法院经审查认为，分案审理更有利于保障庭审质量和效率的，可以分案审理。分案审理不得影响当事人质证权等诉讼权利的行使。可见，共同犯罪中部分犯罪嫌疑人未到案的，并不必然影响案件的进程。只要案件事实清楚，每个犯罪嫌疑人在共同犯罪中的地位、作用、具体罪责明确，公安机关和检察院就可以按照各阶段的程序要求制作起诉意见书、起诉书，法院也可以根据实际情况决定是分案审理还是并案审理。本案中，案件事实已经查清，诈骗团伙中已归案的三名犯罪嫌疑人的从犯地位也已经确定，虽然孙某仍未归案，但不影响法院对已归案的三名犯罪嫌疑人的审理。

天网恢恢，疏而不漏。那些心存侥幸挑战法律权威的人，终将玩火自焚、自食其果。

## 延伸阅读

1. 杨某平、张某明盗窃罪二审刑事判决书 /（2021）川 01 刑终 159 号

**裁判要旨：**

杨某平在案发后与单位同事一同前往派出所，并在司法机关对其第一次讯问时如实供述其罪行，可认定为自首，故该上诉理由成立，本院决定对其减轻处罚。

2. 新疆维吾尔自治区昌吉市人民检察院与林某生、张某等盗窃罪二审刑事判决书 /（2021）新 23 刑终 54 号

**裁判要旨：**

经查，依在案受案登记表、立案决定书、林某生的供述可以证实，林某生被采取强制措施后，如实交代了公安机关尚未掌握的盗窃罪事实，构成自首，可依法从轻处罚。

3. 李某信、王某任、叶某典盗窃罪一案刑事二审判决书 /（2020）粤 19 刑终 1576 号

**裁判要旨：**

上诉人叶某典及原审被告人李某信、王某任归案后均坦白，并认罪认罚，且已赔偿被害人并取得谅解，均可从轻处罚；原审被告人王某任在案发后主动投案，并如实供述犯罪事实，是自首，依法可从轻处罚。

# 广东女子遭遇抢劫还被嘲笑，劫匪应受何种惩罚？

**热点事件**

2019 年 2 月 16 日，广东河源一女子正在 ATM 机上存钱，突然后面一男子，拿着刀对着她，意图抢劫。女子为了安全，把想要存的 2500 元现金给了他，可对方觉得有点少便要求查看余额，谁知余额竟然为零。该男子笑了笑，还将 2500 元还给了她。[1] 如此富有“人道主义”的劫匪，是否构成犯罪呢？



## 该男子是否构成抢劫罪？是否既遂？

抢劫罪，是指以非法占有为目的，对财物的所有人、保管人使用暴力、胁迫或其他方法，强行将公私财物抢走的行为。构成本罪的主体是一般主体，主观方面表现为故意，且具有非法占有公私财物的目的，客体上侵犯的是公私财物所有权和人身权利，客观上表现为行为人采用暴力、胁迫或者其他对人身实施强制的方法，强行劫取公私财物的行为。本案中的男子，携带刀具意图劫取女子的钱财，使该女子已经处于一种不敢反抗的境地，随后女子为了安全将现金交给男子，表明男子已经劫取到财物，无论数额大小已经构成了抢劫罪。即使随后男子主动将 2500 元返还给她，也不影响抢劫罪的成立，只会对量刑产生影响。所以，该男子构成抢劫罪。

判断出该男子构成抢劫罪后，其抢劫罪的犯罪形态应作何评价？是既遂，未遂，还是中止呢？根据最高人民法院印发《关于审理抢劫、抢夺刑事案件适用法律若干问题的意见》第十条的规定，抢劫罪侵犯的是复杂客体，既侵犯财

1　参见《河源一劫匪 ATM 前抢劫，看到女子余额后笑退劫款！》，载搜狐网，最后访问时间 2022 年 6 月 19 日。

产权利又侵犯人身权利，具备劫取财物或者造成他人轻伤以上后果两者之一的，均属抢劫既遂；既未劫取财物，又未造成他人人身伤害后果的，属抢劫未遂。[1]本案中，虽然男子并未造成女子人身伤害后果，但是他已经劫取到财物，属于既遂的状态。

综上所述，**该男子构成抢劫罪且属于既遂的犯罪形态。**

## 该男子是否构成抢夺罪?

《刑法》第二百六十七条规定的抢夺罪是指以非法占有为目的，夺取公私财物数额较大，或者多次抢夺的行为。本罪的主体是一般主体，主观方面表现为故意，且以非法占有公私财物为目的，本罪客体上侵犯的是公私财物的所有权，客观方面乘人不备，出其不意，公然对财物行使有形力，使他人来不及抗拒，而取得数额较大的财物的行为。判断构成抢劫罪和抢夺罪最关键的点在于是否具有危害被害人人身安全的故意。抢劫罪所侵犯的客体为复杂客体，而抢夺罪仅仅侵犯公私财物的所有权。此外，抢劫罪的构成没有数额限制，抢夺罪只有达到数额较大才能构成犯罪。本案中，该男子对2500元的非法占有并不是通过强力抢夺使受害人来不及反抗，而是通过携带凶器，让女子处于一种不敢反抗和不能反抗的危险境地，可以推定他具有伤害被害人人身安全的故意。该男子既侵犯到女子对自己财物的所有权，也对女子的人身安全造成了威胁，所以**该男子并不构成抢夺罪，而是构成抢劫罪**。

这个事件告诉我们，无论如何都不要触碰法律的底线。此外，也请大家在取款时注意身后是否有陌生人，以免发生危险。



1 《最高人民法院关于审理抢劫、抢夺刑事案件适用法律若干问题的意见》十　抢劫罪的既遂、未遂的认定
抢劫罪侵犯的是复杂客体，既侵犯财产权利又侵犯人身权利，具备劫取财物或者造成他人轻伤以上后果两者之一的，均属抢劫既遂；既未劫取财物，又未造成他人人身伤害后果的，属抢劫未遂。据此，刑法第二百六十三条规定的八种处罚情节中除"抢劫致人重伤、死亡的"这一结果加重情节之外，其余七种处罚情节同样存在既遂、未遂问题，其中属抢劫未遂的，应当根据刑法关于加重情节的法定刑规定，结合未遂犯的处理原则量刑。

## 延伸阅读

1. 李某文故意杀人罪、抢劫罪、盗窃罪案 / （2012）刑二复 47860447 号

**裁判要旨：**

吸收原则是对一人所犯数罪分别定罪量刑以后，采取重刑吸收轻刑的方法，只执行重刑，轻刑不再执行。在我国刑法中，判决宣告的数个主刑中有数个死刑或者最重刑为死刑的，采用吸收原则，仅执行一个死刑，而不得决定执行两个以上的死刑或者其他主刑。因此，一人所犯的数罪中最重刑为死刑的，应根据吸收原则，仅执行一个死刑即可。

2. 李某抢劫案 / （2012）浦刑初字第 2578 号

**裁判要旨：**

根据《最高人民法院印发〈关于审理抢劫、抢夺刑事案件适用法律若干问题的意见〉的通知》第十条规定，抢劫罪侵犯的是复杂客体，既侵犯财产权利又侵犯人身权利，具备劫取财物或者造成他人轻伤以上后果两者之一的，均属抢劫既遂；既未劫取财物，又未造成他人人身伤害后果的，属抢劫未遂。在被告人持刀威胁并勒令超市营业员交出钱款未遂的情况下，其转而劫得其他小额物品的行为，说明其始终没有彻底放弃犯罪念头。尽管其劫取的是小额物品，但是，从整体来看，其行为仍然构成对他人财产权利的侵犯，符合抢劫罪的客体要求。因此，在上述情况下，被告人的行为构成抢劫罪既遂。

3. 格某甲抢劫罪刑事一审判决书 / （2015）杭刑初字第 132 号

**裁判要旨：**

本院认为，被告人格某甲以非法占有为目的，携带凶器当场使用暴力、胁迫手段抢劫，致被害人轻微伤，由于被告人意志以外的原因而未当场劫得被害人财物，其行为构成抢劫罪（未遂）。

# 银行把侮辱性字眼写进征信，应承担什么责任？

热点事件

据媒体报道，因客户未能及时还清消费贷款，一家金融公司将该客户职业信息描述为带侮辱性的不法勾当，上传至人民银行征信系统，出现在个人征信报告上。这则“奇闻”冲上微博热搜引发舆论质疑与担忧。[1]

## 该公司是否侵犯该客户的名誉权？



所谓名誉，就是指公民、法人的名望声誉，是一个公民、一个法人的品德、才干、信誉等在社会中所获得的评价。《民法典》第一千零二十四条规定，自然人享有名誉权，不可侵犯。名誉权，是公民或法人依法享有对自己所获得的客观社会评价，排除他人侵害的权利。[2] 任何个人不得发表对他人的侮辱性和诽谤性言论；任何媒体，不得发布捏造出来的虚假信息、刊登诽谤新闻，否则构成对他人或其他组织名誉权的侵害。从内容形式上，侵害名誉权的方式主要有以下两种：第一种是侮辱。侮辱是指用语言或行动，公然损害他人人格、毁坏他人声誉的行为。第二种是诽谤。诽谤是指捏造并散布某些虚假事实，破坏他人名誉的行为。比如，毫无根据地捏造他人的生活作风不检点并且四处宣扬。

侵害名誉权的归责原则适用过错责任原则，在责任构成上须具备侵权责任构成的一般要件，即须具备加害行为、损害后果、因果关系和主观过错要件。本案中的公司承认自己存在将不实信息上传到征信系统的加害行为并导致了该

---

1　参见《荒唐！个人征信报告竟现侮辱字眼！》，载光明网，最后访问时间 2022 年 6 月 19 日。

2 《中华人民共和国民法典》第一千零二十四条　民事主体享有名誉权。任何组织或者个人不得以侮辱、诽谤等方式侵害他人的名誉权。

名誉是对民事主体的品德、声望、才能、信用等的社会评价。

客户名誉受损的后果。该客户的名誉受损是由于该公司的行为产生的，二者具有因果关系；且该公司对此行为的做出具有主观上故意的过错。综上所述，该公司侵犯了该客户的名誉权。依据《民法典》第一百七十九条的规定，该公司应当承担消除影响、恢复名誉、赔礼道歉等民事责任。[1]如果因此行为造成该客户严重精神损害的，也可依据《民法典》第一千一百八十三条请求公司承担精神损害赔偿责任。[2]

## 该公司是否构成侮辱诽谤罪？

在我国，公司主体的犯罪属于单位犯罪，对于单位犯罪的认定需要刑法明文规定才能成立，并非一切犯罪都可以由单位构成。本案中涉及的侮辱诽谤罪，根据《刑法》第二百四十六条规定，是指以暴力或者其他方法公然侮辱他人或者捏造事实诽谤他人，情节严重的行为。[3]根据犯罪的构成要件来说，本罪在客体上侵犯了他人的人格尊严、名誉，侵犯的对象是自然人；客观上表现为以暴力或其他方法公然侮辱或者散布某种虚构的事实，足以贬损他人人格、名誉情



1《中华人民共和国民法典》第一百七十九条　承担民事责任的方式主要有：
（一）停止侵害；
（二）排除妨碍；
（三）消除危险；
（四）返还财产；
（五）恢复原状；
（六）修理、重作、更换；
（七）继续履行；
（八）赔偿损失；
（九）支付违约金；
（十）消除影响、恢复名誉；
（十一）赔礼道歉。
法律规定惩罚性赔偿的，依照其规定。
本条规定的承担民事责任的方式，可以单独适用，也可以合并适用。

2《中华人民共和国民法典》第一千一百八十三条　侵害自然人人身权益造成严重精神损害的，被侵权人有权请求精神损害赔偿。
因故意或者重大过失侵害自然人具有人身意义的特定物造成严重精神损害的，被侵权人有权请求精神损害赔偿。

3《中华人民共和国刑法》第二百四十六条　以暴力或者其他方法公然侮辱他人或者捏造事实诽谤他人，情节严重的，处三年以下有期徒刑、拘役、管制或者剥夺政治权利。
前款罪，告诉的才处理，但是严重危害社会秩序和国家利益的除外。
通过信息网络实施第一款规定的行为，被害人向人民法院告诉，但提供证据确有困难的，人民法院可以要求公安机关提供协助。

节严重的行为；主体上要求一般主体，即达到刑事责任年龄、具有刑事责任能力的自然人均能构成本罪；主观上有故意的心态。由此可见，涉案公司不符合侮辱诽谤罪的主体要件，不构成侮辱诽谤罪。但是，如果是该公司的相关员工故意实施了发布虚假信息的行为，则该员工个人可能会构成侮辱诽谤罪。

近年来，随着互联网和信贷行业的发展，征信越来越重要。一旦征信受到影响，轻则影响出行、消费，重则影响未来就业。而征信系统的内容，并不是由国家官方部门录入，而是由金融机构接入平台传送，也就是说，银行、支付宝、微信乃至合法的网贷公司，都可以修改你的征信记录。更可怕的是，金融机构能够修改的信息权限还可以超出他们的业务范围。比如，本案中的公司和那名客户仅有贷款业务上的交集，但公司却可以修改她的职业信息。央行作为征信系统的最终管理者，应该就传送的内容负起应尽的监管义务，加强对征信系统以及金融机构的监管、处罚，收紧它们的权利，不能想写什么就写什么。



## 延伸阅读

1. 陈某宝与中国民某银行股份有限公司上海分行侵权责任纠纷再审民事判决书 /（2018）沪民再 13 号

**裁判要旨：**

本院认为，民某银行向征信机构提供的陈某宝信息有误，陈某宝于 2015 年 10 月发现后即要求民某银行更正，民某银行直至 2017 年才更正完毕，上述事实为各方无异议。这已符合《征信业管理条例》第四十条第四项规定的情形，故应认定为民某银行的行为构成侵权。

2. 涂某、狮某融资租赁（中国）有限公司名誉权纠纷二审民事判决书 /（2021）津 03 民终 1209 号

**裁判要旨：**

本院认为，原告主张被告侵害了原告的名誉权，造成原告产生不良征信记录，导致原告的在信用等级、社会评价出现明显降低、在日常社会及

大宗消费等方面受到了影响。本案作为一般侵权案件，构成要件包括：行为、过错、侵害事实和因果关系，现原告提交的证据不足以证明被告存在侵权行为，因此原告的诉讼请求，证据不足，一审法院不予支持。

3. 李某欣与乾某县农村信用合作联社名誉权纠纷一审民事判决书 /（2021）吉 0723 民初 1472 号

**裁判要旨：**

本院认为，李某欣就征信信息向乾某县农村信用合作联社提出异议后，乾某县农村信用合作联社未采取更增或删除必要措施且名誉权侵权行为持续至今，导致李某欣社会信用评价降低，故李某欣请求删除不良信息的主张本院予以支持。

# 理个发耳朵被“一剪没”，应该叫他怎么赔？

热点事件

2021年3月，广东佛山的谭先生去理发店剪头发。由于对这家理发店不是特别了解，所以还特意找了一个总监级别的理发师。结果，刚开始剪不久，谭先生耳朵就被剪掉了一块肉，还去医院缝了三针。随后谭先生向理发店提出了5000元的赔偿，不过理发店却不接受。理发店的负责人说，他们不介意以肉换肉。[1] 那么，理发师此举是否侵犯了谭先生的身体权、健康权，谭先生是否可以请求赔偿呢？



## 理发师是否侵犯谭先生的身体权、健康权？

《民法典》第一千零三条规定的身体权，是指自然人保持其身体组织完整并支配其肢体、器官和其他身体组织并保护自己的身体不受他人违法侵犯的权利。[2] 身体是生命的物质载体，是生命得以产生和延续的最基本条件，由此决定了身体权对自然人至关重要。身体权与生命权、健康权密切相关，侵害自然人的身体往往导致对自然人健康的损害。不过生命权以保护自然人生命的延续为内容，身体权所保护的是身体组织的完整及对身体组织的支配。具体来说，身体权的客体是自然人身体完全、完整的利益；体现在身体权人有权支配自己身体的组成部分。自然人可以将自己身体某些组成部分，如皮肤、肾脏等，转让给他人。如果其他人违反公民的意愿，使用公民身体的某些组成部分，就侵犯了公民的身体权。需要注意的是，身体权和健康权的区别在于，身体权所保护的是肢体、

1　参见《析案例丨理个发耳朵被“一剪没”，理发师说“以肉换肉”？》载腾讯网，最后访问时间2022年6月19日。

2《中华人民共和国民法典》一千零三条　自然人享有身体权。自然人的身体完整和行动自由受法律保护。任何组织或者个人不得侵害他人的身体权。

器官和其他组织的完整状态；而健康权所保护的是各个器官和整个身体功能的健全。

本案中，谭先生的耳朵被剪掉一块肉，耳朵属于人体器官，虽然被剪一块肉不影响耳朵的听力功能，但是损害了耳朵的完整状态，因此理发师侵害了谭先生的身体权。

## 谭先生是否可以请求赔偿？

《民法典》第一千一百七十九条规定，侵害他人造成人身损害的，应当赔偿医疗费、护理费、交通费、营养费、住院伙食补助费等为治疗和康复支出的合理费用，以及因误工减少的收入。造成残疾的，还应当赔偿辅助器具费和残疾赔偿金；造成死亡的，还应当赔偿丧葬费和死亡赔偿金。[1] 所以谭先生可以主张请求赔偿。那么，谭先生应该找谁赔偿？是理发店，还是理发师呢？



《民法典》第一千一百九十一条规定，用人单位的工作人员因执行工作任务造成他人损害的，由用人单位承担侵权责任。用人单位承担侵权责任后，可以向有故意或者重大过失的工作人员追偿。本案中，理发师入职时已与理发店签订了劳动合同，即理发师为劳动者，理发店为用人单位。给谭先生理发的行为属于理发师的工作内容，在此期间造成了谭先生的身体损害，谭先生有权要求理发店承担侵权责任。如果理发师的行为属于故意或者重大过失，那么理发店可以向理发师进行追偿。

以肉换肉当然是不行的，现在又不是汉谟拉比时期。在现在的法治社会中，我们一定要善于拿起法律的武器维护自己的合法权益。

---

1 《中华人民共和国民法典》第一千一百七十九条　侵害他人造成人身损害的，应当赔偿医疗费、护理费、交通费、营养费、住院伙食补助费等为治疗和康复支出的合理费用，以及因误工减少的收入。造成残疾的，还应当赔偿辅助器具费和残疾赔偿金；造成死亡的，还应当赔偿丧葬费和死亡赔偿金。

## 延伸阅读

1. 王某与康某、丁某生命权、健康权、身体权纠纷一审民事判决书 /（2020）吉 0881 民初 2541 号

**裁判要旨：**

本院认为，康某对王某造成的侵犯身体权、健康权的行为，已经法院生效法律文书确认，康某与丁某已履行完毕。王某因康某侵权行为，再次就医治疗造成的经济损失，康某应依法承担赔偿责任。

2. 向某与陈某甲生命权、健康权、身体权纠纷一审民事判决书 /（2020）鄂 2823 民初 1921 号

**裁判要旨：**

本院认为，公民享有生命健康权，其合法民事权益受法律保护，任何公民、法人由于过错侵害他人财产、人身的，均应承担相应的民事责任。

3. 原告赵某诉被告易某英身体权纠纷一案民事一审判决书 /（2020）湘 1202 民初 4452 号

**裁判要旨：**

本院认为：公民的身体权、健康权受法律保护，侵害他人身体权、健康权应依法承担侵权责任。在本次事件中，被告抓原告下体的行为直接导致了原告受伤，该行为具有较大的危害性，也明显违背社会道德伦理，故原告由此遭受的损失应由被告承担全部赔偿责任，被告应向原告赔礼道歉。

# 浙江一小伙因颜值遭男子下药，男子该当何罪？

热点事件

2021 年 4 月 15 日，浙江金华一派出所接到群众报案。报案人小陈称自己在网吧内被人蓄意下了安眠药。据了解，小陈在网吧上网期间，旁边的罗某因小陈长相帅气，遂产生“兴趣”。趁着小陈去厕所的间隙，罗某在小陈的奶茶中投放了提前准备好的安眠药，打算趁小陈喝下奶茶后对其实施猥亵。小陈发现这一行为并报警，目前罗某已被公安局依法采取刑事强制措施。[1]



## 罗某是否构成强制猥亵罪？

《刑法》第二百三十七条规定的强制猥亵、侮辱罪是指以暴力、胁迫或者其他方法强制猥亵他人或侮辱妇女的行为。[2] 构成本罪的主体为一般主体，行为人既可以对异性实施猥亵行为，也可以对同性实施猥亵行为。主观方面表现为故意。客体上本罪侵害的是他人（男性或女性）的性自由权，包括忍受性权利的自愿选择，对性的厌恶感、羞耻感以及正常的性感情。客观方面表现为行为人以暴力、胁迫或者其他方法强制侮辱、猥亵他人的行为。《刑法修正案（九）》颁布前，该罪的犯罪对象仅限于十四周岁以上的女性。而

1 参见《男子奶茶被下药，嫌疑人：看他长得帅》，载腾讯网，最后访问时间 2022 年 6 月 19 日。

2 《中华人民共和国刑法》第二百三十七条 以暴力、胁迫或者其他方法强制猥亵他人或者侮辱妇女的，处五年以下有期徒刑或者拘役。

聚众或者在公共场所当众犯前款罪的，或者有其他恶劣情节的，处五年以上有期徒刑。

猥亵儿童的，处五年以下有期徒刑；有下列情形之一的，处五年以上有期徒刑：

（一）猥亵儿童多人或者多次的；

（二）聚众猥亵儿童的，或者在公共场所当众猥亵儿童，情节恶劣的；

（三）造成儿童伤害或者其他严重后果的；

（四）猥亵手段恶劣或者有其他恶劣情节的。

《刑法修正案（九）》实施后，十四周岁以上的男性也可以成为本罪的犯罪对象。

本案中，罗某故意向小陈奶茶中投放安眠药想要猥亵陈某的行为构成强制猥亵罪。但是罗某实施的行为被小陈及时发现而没有完成，属于由于犯罪分子意志以外的原因而未得逞，应评价为未遂。综上所述，罗某**构成强制猥亵罪且属于未遂的犯罪形态**。

## 如果罗某强奸了小陈会构成什么罪?

《刑法》第二百三十六条规定的强奸罪，是指以暴力、胁迫或者其他手段强奸妇女的行为。[1] 可以看出，现行刑法对于强奸罪的犯罪对象仅仅限定为女性，并未将强行与男性发生性关系归入此罪。由于刑法中“法无规定不为罪”的原则，“强奸”男性的行为并不构成强奸罪。那么，会构成其他罪吗？一般对于“强奸”男性构成犯罪的情况，我们主要根据年龄和情节进行划分：如果对方是已满十四周岁的男性，一般会适用强制猥亵罪定罪处罚；如果对方是未满十四周岁的男童，一般会适用猥亵儿童罪定罪处罚。此外，根据《最高人民法院、最高人民检察院、公安部、司法部关于依法惩治性侵害未成年人犯罪的意见》第二十二条规定，实施猥亵儿童犯罪，造成儿童轻伤以上后果，同时符合《刑法》第二百三十四条或者第二百三十二条的规定，构成故意伤害罪、故意杀人罪的，依照处罚较重的规定定罪处罚。对已满十四周岁的未成年男性实施猥亵，造成被害人轻伤以上后果，符合《刑法》第二百三十四



1 《中华人民共和国刑法》第二百三十六条　以暴力、胁迫或者其他手段强奸妇女的，处三年以上十年以下有期徒刑。
奸淫不满十四周岁的幼女的，以强奸论，从重处罚。
强奸妇女、奸淫幼女，有下列情形之一的，处十年以上有期徒刑、无期徒刑或者死刑：
（一）强奸妇女、奸淫幼女情节恶劣的；
（二）强奸妇女、奸淫幼女多人的；
（三）在公共场所当众强奸妇女、奸淫幼女的；
（四）二人以上轮奸的；
（五）奸淫不满十周岁的幼女或者造成幼女伤害的；
（六）致使被害人重伤、死亡或者造成其他严重后果的。

条或者第二百三十二条规定的，以故意伤害罪或者故意杀人罪定罪处罚。[1] 本案中，如果小陈被罗某强奸，因为小陈属于成年人，所以应该按照强制猥亵罪对罗某定罪处罚，如果在此期间造成小陈轻伤以上后果，符合《刑法》第二百三十四条或第二百三十二条规定，罗某就可能涉嫌故意伤害罪或故意杀人罪。

无论男性女性，出门在外都要有防范意识，对于身边的可疑人员尽量远离，陌生场合下注意保管好自己的财物，不要让饮料离开自己的视线。如遇有人故意挤蹭，需要提高警惕，一旦遭遇不法行为，务必立即报警。

## 延伸阅读

1. 赵某伟强制猥亵、侮辱罪一审刑事判决书 /（2019）川 1024 刑初 183 号

**裁判要旨：**

本院认为被告人赵某伟伙同他人以暴力、胁迫方法强制猥亵男性，构成强制猥亵罪，且属共同犯罪。

2. 曹某爱强制猥亵案一审刑事判决书 /（2018）赣 1128 刑初 424 号

**裁判要旨：**

本院认为，被告人曹某爱因性取向障碍，对男性老人有性想法。所以为寻求刺激，采取趁人熟睡之机无法反抗而强制猥亵他人，其行为已构成强制猥亵罪。



---

1 《最高人民法院、最高人民检察院、公安部、司法部关于依法惩治性侵害未成年人犯罪的意见》第 22 条　实施猥亵儿童犯罪，造成儿童轻伤以上后果，同时符合刑法第二百三十四条或者第二百三十二条的规定，构成故意伤害罪、故意杀人罪的，依照处罚较重的规定定罪处罚。

对已满十四周岁的未成年男性实施猥亵，造成被害人轻伤以上后果，符合刑法第二百三十四条或者第二百三十二条规定的，以故意伤害罪或者故意杀人罪定罪处罚。

《中华人民共和国刑法》第二百三十四条　故意伤害他人身体的，处三年以下有期徒刑、拘役或者管制。

犯前款罪，致人重伤的，处三年以上十年以下有期徒刑；致人死亡或者以特别残忍手段致人重伤造成严重残疾的，处十年以上有期徒刑、无期徒刑或者死刑。本法另有规定的，依照规定。

《中华人民共和国刑法》第二百三十二条　故意杀人的，处死刑、无期徒刑或者十年以上有期徒刑；情节较轻的，处三年以上十年以下有期徒刑。

3. 李某明强制猥亵二审刑事裁定书 /（2021）京 02 刑终 78 号

**裁判要旨：**

本院认为，上诉人（原审被告人）李某明为满足性欲，利用教师身份和学生对其的敬畏、惧怕心理，强制猥亵多名未成年男性，其行为已构成强制猥亵罪，依法应予惩处。

# “教室门”事件各方应承担什么责任？

**热点事件**

2021年5月16日，黑龙江科技大学的一男一女在学校阶梯教室发生性行为被教室的监控视频记录下来。随后，该视频被广泛传播。[1] 事件一出，立刻在网上掀起了一阵热议，当时评论区的景象真的难以描述，“想要原视频的私我”“曝光得好！就该给这种没皮没脸的人一点教训！”“这种人活着也是丢父母的脸，同情心这么泛滥的想必都是圣母吧”……一片谩骂讥讽声中，大家好像都忘记了视频中男生女生的隐私权为何物。也很少有人提到，监控运行过程中数次改变视角、对焦、跟随当事人，是否是人为操控。当热议退去，我们应该开始用理性的思维，从法律的角度去分析整个事件。



## 在教室中发生性行为是否违法？观看视频者是否违法？

一般来说，性行为本身具有很强的私密性，成年男女自愿发生性关系本身并不违法。本案中，在教室里进行性行为虽然不当，但如果教室里没有其他人，也不会涉及违法。但是如果由于不雅行为引发多人围观，造成社会秩序混乱，破坏社会公共利益，则可能依据《治安管理处罚法》被认定成寻衅滋事行为或扰乱公共秩序的行为。[2]

那观看视频者是否违法呢？根据《刑法》第三百六十七条对淫秽物品的规

1　参见《黑龙江科技大学教室不雅视频：性教育缺失的恶果！》，载网易号，最后访问时间2022年6月19日。

2 《中华人民共和国治安管理处罚法》第二十六条　有下列行为之一的，处五日以上十日以下的拘留，可以并处五百元以下罚款；情节较重的，处十日以上十五日以下拘留，可以并处一千元以下罚款：

（一）结伙斗殴的；

（二）追逐、拦截他人的；

（三）强拿硬要或者任意损毁、占用公私财物的；

（四）其他寻衅滋事行为。

定，是指具体描绘性行为或者露骨宣扬色情的淫秽性的书刊、影片、录像带、录音带、图片及其他淫秽物品。本案中的视频完整地记录了男女生发生性关系的全程，与人体生理或医学知识无关，也不具有艺术价值，所以属于淫秽物品。

我国《刑法》中对于淫秽物品的处罚，主要是针对非法贩卖、制作、传播等行为，存在于《刑法》第三百六十三、第三百六十四条，以及《治安管理处罚法》第六十八、第六十九条中。我国法律中并未对观看及浏览淫秽物品进行法律规制。拿本案来说，本案观影者独自观看视频，不会对他人和社会造成不良的影响和危害，不属于违法行为。但是如果本案中的观影者将此视频观看后通过网络下载、复制，则属于违法复制淫秽物品行为，根据《治安管理处罚法》第六十八条规定，可能被处以拘留或罚款。[1] 如果以牟利为目的，还可能触犯《刑法》第三百六十三条的制作、复制、出版、贩卖、传播淫秽物品牟利罪。[2] 此外，如果观看此视频的网友与同学、朋友或者同事一起观看或者看完后又将其传播，也可能涉嫌违反《治安管理处罚法》第六十九条的规定，属于组织播放淫秽物品行为。[3] 情节严重的，还可能依据《刑法》第三百六十四条，涉嫌构成传播淫秽物品罪或者组织播放淫秽音像制品罪。[4]



1 《中华人民共和国治安管理处罚法》第六十八条　制作、运输、复制、出售、出租淫秽的书刊、图片、影片、音像制品等淫秽物品或者利用计算机信息网络、电话以及其他通讯工具传播淫秽信息的，处十日以上十五日以下拘留，可以并处三千元以下罚款；情节较轻的，处五日以下拘留或者五百元以下罚款。

2 《中华人民共和国刑法》第三百六十三条第一款　以牟利为目的，制作、复制、出版、贩卖、传播淫秽物品的，处三年以下有期徒刑、拘役或者管制，并处罚金；情节严重的，处三年以上十年以下有期徒刑，并处罚金；情节特别严重的，处十年以上有期徒刑或者无期徒刑，并处罚金或者没收财产。

3 《中华人民共和国治安管理处罚法》第六十九条　有下列行为之一的，处十日以上十五日以下拘留，并处五百元以上一千元以下罚款：

（一）组织播放淫秽音像的；

（二）组织或者进行淫秽表演的；

（三）参与聚众淫乱活动的。

明知他人从事前款活动，为其提供条件的，依照前款的规定处罚。

4 《中华人民共和国刑法》第三百六十四条　传播淫秽的书刊、影片、音像、图片或者其他淫秽物品，情节严重的，处二年以下有期徒刑、拘役或者管制。

组织播放淫秽的电影、录像等音像制品的，处三年以下有期徒刑、拘役或者管制，并处罚金；情节严重的，处三年以上十年以下有期徒刑，并处罚金。

制作、复制淫秽的电影、录像等音像制品组织播放的，依照第二款的规定从重处罚。

向不满十八周岁的未成年人传播淫秽物品的，从重处罚。

## 不雅视频的上传者是否违法?

《刑法》第三百六十四条规定，传播淫秽的书刊、影片、音像、图片或者其他淫秽物品，情节严重的，处二年以下有期徒刑、拘役或者管制。本案中，从该监控的运行路径可看出，此次事件不排除是有人故意控制监控拍摄下来，拍摄后还故意将此视频流入网络进行大规模传播，造成恶劣的影响。虽然两个学生在教室发生性行为十分不妥，但归根结底，也属于两人的隐私范围。综上所述，上传视频者不仅涉嫌侵犯当事人的隐私权，也涉嫌构成传播淫秽物品罪。

人类潜意识中普遍存在对别人的窥视心理，尤其是与性有关的偷窥欲最为强烈。为什么“教室门”事件会造成全网轰动，就是因为即使在今天，还是有很多人依然谈性色变。避而不谈反而更容易引起人们的好奇，这也是人们对于性的偷窥欲膨胀的原因之一。上传视频者幸灾乐祸地将视频公之于网络，观看视频的网友们拿起键盘就开始站在道德制高点肆意抨击，甚至分辨不清这场事件背后谁更“无耻”……

### 延伸阅读

1. 邓某丽制作、复制、出版、贩卖、传播淫秽物品牟利罪二审刑事判决书 / (2021) 新 01 刑终 83 号

**裁判要旨：**

本院认为，上诉人邓某丽无视国家法律，以牟利为目的，向他人贩卖淫秽视频 489 个，非法获利 4960 元，其行为构成贩卖淫秽物品牟利罪。

2. 谭某荣组织播放淫秽音像制品一审刑事判决书 / (2017) 川 1112 刑初 91 号

**裁判要旨：**

本院认为，被告人谭某荣用影碟机多次在其经营的茶馆内向他人播放

淫秽影碟，其行为已触犯刑律，构成组织播放淫秽音像制品罪，应当追究刑事责任。

### 3. 马某传播淫秽物品罪二审刑事裁定书 /（2019）晋 01 刑终 1298 号

**裁判要旨：**

马某使用手机在色情网站注册账户将两部淫秽视频上传至该网站，截止 2019 年 6 月 25 日，两部视频点击查看量共计 125643 次。

法院认为，马某不以牟利为目的，在网络上传播淫秽的影片、录像等淫秽物品，侵犯了社会管理秩序和社会风尚，其行为已构成传播淫秽物品罪。

# 男教师猥亵男学生能定罪吗?

**热点事件**

8月17日，成都市成华区人民法院对备受舆论关注的成都某知名中学优秀班主任、知名教师梁某强制猥亵罪一案再次开庭审理。据媒体报道，多名受害人实名举报成都某中学教师梁某10年性侵20多名男生。随后成都市成华区检察院以涉嫌强制猥亵罪对梁某提起公诉。检察院指控，被告人梁某在宜宾、成都等地担任教师期间，分别在其家中、酒店，多次违背多名学生的意志，实施强制猥亵。受害人们要求对梁某顶格判刑。[1]



## 强迫男性发生性关系构成何种犯罪

对于强迫他人发生性关系的行为，最为人们熟知的是强奸罪。我国《刑法》规定:以暴力、胁迫或者其他手段强奸妇女的，处三年以上十年以下有期徒刑。

奸淫不满十四周岁的幼女的，以强奸论，从重处罚。由此可见，强奸罪的犯罪对象是女性。我国刑法禁止类推解释，依据罪刑法定原则，男性并不能解释成为该罪状中的“妇女”或者“幼女”，强奸男性并不是强奸罪的罪状，所以强迫男性发生性关系不能认定为强奸罪。[2]

---

1 参见《四川男教师强制猥亵男学生案1月7号再开庭 受害者希望“顶格判处”》载腾讯网，最后访问时间2022年6月19日。

2 《中华人民共和国刑法》第二百三十六条　以暴力、胁迫或者其他手段强奸妇女的，处三年以上十年以下有期徒刑。

奸淫不满十四周岁的幼女的，以强奸论，从重处罚。

强奸妇女、奸淫幼女，有下列情形之一的，处十年以上有期徒刑、无期徒刑或者死刑：

（一）强奸妇女、奸淫幼女情节恶劣的；

（二）强奸妇女、奸淫幼女多人的；

（三）在公共场所当众强奸妇女、奸淫幼女的；

（四）二人以上轮奸的；

（五）奸淫不满十周岁的幼女或者造成幼女伤害的；

（六）致使被害人重伤、死亡或者造成其他严重后果的。

与强奸罪相近的犯罪还有强制猥亵罪。我国《刑法》规定，以暴力、胁迫或者其他方法强制猥亵他人或者侮辱妇女的，处五年以下有期徒刑或者拘役。聚众或者在公共场所当众犯前款罪的，或者有其他恶劣情节的，处五年以上有期徒刑。[1]此罪对于犯罪对象的用词与上述强奸罪不同，使用的是强制猥亵“他人”。“他人”的解释可以包括男性、女性、变性人等人类，故该罪的犯罪对象包括男性。

“强制猥亵”需要进一步解释，“强制”是指违背他人意志采用暴力、胁迫或者其他方式。暴力是指对犯罪对象施加物理强制如殴打、捆绑等使其不能反抗；胁迫是指采用威胁恐吓等非暴力手段进行精神强制使对方不敢反抗，如揭发隐私、暴力威胁、利用收养关系、职务权力、师生关系等造成犯罪对象孤立无援或产生畏惧心理而不敢反抗；其他手段如欺骗、利用封建迷信、灌酒、麻醉等。

所谓猥亵，是指以刺激或满足性欲为目的实施的淫秽行为。猥亵既可以发生在异性之间（包括女对男），也可以发生于同性之间，具体行为包括抠摸、搂抱、亲吻等。

本案中，如果查证属实，梁某确有利用其老师身份，诱骗男学生前往其住所或者酒店，利用其影响力，并使用暴力手段强行对学生进行抠摸、搂抱、亲吻等行为，符合强制猥亵罪的构成要件，可以认定为强制猥亵罪。



## 多次猥亵他人如何定罪处罚

由于本案时间跨度长，受害人多，可能涉及连续犯、刑法的时间效力等问题。

所谓连续犯，是指基于一个犯罪故意连续实施数个性质相同的行为，触犯

---

1 《中华人民共和国刑法》第二百三十七条　以暴力、胁迫或者其他方法强制猥亵他人或者侮辱妇女的，处五年以下有期徒刑或者拘役。

聚众或者在公共场所当众犯前款罪的，或者有其他恶劣情节的，处五年以上有期徒刑。

猥亵儿童的，处五年以下有期徒刑；有下列情形之一的，处五年以上有期徒刑：

（一）猥亵儿童多人或者多次的；

（二）聚众猥亵儿童的，或者在公共场所当众猥亵儿童，情节恶劣的；

（三）造成儿童伤害或者其他严重后果的；

（四）猥亵手段恶劣或者有其他恶劣情节的。

同一罪名的情况。要求时间上数行为具有连续性，通说观点认为，对于连续财产犯罪应当以一罪论处，对于连续侵犯人身的犯罪，应当数罪并罚。

2010 年至 2018 年，我国对于《刑法》第二百三十七条修改过一次。《刑法修正案（九）》之前的第二百三十七条规定的犯罪对象仅包括女性和男性儿童（不满 14 周岁）。[1]2015 年，《刑法修正案（九）》实施后，第二百三十七条将“强制猥亵妇女”改为“强制猥亵他人”，因而包括了所有男性。[2]

据报道，梁某强制猥亵他人的行为从 2010 年开始，最近一次强制猥亵男同学是在 2018 年，共 12 人（也有说是 20 人的）。所以梁某 2015 年 11 月 1 日之前的行为，如果猥亵的对象均满 14 周岁则不构成猥亵儿童罪，也不构成强制猥亵罪；如果其猥亵对象不满 14 周岁则构成猥亵儿童罪。对于 2015 年 11 月 1 日之后的行为可以认定为强制猥亵罪或者猥亵儿童罪。因为其行为侵犯他人人身法益，应当数罪并罚。

无论女孩还是男孩在学校都应当保护好自己。教师群体值得人们尊敬，但我们也应当提高辨别能力，对那些心理阴暗的人说不，对性骚扰说不。为人师表的老师应恪守职业道德，更不能触犯法律。



## 延伸阅读

### 1. 被告人潘某峰强制猥亵案 / 最高人民法院发布六起依法惩治侵害未成年人犯罪典型案例之五

**裁判要旨：**

本案是一起男教师强制猥亵未成年男学生的典型案例。未成年人身心

1 《中华人民共和国刑法》（2011 年修正后至 2015 年修正前）
第二百三十七条　以暴力、胁迫或者其他方法强制猥亵妇女或者侮辱妇女的，处五年以下有期徒刑或者拘役。
聚众或者在公共场所当众犯前款罪的，处五年以上有期徒刑。
猥亵儿童的，依照前两款的规定从重处罚。

2 《中华人民共和国刑法修正案（九）》（2015）
十三、将刑法第二百三十七条修改为：“以暴力、胁迫或者其他方法强制猥亵他人或者侮辱妇女的，处五年以下有期徒刑或者拘役。
“聚众或者在公共场所当众犯前款罪的，或者有其他恶劣情节的，处五年以上有期徒刑。
“猥亵儿童的，依照前两款的规定从重处罚。”

发育尚不成熟，缺乏自我保护意识和能力，容易受到性侵害。多年来，我国刑法一直注重对妇女、儿童性权利的保障，但对14岁以上男性未成年人性权利的保障有所忽略。同时，整个社会对男性未成年人预防性侵害的教育也相对缺乏。家长和学校的忽视，容易使男性未成年人欠缺自我性保护的意识，也使得性侵男性未成年人的犯罪不容易被发现。2015年11月1日施行的《刑法修正案（九）》第十三条，将《刑法》原第二百三十七条关于强制猥亵、侮辱妇女罪的相关规定修改为："以暴力、胁迫或者其他方法强制猥亵他人或者侮辱妇女的，处五年以下有期徒刑或者拘役。"扩大了强制猥亵的犯罪对象，将男性成年人及未成年人均涵盖在内。这意味着，凡是违背他人意志，实施强制猥亵行为的，不论猥亵的对象是女性还是男性，不论是未成年人还是成年人，均构成犯罪。

**2. 上海司法机关依法严惩王某某地铁"咸猪手"强制猥亵案 / 中华全国妇女联合会发布第三届"依法维护妇女儿童权益十大案例"之三**

**裁判要旨：**

王某某利用地铁车厢拥挤、违法行为不易被察觉的客观条件，以及被害女性当众羞于反抗的心理，先后对两名女性强行实施猥亵行为，且其中一名受害人为未成年人，其行为已达到刑法规定的强制猥亵程度，具有较大的社会危害性。法院综合考虑作案时间、地点、作案次数、持续时间、被害人未成年等因素，以强制猥亵罪准确定罪量刑，多方密切配合使得"咸猪手"终难逃刑法的恢恢之网。本案是上海市首例因公共交通性骚扰而受到刑事处罚的案件，引发社会广泛关注，改变了"咸猪手"行为最多依据治安管理处罚法予以行政拘留、得不到刑罚惩处的公众印象，展示了国家司法机关严厉打击在公共交通工具内侵害妇女权益违法犯罪行为的鲜明态度和坚定立场，起到了应有的震慑作用。

**3. 林某强制猥亵案 / 未成年人权益保护与少年司法制度创新典型案例之四**

**裁判要旨：**

被告人林某为满足性刺激而猥亵未满十八周岁未成年人，其行为已构成强制猥亵罪。被告人林某违背教师职业要求和道德，利用补课便利对未成年学生实施猥亵，可对其处以从业禁止。

第三篇

# 守法崇德，幸福之门

# 宠物盲盒致宠物死亡，何方应承担责任?

热点事件

2021年5月3日，四川成都爱心救助小动物的志愿者们发现一辆运输猫狗的车辆停留在中通快递站，现场到处都能听到小猫小狗的惨叫声。5月4日凌晨，爱心人士在宠物盲盒的发货地成都三联花鸟市场解救了上百只被邮寄的小猫小狗，其中不少已经奄奄一息。经过检验，其中相当一部分猫狗身上都携带病毒。当晚，中通快递发布通报称，涉事网点暂停揽收，相关负责人停职。5月8日晚，成都市邮政管理局正式对“宠物盲盒”涉事企业作出行政处罚：四川佳某物流有限公司（中通快递成都荷花池网点）在寄件人未提供合法安全证明的情况下，违规收寄活体动物，被处以罚款30000元（人民币，下同）；成都中竞物流有限公司（中通快递四川省管理中心）在快件安全保障方面对四川佳某物流有限公司（中通快递成都荷花池网点）未实行统一管理，被处以罚款50000元。[1] 此事一出，立马引起了网友热议，在这场生命交易的悲剧中，究竟是谁的责任?

## 涉事商家是否违法?

商家利用买家心理，抱着漠视生命的态度，做着对生命随意践踏的举动，赚着昧良心的钱，受到广大网友的谴责。但是目前，我国只有涉及野生动物保护的相关法律，没有关于虐待宠物的相关法律出台，所以现阶段对于动物的伤害仅能以损害的财产价值来衡量。宠物只能被当作“物”和“财产”进行保护。

1　参见《央视批“宠物盲盒”兴起：这是人性的背离，也是娱乐的异化》，载光明网，最后访问时间2022年6月19日。

如果被害动物的市场价格达到法定的程度，公安机关可以对虐杀动物者轻则予以治安处罚，重则以故意毁坏财物罪立案追诉。但是本案中涉事商家贩卖自己饲养的动物，且没有故意虐杀的行为，很难以故意毁坏财物罪对其处罚。

不过，大多售卖“宠物盲盒”商家利用信息不对称随机发货，导致出现暗箱操作“货不对版”。由于宠物盲盒与普通商品盲盒不同，通常无法完全包装，商家对于盲盒内容是可以轻易辨别的，盲盒不具有真正的随机性。如果商家故意告知买家虚假情况，或者故意隐瞒真实情况，诱使买家作出错误意思表示的，可以认定为欺诈行为。如果存在欺诈行为，买家可以依据《消费者权益保护法》第五十五条寻求保护，卖家应负有一定的赔偿责任。[1] 此外，本案中，商家与买家之间属于买卖关系。即使是盲盒，依据《民法典》第六百一十五条的规定，商家也应该保证交付健康的宠物。[2] 如果买家收到后发现宠物有健康问题，可以依据《民法典》第五百八十二条的规定，要求商家承担违约责任。[3] 而且，在网络上低价出售活体盲盒标价两位数或个位数，但实际上通过各种方式加价的，还可能存在《反不正当竞争法》中的虚假宣传行为。[4]



## 快递公司是否违法?

《邮政法实施细则》第三十三条就规定禁止寄递或者在邮件内夹带各种活的

---

1 《中华人民共和国消费者权益保护法》第五十五条　经营者提供商品或者服务有欺诈行为的，应当按照消费者的要求增加赔偿其受到的损失，增加赔偿的金额为消费者购买商品的价款或者接受服务的费用的三倍；增加赔偿的金额不足五百元的，为五百元。法律另有规定的，依照其规定。

经营者明知商品或者服务存在缺陷，仍然向消费者提供，造成消费者或者其他受害人死亡或者健康严重损害的，受害人有权要求经营者依照本法第四十九条、第五十一条等法律规定赔偿损失，并有权要求所受损失二倍以下的惩罚性赔偿。

2 《中华人民共和国民法典》第六百一十五条　出卖人应当按照约定的质量要求交付标的物。出卖人提供有关标的物质量说明的，交付的标的物应当符合该说明的质量要求。

3 《中华人民共和国民法典》第五百八十二条　履行不符合约定的，应当按照当事人的约定承担违约责任。对违约责任没有约定或者约定不明确，依据本法第五百一十条的规定仍不能确定的，受损害方根据标的的性质以及损失的大小，可以合理选择请求对方承担修理、重作、更换、退货、减少价款或者报酬等违约责任。

4 《中华人民共和国反不正当竞争法》第二十条　经营者违反本法第八条规定对其商品作虚假或者引人误解的商业宣传，或者通过组织虚假交易等方式帮助其他经营者进行虚假或者引人误解的商业宣传的，由监督检查部门责令停止违法行为，处二十万元以上一百万元以下的罚款；情节严重的，处一百万元以上二百万元以下的罚款，可以吊销营业执照。

经营者违反本法第八条规定，属于发布虚假广告的，依照《中华人民共和国广告法》的规定处罚。

动物。[1] 新修订的《动物防疫法》第五十二条第一款也规定，经航空、铁路、道路、水路运输动物和动物产品的，托运人托运时应当提供检疫证明；没有检疫证明的，承运人不得承运。[2] 如果想要寄送活体动物，可以选择物流或者专门的宠物托运公司。本案中的快递公司显然没有运输活体动物的资质，而且被托运的活体动物也并没有合格的卫生检疫证明。综上所述，本案中的快递公司具有违法行为。

针对本次事件，成都市邮政管理局正式对"宠物盲盒"的涉事企业作出行政处罚：四川佳某物流有限公司（中通快递成都荷花池网点）在寄件人未提供合法安全证明的情况下，违规收寄活体动物，被处以罚款 30000 元；成都中某物流有限公司（中通快递四川省管理中心）在快件安全保障方面对四川佳某物流有限公司（中通快递成都荷花池网点）未实行统一管理，被处以罚款 50000 元。

用盲盒装动物，将一些人的快乐建立在动物的痛苦甚至失去生命的基础上，是娱乐的异化，也是对人性的背离。被玩坏的"宠物盲盒"背后，是人们在猎奇心理下对生命的漠然。没有买卖，便没有伤害，有关部门应该追究无良商家的法律责任，规范快递行业的行为。同时，对于买家来说，更应该懂得宠物不是玩具，购买宠物不应是一时兴起的冲动，而是深思熟虑的选择。



---

1 《中华人民共和国邮政法实施细则》第三十三条　禁止寄递或者在邮件内夹带下列物品：
（一）法律规定禁止流通或者寄递的物品；
（二）反动报刊书籍、宣传品或者淫秽物品；
（三）爆炸性、易燃性、腐蚀性、放射性、毒性等危险物品；
（四）妨害公共卫生的物品；
（五）容易腐烂的物品；
（六）各种活的动物；
（七）各种货币；
（八）不适合邮寄条件的物品；
（九）包装不妥，可能危害人身安全、污染或者损毁其他邮件、设备的物品。
前款物品，符合邮电部特准交寄规定并确保安全的，可以收寄。

2 《中华人民共和国动物防疫法》第五十二条第一款　经航空、铁路、道路、水路运输动物和动物产品的，托运人托运时应当提供检疫证明；没有检疫证明的，承运人不得承运。

## 延伸阅读

1. 黎某鑫、东莞市第一市区人民检察院非法收购、运输、出售珍贵、濒危野生动物、珍贵、濒危野生动物制品罪一案刑事一审判决书 /（2021）粤1971 刑初 1873 号

**裁判要旨：**

本院认为，被告人非法收购国家重点保护的珍贵、濒危野生动物，破坏野生动物野外种群资源，危害生态环境，损害社会公共利益，违反国家规定，非法收购珍贵、濒危野生动物，其行为已构成非法收购珍贵、濒危野生动物罪，依法应予惩处。

2. 雒某磊、合肥惟某宠物有限公司网络购物合同纠纷二审民事判决书 /（2020）鲁 02 民终 11510 号

**裁判要旨：**

本院认为，本案是网络购物合同纠纷。雒某磊通过与惟某宠物专营店客服聊天及视频，确认购买的为红色飞耳小体泰迪狗，雒某磊收到的泰迪狗与双方约定的泰迪狗有明显区别，合肥惟某宠物有限公司也未举证证明其出售泰迪犬与约定的为同一泰迪犬，可以认定合肥惟某宠物有限公司具有欺诈行为。合肥惟某宠物有限公司不同意退货，雒某磊自愿饲养该泰迪狗。现雒某磊要求合肥惟某宠物有限公司赔偿二倍价款 14000 元，符合法律规定，本院予以支持。

3. 刘某萌与保定白沟新某宠茹宠物店网络购物合同纠纷一审民事判决书 /（2020）冀 0684 民初 855 号

**裁判要旨：**

本院认为，原告刘某萌与被告保定白沟新某宠茹宠物店买卖关系成立，原告已向被告支付宠物狗价款，被告理应向原告交付质量无瑕疵的健康宠物狗。但原告在收到宠物狗不久，便检查出宠物狗患有犬冠状病毒且不治身亡，故本院认定被告向原告出售的宠物狗并不符合质量要求，应承担因此给原告造成的各项损失。

# 因卖减肥糖又被抓，勿挣黑心钱！

热点事件

2021年3月，网络名人郭某美因涉嫌生产有毒、有害食品罪被逮捕。经调查，从2021年1月起，郭某美经人介绍开始通过微信、微博发布广告，销售某减肥糖。其上游还有生产商曾某、第一层代理商周某、第二层代理商赵某。郭某美作为第三层代理商，减肥糖每盒售卖699元，共销售100余盒，收款人民币7万余元。有关部门从该减肥糖中检测出国家明令禁止添加的成分。另据媒体报道，郭某美此前在网络上炫富，后因开设赌场罪获刑，于2019年刑满释放。[1]



## 郭某美因何犯罪?

《刑法》规定了生产、销售有毒、有害食品罪。具体表现为在食品加工、销售、运输、贮存等过程中，添加、掺入有毒、有害等非食品原料或者使用有毒、有害等非食品原料加工食品等。[2]

**保健品属于食品，其全称是保健食品。**[3] 在保健食品中非法添加国家禁用药物等有毒、有害物质的行为，可以被认定构成生产、销售有毒、有害食品罪。[4] 构成本罪，主观方面要求行为人对于食品中包含有毒有害物质的状况明知（掺

1 参见《郭美美受审，细节披露！》，载澎湃号，最后访问时间2022年6月19日。

2《中华人民共和国刑法》第一百四十四条 在生产、销售的食品中掺入有毒、有害的非食品原料的，或者销售明知掺有有毒、有害的非食品原料的食品的，处五年以下有期徒刑，并处罚金；对人体健康造成严重危害或者有其他严重情节的，处五年以上十年以下有期徒刑，并处罚金；致人死亡或者有其他特别严重情节的，依照本法第一百四十一条的规定处罚。

3《保健（功能）食品通用标准》GB16740—1997 第3.1条 保健（功能）食品 health (functional) foods 保健（功能）食品是食品的一个种类，具有一般食品的共性，能调节人体的机能，适于特定人群食用，但不以治疗疾病为目的。

4 参考指导案例70号：北京阳光一某生物技术开发有限公司、习某有等生产、销售有毒、有害食品案（最高人民法院审判委员会讨论通过2016年12月28日发布）。

入是亲自为之当然也是明知）。**此处“明知”的认定直接关乎经销商是否构成该罪**。明知不要求行为人知晓特定的有毒有害成分，而是明知存在有毒有害成分仍销售即可。如何推定行为人明知则需要综合考虑以下因素：

1. 销售者的从业经历、专业背景、社会认知能力等个人特征。

2. 上下游进货的转手次数。

3. 副作用的反馈，如果有客户反馈有副作用仍继续销售的，增加推定其明知的可能性。

4. 其他情形。

特别应当注意的是，不能仅因缺少《保健食品批准证书》销售保健品构成行政违法而推定行为人明知或者具有间接故意，而应当综合上述条件进行判断。[1]

本案中，检测结果显示减肥糖确实存在禁用药品成分。但通过细节我们发现，从生产商曾某到经销商郭某美的销售链条较长，且郭某美属于初入保健品销售领域。如果减肥糖的各种包装上没有写明含有西布曲明成分、且上游提供了检测报告合格的文件，其上游赵某提供的成本价格与其他合法保健品价格相似的情况下，综合多方因素无法认定郭某美明知其销售的减肥糖是有毒有害食品，根据主客观相一致的原则，郭某美不存在犯罪故意则其行为不构成犯罪。但是如果根据证据综合上述因素综合考虑能够认定郭某美存在故意的，则认定其构成生产、销售有毒、有害食品罪，她将会面临五年以下有期徒刑，并处罚金；如果对人体健康造成严重危害甚至死亡的，最高量刑可至死刑。



## 郭某美的民事法律责任

为保护消费者权益，《食品安全法》规定，生产者和经营者对于消费者因不符合食品安全标准的食品受到损害主张赔偿的，实行首负责任制，即无论是

1　参见田某林生产、销售有毒、有害食品罪再审刑事判决书 /（2019）冀 0321 刑再 2 号。

生产者还是经营者，先接到消费者主张赔偿的，应当先行赔付，不得推诿，赔付后有权向有责任的一方追偿。对于赔偿金额，除要求赔偿损失外，消费者还可以向经营者要求**支付价款十倍或者损失三倍的赔偿金**。[1]《最高人民法院关于审理食品安全民事纠纷案件适用法律若干问题的解释（一）》第十条规定，食品不符合食品安全标准，消费者主张生产者或者经营者依据食品安全法第一百四十八条第二款规定承担惩罚性赔偿责任，生产者或者经营者以未造成消费者人身损害为由抗辩的，人民法院不予支持。[2]

本案中的减肥糖添加了国家明令禁止作为食品添加剂的某种成分，不符合食品安全标准。郭某美作为经销商属于《食品安全法》规定的经营者，消费者如果向其索赔，即便责任可能在生产者方，郭某美也应当先行支付赔偿金。若自身没有责任，赔偿后可以向生产者进行追偿。对于赔偿金额，每盒减肥糖价格为 699 元，按照支付价款十倍计算，消费者每盒可以主张赔偿 6990 元，其总共销售减肥糖 100 余盒，仅就十倍赔偿金额计算总赔偿金额至少 699000 元。并且根据上述司法解释，食品不符合安全标准就视为对消费者造成了人身损害，郭某美不能以没有实际造成消费者损害作为抗辩理由而免责。

食品销售有风险，销售者需要自行或者委托专业人士评估食品成分。毕竟食品要入他人之口，食以安为先，该有的社会责任还是要承担的，不能因为利益而丧失基本的良心。



1 《中华人民共和国食品安全法》第一百四十八条　消费者因不符合食品安全标准的食品受到损害的，可以向经营者要求赔偿损失，也可以向生产者要求赔偿损失。接到消费者赔偿要求的生产经营者，应当实行首负责任制，先行赔付，不得推诿；属于生产者责任的，经营者赔偿后有权向生产者追偿；属于经营者责任的，生产者赔偿后有权向经营者追偿。

生产不符合食品安全标准的食品或者经营明知是不符合食品安全标准的食品，消费者除要求赔偿损失外，还可以向生产者或者经营者要求支付价款十倍或者损失三倍的赔偿金；增加赔偿的金额不足一千元的，为一千元。但是，食品的标签、说明书存在不影响食品安全且不会对消费者造成误导的瑕疵的除外。

2 《最高人民法院关于审理食品安全民事纠纷案件适用法律若干问题的解释（一）》第十条　食品不符合食品安全标准，消费者主张生产者或者经营者依据食品安全法第一白四十八条第二款规定承担惩罚性赔偿责任，生产者或者经营者以未造成消费者人身损害为由抗辩的，人民法院不予支持。

## 延伸阅读

1. 田某林生产、销售有毒、有害食品罪再审刑事判决书［（2019）冀0321刑再2号］

**裁判要旨：**

公诉机关起诉书中认可原审被告人田某林未确定购买的保健品食品是否为掺有有毒、有害原料的食品而予以销售，仅凭原审被告人田某林在购买涉案保健品食品时未向销售方获取《保健食品批准证书》复印件和产品检验合格证，来认定其明知食品中含有有毒、有害成分，理据不足，本院不予采纳。

2. 北京阳光一某生物技术开发有限公司、习某有等生产、销售有毒、有害食品案/指导案例70号

**裁判要旨：**

行为人在食品生产经营中添加的虽然不是国务院有关部门公布的《食品中可能违法添加的非食用物质名单》和《保健食品中可能非法添加的物质名单》中的物质，但如果该物质与上述名单中所列物质具有同等属性，并且根据检验报告和专家意见等相关材料能够确定该物质对人体具有同等危害的，应当认定为《中华人民共和国刑法》第一百四十四条规定的“有毒、有害的非食品原料”。

3. 深圳市某大型连锁餐饮服务有限公司销售有毒有害食品案/广东省检察机关维护食品药品安全消费公益诉讼典型案例之五

**裁判要旨：**

在贝类等海鲜养殖水中添加氯霉素等有毒有害物质的现象较为普遍，严重危害人民群众的食品安全。检察机关支持消费者委员会对该类案件提起公益诉讼，督促餐饮企业履行食品安全的法定义务。深圳市某餐饮服务有限公司除在主流报刊上刊登公开道歉声明外，还需承担十倍的惩罚性赔偿，加大违法成本。

# 销售“毒”咖啡，商家应自危

热点事件

2020年8月，株洲29岁男子李某在网上购买了一些“保健咖啡粉”，共消费5120元。李某收到该咖啡饮用后，感到身体不适，遂将咖啡送往检验公司进行检测，发现咖啡中西地那非（俗名“伟哥”）含量高达6.90×103mg/kg。因此，李某向法院起诉，要求商家退还货款，支付检验费用，并按所购买咖啡的十倍价格进行赔偿。[1]

## 咖啡里含有西地那非可能负刑事责任



《食品安全法》第三十四条规定，禁止用非食品原料生产的食品或者添加食品添加剂以外的化学物质和其他可能危害人体健康物质的食品，或者用回收食品作为原料生产的食品。[2] 本案中，商家销售的咖啡里含有西地那非，属于《国家食品药品监督管理局办公室关于发布保健食品中可能非法添加的物质名单（第一批）》中声称缓解体力疲劳功能的产品，此类产品不得作为普通食品原料使用，不符合食品安全标准。如果同时侵犯了公民的生命权、健康权，足以造成严重食物中毒事故或者其他严重食源性疾患，严重危害人体健康的，其生产者和销售者可能会构成《刑法》第一百四十三条规定的生产、销售不符合安全标准的食品罪。[3]

---

1　案例来源：李某乐与湖南御某商贸有限公司、昆明宗某创亿进出口有限公司产品责任纠纷一审民事判决书 /（2020）湘0203民初5927号。

2《中华人民共和国食品安全法》第三十四条第一项　禁止生产经营下列食品、食品添加剂、食品相关产品：（一）用非食品原料生产的食品或者添加食品添加剂以外的化学物质和其他可能危害人体健康物质的食品，或者用回收食品作为原料生产的食品。

3《中华人民共和国刑法》第一百四十三条　生产、销售不符合食品安全标准的食品，足以造成严重食物中毒事故或者其他严重食源性疾病的，处三年以下有期徒刑或者拘役，并处罚金；对人体健康造成严重危害或者有其他严重情节的，处三年以上七年以下有期徒刑，并处罚金；后果特别严重的，处七年以上有期徒刑或者无期徒刑，并处罚金或者没收财产。

## 消费者是否能请求十倍赔偿?

根据《食品安全法》第一百四十八条规定，消费者因不符合食品安全标准的食品受到损害的，可以向经营者要求赔偿损失，也可以向生产者要求赔偿损失。[1]生产不符合食品安全标准的食品或者经营明知是不符合食品安全标准的食品，消费者除要求赔偿损失外，还可以向生产者或者经营者要求支付价款十倍或者损失三倍的赔偿金；增加赔偿的金额不足1000元的，为1000元。此举也就是我们所俗称的“退一赔十”。

“退一赔十”适用的主体包括生产者和经营者，但两个主体承担责任的前提条件并不相同。生产者生产不符合食品安全标准的产品自然要承担相应的责任，而经营者承担惩罚性赔偿责任则以其“明知是不符合食品安全标准的食品仍然经营”为要件。对于“明知”的认定，可以根据《最高人民法院关于审理食品安全民事纠纷案件适用法律若干问题的解释（一）》第六条规定进行判断。[2]本案中，含有西地那非的咖啡属于不符合食品安全标准的食品。如果消费者购买了此类产品，可以依据《食品安全法》第一百四十八条规定，要求生产者或者经营者赔付商品的十倍价款。



1《中华人民共和国食品安全法》第一百四十八条　消费者因不符合食品安全标准的食品受到损害的，可以向经营者要求赔偿损失，也可以向生产者要求赔偿损失。接到消费者赔偿要求的生产经营者，应当实行首负责任制，先行赔付，不得推诿；属于生产者责任的，经营者赔偿后有权向生产者追偿；属于经营者责任的，生产者赔偿后有权向经营者追偿。

生产不符合食品安全标准的食品或者经营明知是不符合食品安全标准的食品，消费者除要求赔偿损失外，还可以向生产者或者经营者要求支付价款十倍或者损失三倍的赔偿金；增加赔偿的金额不足一千元的，为一千元。但是，食品的标签、说明书存在不影响食品安全且不会对消费者造成误导的瑕疵的除外。

2《最高人民法院关于审理食品安全民事纠纷案件适用法律若干问题的解释（一）》第六条　食品经营者具有下列情形之一，消费者主张构成食品安全法第一百四十八条规定的“明知”的，人民法院应予支持：

（一）已过食品标明的保质期但仍然销售的；

（二）未能提供所售食品的合法进货来源的；

（三）以明显不合理的低价进货且无合理原因的；

（四）未依法履行进货查验义务的；

（五）虚假标注、更改食品生产日期、批号的；

（六）转移、隐匿、非法销毁食品进销货记录或者故意提供虚假信息的；

（七）其他能够认定为明知的情形。

除了本案中所适用的“退一赔十”，在法律上还规定了“双倍赔偿”“退一赔三”等惩罚性赔偿。这些规定一方面惩戒制裁了生产者、经营者的不法行为，对生产者、经营者起到了威慑和警示作用；另一方面此类惩罚性赔偿更有力地保护了消费者的合法权益。所以，生产者和经营者应该增强合法生产经营的意识，消费者也应学会如何维护自己的合法权益。此外还需提醒大家，遇到可疑的食品、保健品，要主动向执法机关举报，铲除这些有毒有害的食品，保护舌尖上的安全。

## 延伸阅读

1. 刘某才生产、销售有毒、有害食品一审刑事判决书 /（2021）黔 2728 刑初 24 号

**裁判要旨：**

本院认为，被告人刘某才用罂粟干果熬汤与粉一起售卖给消费者的行为构成生产、销售有毒、有害食品罪，应予依法惩处。

2. 崔某与重庆润某商贸有限公司、重庆魏某鲜商贸有限公司产品责任纠纷一审民事判决书 /（2021）渝 0112 民初 1077 号

**裁判要旨：**

本院认为，被告润某商贸主张案涉产品为散装食品，但未提供相应的证据证明。该产品包装标签上未标明该生产者名称、地址等信息。润某商贸作为产品销售者，也未能举证证明案涉产品的生产者名称、地址、生产日期等基本信息，无法证明案涉产品系合格产品，未尽到必要的审查义务，应认定其明知案涉产品不符合食品安全标准却仍然销售。

3. 张某与新乡市迎某商贸有限公司买卖合同纠纷一审民事判决书 /（2020）豫 0727 民初 3385 号

**裁判要旨：**

本院认为，案涉产品系进口润喉糖，属于食品，应符合我国食品安全

法法律规定。但由于案涉产品外包装未标识中文标签，不符合食品安全要求，致使合同目的不能实现，原告要求退货退款，被告当庭表示同意，故对于原告要求退款 1395.3 元的诉请，本院予以支持。

# 舔鸡屎的玩笑话当了真，说好的 1 万元呢？

热点事件

潘某经营一个用于垂钓的鱼塘。一天傍晚，他叫工人挑了一担鸡粪去鱼塘附近的菜园施肥。正在垂钓的顾客郭某看到之后说："你弄这么多鸡粪来干吗，臭得要死。"潘某随口应了一句："我家鸡粪都是香的，舔都可以的。""你要敢舔，我就给你 1 万元。""当真？""当真，你要敢舔，我就敢给！"不料，潘某真的俯下身舔了鸡粪。郭某当场反悔，不肯拿钱。双方为此争吵不休，怒不可遏的潘某觉得自己的人格受到侮辱，就打了郭某几拳，逼着郭某兑现承诺，最后郭某报警。在民警的调解下，两人握手言和，郭某兑现了部分承诺，潘某也赔偿了郭某的医药费。[1]



## 潘某与郭某之间的合同是否成立？郭某是否要受合同的约束？

合同成立是指各方当事人意思表示达成了一致。法律上的意思表示，既包括表示行为，又包括内在意思。内在意思又包括行为意思、表示意思和效果意思三个层面：行为意思是指行为人通过语言、动作等行为表达出来的想法；表示意思是指行为人作出行为时内心的想法；效果意思是指行为人愿意受自己意思表示拘束的意思。《最高人民法院关于适用〈中华人民共和国合同法〉若干问题的解释（二）》第一条第一款规定，当事人对合同是否成立存在争议，人民法院能够确定当事人名称或者姓名、标的和数量的，一般应当认定合同成立。虽然由于《民法典》的出台，该解释已失效，但我们仍能从该条文中领会到司法层

1　参见《舔口鸡粪给 1 万？男子舔完对方不给钱闹到派出所》载搜狐新闻，最后访问时间 2022 年 6 月 19 日。
本案例系真实案例改编。真实案例发生在 2017 年，但相关话题在近一段时间又引起人们的关注，故改编此案例作为新法分析的素材。

面认定合同是否成立的倾向。为了鼓励交易，保护善意的交易相对人，只要不是行为人在缺乏认知或控制能力的情况下作出了欠缺行为意思的意思表示，并且合同外观上具备基本的要素，人民法院一般会认定合同成立。至于表示意思、效果意思与行为意思不一致时，则受到合同无效、可撤销等相关法律规范的调整。本案中郭某用语言表明只要潘某舔鸡屎，他就给潘某 1 万元，潘某接受了该提议。要约和承诺的内容具体确定，二人之间的合同成立。那郭某是否要受到合同的约束呢？

从郭某的角度看，他内心的意思应该不是真的想让潘某舔鸡屎并给潘某 1 万元，而是开个玩笑；他也有理由期待潘某明白他在开玩笑。出于玩笑、炫耀等动机作出与真实意思表示不符的行为，并且一般理性人能够认识到行为人行为背后的动机。这种情况下，行为人的行为属于“戏谑行为”。解释表示意思和效果意思要站在客观相对人的视角。从一般人的角度看，恐怕很难认同“舔鸡屎给 1 万元”这样的表述是行为人真心作出的，愿意受其约束的意思表示。因此，郭某让潘某舔鸡屎并给 1 万元属于戏谑行为，不具有法律效力。所以郭某并不受合同的约束，不需要给付潘某 1 万元。



## 潘某“维权”的方式是否可取？

即使潘某和郭某之间存在成立且生效的合同，潘某有权要求郭某履行合同约定的义务，潘某实现自己权利的手段也是不可取的。《民法典》第一千一百七十七条第一款规定，合法权益受到侵害，情况紧迫且不能及时获得国家机关保护，不立即采取措施将使其合法权益受到难以弥补的损害的，受害人可以在保护自己合法权益的必要范围内采取扣留侵权人的财物等合理措施；但是，应当立即请求有关国家机关处理。潘某和郭某之间是合同纠纷，不满足情况紧迫的情况。潘某完全可以要求郭某履行合同义务，当郭某不履行时，潘某可以通过仲裁或者起诉等途径维护自己的合法权益。而潘某动手打人，不但无法维护自己的权益，反而会因侵害别人合法权益付出相应的代价。

言必信，行必果。开玩笑要适度，这是对他人的尊重，也是对自己的尊重。对人对事，要保持理性的态度，没有必要为一点利益得失不惜贬损自己的人格甚至恼羞成怒、大打出手。

## 延伸阅读

1. 刘某进、孟某珍民间借贷纠纷民事一审民事判决书 / （2021）陕 1026 民初 673 号

**裁判要旨：**

该笔借款因被告刘某进与原告孟某珍打赌解决其子贷款买车的事情已抵销，原、被告之间打赌属于戏谑行为，无法律效力，对被告刘某进依此来抵销该笔债务的观点本院不予采信。

2. 李某星、席某良民间借贷纠纷二审民事判决书 / （2020）冀 09 民终 1477 号

**裁判要旨：**

该协议的债务受让人李某站，本身是该转让债务的保证担保债务人，其本身对该债务负有清偿责任，若再将该笔债务转移给保证人李某站，没有任何经济价值和社会价值，对于各方当事人而言，尤其是对原告以及被告李某站而言，该行为不符合生活逻辑，也有违公序良俗，类似于社会生活中的戏谑行为，不产生任何民法上的法律效力。

3. 李某等与济南虎某机械设备有限公司等民间借贷纠纷二审民事判决书 / （2019）鲁 01 民终 8283 号

张某海作为完全民事行为能力人，其应当明确签署借条的法律后果，其主张之戏谑行为不足以对借贷行为未发生但却出具借条的情况做出合理说明，也即被告并未对借贷行为未实际发生做出合理说明；另，原告称该借条系其用三张借条向张某海换的，即张某海收回原告三笔借款借条后汇总本息向李某出具该借条。结合原、被告多次借贷的案件事实和证人证言等，本院认为，原告主张的事实可以采信。故对被告该质疑，本院不予采纳。

# 偷拍女生竟成“艺术”，艺术家该承担什么责任？

热点事件

近日，OCAT 上海馆展出了艺术家宋某于 2013 年拍摄的影像作品《校花》。该作品由宋某偷拍的近 5000 名女生的照片组成，这些照片被宋某按个人审美喜好，从美到丑进行排序。此事在网络引发巨大争议后，OCAT 上海馆即刻将《校花》撤出展览，闭馆调整。[1]

## 艺术家宋某应承担何种责任？



宋某以偷录的方式进行拍摄，并且未经他人允许就将他人的照片用于展览。他的行为已经违反了我国《民法典》第一千零一十九条之规定，侵犯了这些女生的肖像权。[2]

肖像，是指通过影像、雕塑、绘画等方式在一定载体上反映的特定自然人可以**被识别的外部形象**。我国《民法典》第一千零一十八条在现有法律法规的基础上，对肖像及肖像权的内容进行了新的定义和规定。[3] 此次修改与之前相比最主要的几个变化在于：首先，侵犯肖像权不再要求以营利为目的；其次，由于肖像可被外界识别的属性，简单打码使当事人**依旧能被识别**仍然会侵害肖像权；最后，事后取得肖像权人许可也会被认定为侵害肖像权。作出这些改变的原因在于，随着社交软件和自媒体的迅速发展，获取和发布他人的肖像变得非常容

1　参见《“偷拍”5000 个女生长相还排名！上海一艺术馆展品《校花》引众怒 承诺撤展！》，载中国网浪潮新闻，最后访问时间 2022 年 6 月 19 日。

2 《中华人民共和国民法典》第一千零一十九条　任何组织或者个人不得以丑化、污损，或者利用信息技术手段伪造等方式侵害他人的肖像权。未经肖像权人同意，不得制作、使用、公开肖像权人的肖像，但是法律另有规定的除外。

未经肖像权人同意，肖像作品权利人不得以发表、复制、发行、出租、展览等方式使用或者公开肖像权人的肖像。

3 《中华人民共和国民法典》第一千零一十八条　自然人享有肖像权，有权依法制作、使用、公开或者许可他人使用自己的肖像。

肖像是通过影像、雕塑、绘画等方式在一定载体上所反映的特定自然人可以被识别的外部形象。

## 评分标准

选A得0分，选B得5分，选C得10分

**总分80分-100分**

**恭喜你!**

你的法商很高，能够有章有法地解决自己的问题。

**总分60分-80分**

**温馨提醒!**

你的法商有待提高，尽管退一步海阔天空是一种处事方式，但是这样做往往会损害自己的权益。属于自己的权益不宜总是轻易放弃。

**总分60分以下**

**加油!**

你的法商有点令人担忧，你也许很重视自己的权益，但是一定要有规则意识和风险意识。如果盲目争取自己的权益，可能会带来更多纠纷。

# 法商测试卡

智商、情商、财商……我们都不陌生。而“法商”，却常常被忽略。
法商是有较强规则意识，合法处理问题、解决矛盾的能力。
提升法商，遇事不慌。来测一测你的法商吧！

**1 太倒霉了，超市买到了过期饮料，我要咋办啊？**

☐ A 忍不了这口气，现在就把饮料倒在柜台上
☐ B 记住这家超市的名称，下次不在他家买东西了
☐ C 和超市协商换一瓶，不行就向消协投诉

**2 二房东跑路了，大房东赶我走，我该怎么办？**

☐ A 我付租金租的房子，就是不搬
☐ B 自认倒霉，再找新房子搬走呗
☐ C 先和大房东协商，不行再寻求警方帮助

**3 中介欺骗我买了凶宅，我不敢住，我该怎么办？**

☐ A 转手卖了吧，住着太晦气
☐ B 重新装修一下，改改原有的布局之后搬进去
☐ C 投诉中介，要求中介赔偿

**4 老公和第三者生了一个孩子，他要付抚养费吗？**

☐ A 凭什么付?！孩子又不是我们家的
☐ B 孩子无辜，老公没钱，我得帮他支付
☐ C 他用个人财产支付，我考虑和他离婚

**5 停车场拒收现金，没带手机不让走，该怎么办？**

☐ A 不付了，趁人不备开出去
☐ B 先把车停这里，等拿来手机交费后再取车
☐ C 找他们负责人沟通，还不行就找警察帮助

**6 朋友让我用自己的个人信息去银行帮他开户办网银，给我1000元，该怎么办？**

☐ A 中间商赚差价，花500元找别人办卡开网银给他用
☐ B 告诉他不要钱，朋友的事就是自己的事，帮他办理
☐ C 这不合法，找个理由婉拒，于人于己都好

**7 欠我钱的人意外去世了，我可以向他儿子讨债吗？**

☐ A 当然可以了，父债子偿，天经地义
☐ B 人死为大，自认倒霉，不要了
☐ C 要看看对方有多少遗产，能还多少还多少

**8 朋友找我借钱，我没钱，他让我找三无小公司贷款后把钱给他，我该怎么做呢？**

☐ A 什么朋友啊，这不是坑我吗？直接跟他绝交
☐ B 我跟靠谱渠道借钱后，给他周转一下。
☐ C 建议他自己直接找靠谱渠道借款。

**9 老板说不给我交社保，多给我500元怎么办？**

☐ A 好开心，又多了500元收入
☐ B 用自己的钱去把社保交了
☐ C 不交社保侵犯了我的合法权益，可以用法律手段争取

**10 我开老板的车去机场接他的路上出了车祸，该怎么办？**

☐ A 老板不会让我赔钱吧，我得赶快离职跑路
☐ B 我今年的工资全不要了，赔给老板作修理费
☐ C 拨打122，先请交警调查事故责任，再作处理

易。有些人虽然并没有以营利为目的发布肖像图，但仍会给肖像主带来很多困扰。因此即使宋某不以营利为目的公开别人的肖像，或者对照片进行了简单打码，抑或事后得到了肖像主的同意，仍然侵犯了他人的肖像权。

不仅如此，根据《民法典》第一千零三十三条的有关规定，宋某的行为还侵犯了被偷拍女生的隐私权。[1]宋某在采访时使用的侮辱性言辞中显示出了对被拍女性的极大不尊重，并且其作品按照女性容貌进行排序，物化女性，侮辱被偷拍女生的人格，涉嫌侵害她们的名誉权。《民法典》第一百七十九条规定了承担民事责任的相关内容。[2]因此，宋某应该销毁拍摄照片，并向相关女生赔礼道歉，恢复名誉。此外，如果造成相关女生严重精神损害，还需承担相应的精神损害赔偿费。

除了承担民事责任，宋某还应承担一定的行政责任。依据《治安管理处罚法》相关规定，偷窥、偷拍、窃听、散布他人隐私的，处五日以下拘留或者五百元以下罚款；情节较重的，处五日以上十日以下拘留，可以并处五百元以下罚款。[3]所以，宋某可能会被处以五日以下拘留或者五百元以下罚款。



1 《中华人民共和国民法典》第一千零三十三条　除法律另有规定或者权利人明确同意外，任何组织或者个人不得实施下列行为：
（一）以电话、短信、即时通讯工具、电子邮件、传单等方式侵扰他人的私人生活安宁；
（二）进入、拍摄、窥视他人的住宅、宾馆房间等私密空间；
（三）拍摄、窥视、窃听、公开他人的私密活动；
（四）拍摄、窥视他人身体的私密部位；
（五）处理他人的私密信息；
（六）以其他方式侵害他人的隐私权。
2 《中华人民共和国民法典》第一百七十九条　承担民事责任的方式主要有：
（一）停止侵害；
（二）排除妨碍；
（三）消除危险；
（四）返还财产；
（五）恢复原状；
（六）修理、重作、更换；
（七）继续履行；
（八）赔偿损失；
（九）支付违约金；
（十）消除影响、恢复名誉；
（十一）赔礼道歉。
法律规定惩罚性赔偿的，依照其规定。
本条规定的承担民事责任的方式，可以单独适用，也可以合并适用。
3 《中华人民共和国治安管理处罚法》第四十二条第六项　有下列行为之一的，处五日以下拘留或者五百元以下罚款；情节较重的，处五日以上十日以下拘留，可以并处五百元以下罚款：（六）偷窥、偷拍、窃听、散布他人隐私的。

## 美术馆需要承担责任吗?

此作品在网上引起争议后，美术馆立即做了情况说明，公开致歉并表示立即撤下展览、闭馆调整。根据《民法典》第一千零一十九条的规定，未经肖像权人同意，不得制作、使用、公开肖像权人的肖像，但是法律另有规定的除外。未经肖像权人同意，肖像作品权利人不得以发表、复制、发行、出租、展览等方式使用或者公开肖像权人的肖像。虽然美术馆在事情发酵之后，及时将作品下架，但其公开作品的行为，仍有可能构成对被拍女生肖像权的侵犯。那么，美术馆的行为构成对被拍女生名誉权的侵犯吗?《民法典》第一千零二十四条规定，名誉是对民事主体的品德、声望、才能、信用等的社会评价。任何组织或者个人不得以侮辱、诽谤等方式侵害他人的名誉权。当对被侵权人的社会评价造成一定影响时，才能构成名誉权的侵犯。所以，美术馆的公开行为实际上扩大了宋某的侮辱行为的影响，使其达到了影响被偷拍女生的社会评价的结果，达到了侵犯女生名誉权的标准。根据《民法典》第一千一百六十九条规定，教唆、帮助他人实施侵权行为的，应当与行为人承担连带责任。美术馆的公开行为构成对宋某侵权行为的帮助，应当与宋某就侵犯名誉权承担连带责任。

"艺术"永远不是低俗的遮羞布。作为公共的艺术场馆、作品的展览平台，美术馆对展览作品应该具有事先审核的义务和配套规范程序。艺术家本人更要遵纪守法、讲究"艺德"。



### 延伸阅读

1. 北京爱某艺科技有限公司与上海宽某数码科技有限公司侵害作品信息网络传播权纠纷一审民事判决书 /（2016）沪 0110 民初 3275 号

**裁判要旨：**

法院认为，被告自认其对于所有视频都要人工审核视频格式是否能够播放，虽然被告陈述该审核并非对著作权的审查，但由此可以确认被告客观上接触过被控侵权视频。在被告在网站上开辟了动画、音乐、电影、电视剧等专区，明知上述栏目中侵权风险较高的情况下，对视频的人工审核应当发现该内容系网络用户未经权利人许可而上传，被告在此情况下仍为涉案侵权内容提供存储空间，对于侵权行为的发生存在过错，构成帮助侵权。

2. 张某东与北京国某国际展览中心有限责任公司等侵害实用新型专利权纠纷案一审民事判决书 /（2015）京知民初字第 907 号

**裁判要旨：**

法院认为，参展商在家居博览会上展出并销售被控侵权产品，侵犯了原告的专利权。对参展商而言，中某华港公司是展览场地的出租方，其负有对参展商的经营活动进行适当监管的义务，包括审查参展商的资质等。但是，中某华港公司并没有尽到相应的义务，客观上起到了帮助侵权的作用。因此，其应当承担赔偿原告经济损失及为制止侵权所支付的合理开支的民事责任。

3. 王某、黄某肖像权纠纷再审审查与审判监督民事裁定书 /（2020）桂民申 723 号

**裁判要旨：**

法院认为，未经被申请人同意，以营利为目的，擅自使用被申请人的照片，侵犯了被申请人的肖像权，应依法承担相应的责任。

# HR 发表不当言论，应当如何认定？

热点事件

2021 年 5 月 27 日，网络上流传着一张某网络公司 HR 徐某在朋友圈发布的招聘信息截图。截图显示，徐某不仅在朋友圈晒出团队照，还发表了“招人，看上我哪个女同事，给我一份程序简历，我帮忙撩”“给我简历，我甚至可以帮忙下药”等不当言论。这一言论被曝光后迅速在网络发酵并引发舆论关注。28 日凌晨，该网络公司人力资源部发布声明表示，经核查，该言论确为当事人所发，其个人行为已严重违反公司关于“员工不得有侮辱性语言或不道德行为”的管理规定，公司决定立即与涉事 HR 解除劳动合同。[1]



## 当事人发表的言论是真意保留还是戏谑行为？

要想判断当事人的言论是真意保留还是戏谑行为，首先要对这两者进行区分。真意保留，又称“心中保留”，属于民事法律行为中意思表示不真实的法律行为，是指表意人**故意隐匿其内心所想追求的效果意思**，而表示出与其效果意思不符的表示行为。戏谑行为，又称“非诚意表示”，是指行为人作出的表示并非出于真意，并且相对人也会了解其表示并非出自真意。表意人一般基于玩笑、炫耀等心理作出意思表示，且缺乏严谨性，通常能够被一般人识别其表示行为背后的心理。简单来说，就是表意人“开了个玩笑”，并且听到这个玩笑的人都知晓表意人在开玩笑。在戏谑行为的情形下，表意人**没有故意隐瞒其真意**，并且他人也不会对其表示的事实产生误解。也就是说，表意人至少是想让相对人清楚自己

1　参见《网易公布不当言论 HR 处理结果：已开除》，载腾讯网，最后访问时间 2022 年 6 月 19 日。

的真实意思。所以二者的区别主要存在于表意人的主观方面：真意保留是表意人有意隐藏其真实意思表示，戏谑行为是表意人期待相对人认清其真意。

本案当事人的真实意思表示是招聘员工，从当事人发布的朋友圈中也可以看出他的真意，所以其并没有故意隐瞒。而且，根据当事人发表的言论内容，如果他真的按朋友圈内容去做则涉嫌构成违法犯罪，以一个正常理性人的认知，一般不会相信当事人所发的内容，所以我们有理由相信当事人是希望他人清楚自己真实的意思表示，期待他人不会产生误解。文中所表述的“撩”“下药”等不当、低俗的言论，对当事人而言是以一种“开玩笑”的心态所发布的。所以，当事人发表的言论应该属于戏谑行为。此外，对于戏谑行为来说，无论相对人是否信以为真，意思表示一律无效。所以如果有人因为相信当事人的朋友圈内容而给当事人发了简历，也不可以要求当事人履行其所言内容。



## 徐某所在的公司与其立即解除劳动合同的做法是否合法?

根据徐某所在的公司发布的声明，该公司根据《员工手册》违纪处分制度第8.1.3条、第8.1.6条以及《公司廉政道德规范》第10.2条规定，对该员工在朋友圈发布带有侮辱性不道德言论的行为给予立即解除劳动合同的处分。这里需要注意的是，徐某所在的公司解除劳动合同并没有给当事人30天的通知期或额外支付当事人一个月的工资，而是立即与其解除劳动合同，这种做法是否合法呢?

根据《劳动合同法》第四十条之规定，用人单位若想提前三十日书面通知或者额外支付劳动者一个月工资后解除劳动合同，需要以劳动者无过错或过失为前提条件。[1] 本案当事人徐某，微信昵称为“网某互娱 HR”，表明了自己的用

1 《中华人民共和国劳动合同法》第四十条　有下列情形之一的，用人单位提前三十日以书面形式通知劳动者本人或者额外支付劳动者一个月工资后，可以解除劳动合同：
（一）劳动者患病或者非因工负伤，在规定的医疗期满后不能从事原工作，也不能从事由用人单位另行安排的工作的；
（二）劳动者不能胜任工作，经过培训或者调整工作岗位，仍不能胜任工作的；
（三）劳动合同订立时所依据的客观情况发生重大变化，致使劳动合同无法履行，经用人单位与劳动者协商，未能就变更劳动合同内容达成协议的。

人单位名称，还附有团队照片，使旁人可以立马判断出其就职于哪家企业。此事一出就引起了网络舆论，并扩大至整个网络，增加了影响力。虽然当事人徐某发布此条状态有调侃的意味，但其作为该公司的人事，应该意识到该言论会对企业的名誉造成不好的影响。由此可见，当事人徐某的行为具有过错，而且还违反了《员工手册》规定："员工不得有侮辱性语言或不道德行为。"根据《劳动合同法》第三十九条之规定，劳动者严重违反用人单位规章制度的，用人单位可以解除劳动合同。[1] 综上所述，本案当事人徐某的行为给他所在的公司造成了非常严重的不良影响，违反了该公司的规章制度，公司立即解除与当事人徐某的劳动合同是合法的。

网络空间从来不是法外之地，无论是谁，无论处于什么岗位，都要对自己的言行负责，坚守法律和道德的底线，切勿因一句调侃，让自己后悔莫及。



## 延伸阅读

### 1. 刘某孝与王某云等民间借贷纠纷案 /（2014）榆中民三初字第 00300 号

**裁判要旨：**

本院认为，债权人要求债务人还款，债务人以只还本不还息为条件，债权人为讨要借款编造假借据退给债务人，债权人的行为构成真意保留，一般情况下保留的真意不受保护，但债务人随即知道债权人真意保留的，则保留的真意有效，对债权人的利息请求应予支持。

---

1 《中华人民共和国劳动合同法》第三十九条　劳动者有下列情形之一的，用人单位可以解除劳动合同：
（一）在试用期间被证明不符合录用条件的；
（二）严重违反用人单位的规章制度的；
（三）严重失职，营私舞弊，给用人单位造成重大损害的；
（四）劳动者同时与其他用人单位建立劳动关系，对完成本单位的工作任务造成严重影响，或者经用人单位提出，拒不改正的；
（五）因本法第二十六条第一款第一项规定的情形致使劳动合同无效的；
（六）被依法追究刑事责任的。

## 2. 刘某云、乌鲁木齐伊某食品有限责任公司劳动争议二审民事裁定书 /（2019）新 0106 民初 3616 号

**裁判要旨：**

本院认为，原告不服从被告劳动管理，被告依据员工奖惩制度规定与原告解除劳动关系的，不属于用人单位提前三十日解除劳动合同或额外支付劳动者一个月代通知金的法定情形，本院对原告该项诉讼请求不予支持。

# 分手后怀恨在心，送花圈报复前任，该承担什么责任？

**热点事件**

2021年4月9日，四川南充顺庆区人民法院审理了一起案件。女子张某与男友谢某分手后，一直对前男友怀恨在心，多次对谢某之后的妻子刘某进行辱骂、恐吓，经民警、法院调解后仍不悔改。2020年5月21日，张某在网上看见谢某与刘某秀恩爱，心怀不满，当天便在南充市顺庆区的一家丧葬用品店购买了花圈寄送至刘某的母亲杨某在顺庆区的门店。同年6月4日，张某想到之前刘某和谢某骂过自己，遂心生怨气产生报复心理，在网上购买了两套寿衣和20捆冥币，邮寄给刘某的母亲杨某。杨某为此又气又急，自杀未遂，后经医院诊断为急性心肌损伤。不仅如此，张某还在网上冒充刘某发布招嫖信息，致使刘某多次接到陌生男子的骚扰电话。后经法院审理认为，张某的行为已构成寻衅滋事罪，依法判处张某有期徒刑1年10个月。[1]



## 张某为何构成寻衅滋事罪？

根据《刑法》第二百九十三条规定，寻衅滋事罪属于一种扰乱公共秩序的犯罪，行为人主观上是否有寻衅滋事的动机，客观上是否扰乱了公共秩序，是认定有关行为是否属于寻衅滋事罪的关键，也是区分寻衅滋事与其他罪行的关键。[2]

---

1 参见《四川一女子向情敌母亲送花圈泄愤被判刑1年10个月》，载光明网，最后访问时间2022年6月19日。

2 参见《中华人民共和国刑法》第二百九十三条 有下列寻衅滋事行为之一，破坏社会秩序的，处五年以下有期徒刑、拘役或者管制：
（一）随意殴打他人，情节恶劣的；
（二）追逐、拦截、辱骂、恐吓他人，情节恶劣的；
（三）强拿硬要或者任意损毁、占用公私财物，情节严重的；
（四）在公共场所起哄闹事，造成公共场所秩序严重混乱的。
纠集他人多次实施前款行为，严重破坏社会秩序的，处五年以上十年以下有期徒刑，可以并处罚金。

本案中，首先，张某为了满足内心不健康的心理需要，发泄自己怨气而实施了犯罪行为。从 2018 年开始，张某便因为自己的不满多次与前男友谢某、谢某的妻子刘某和刘某的母亲杨某发生纠纷和冲突，其间张某曾受到两次派出所的调解和一次法院的调解。当时，张某表示不再对他们进行骚扰，可是过了一段时间又开始对谢某、刘某和其家人进行辱骂、威胁和恐吓，属于无事生非，无理取闹，破坏公共秩序的情况。其次，从张某骚扰的人来看，不仅有其前男友谢某，还牵扯谢某的妻子刘某以及刘某的母亲，此行为影响人数的范围较大。最后，张某的行为已经严重扰乱了别人的正常生活，甚至造成了刘某母亲轻生的后果，情节严重。综上所述，张某这种在不健康心理驱使下所实施的行为已经涉嫌寻衅滋事罪。

## 被害人可否请求精神损害赔偿?



精神损害是指因侵权行为所导致的受害人心理损伤，或者感情上伤心、烦恼、苦恼，主要包括被侵权人一方精神痛苦、或其他严重精神反常情况。精神损害赔偿是民事主体因其人身权利受到不法侵害，使其人格利益和身份利益受到损害或遭受精神痛苦等无形损害，要求侵权人通过支付当事人一定的金钱财物来抚慰被侵权人，惩罚侵权行为的责任方式。本案中，张某肆意通过言语辱骂、恐吓谢某的妻子刘某，盗用刘某的头像发布招嫖信息，致使刘某多次接到陌生男子的骚扰电话，属于对刘某名誉权、人格尊严权的侵害。刘某因此流产，并产生了轻生的念头，身心都遭受了损害。这一危害结果的产生与张某的行为有法律上的因果关系。此外，张某给刘某母亲杨某寄花圈、寿衣和冥币带有明显的诅咒侮辱性质，因此造成了杨某急性心肌损伤的损害后果。结合以上案情，依据《民法典》第九百九十五、第一千一百六十七、第一千一百八十三条的规定，受害人刘某、杨某可以要求侵权人张某停止侵害、恢复名誉、消除影响、赔礼道歉，并进行精神损害赔偿。[1]

如果两个人不能走下去，还是好聚好散吧。一别两宽，各生欢喜。不要让嫉妒和怨恨蒙蔽了你的双眼，无止境的骚扰最终只会害人害己。

## 延伸阅读

1. 胡某 3 寻衅滋事罪再审刑事判决书 /（2020）浙 0206 刑再 4 号

**裁判要旨：**

本院再审认为，原审被告人胡某 3 结伙随意殴打他人，致一人轻伤，情节恶劣，破坏社会秩序，其行为已构成寻衅滋事罪，且系共同犯罪。

2. 湘乡市人民检察院指控被告人许某犯寻衅滋事罪一案刑事判决书 /（2020）湘 0381 刑再 2 号



**裁判要旨：**

本院认为，被告人许某随意殴打他人，情节恶劣，其行为已触犯《刑法》第二百九十三条第一款第（一）项，犯罪事实清楚，证据确实充分，其行为构成寻衅滋事罪。

3. 吴某洁寻衅滋事一审刑事案 /（2021）豫 1526 刑初 42 号

**裁判要旨：**

吴某洁在兆某潢川分公司做业务员负责催收借款，为获得更多提成，她采取打电话、发短信的方式，多次骚扰、恐吓、辱骂借款人邱某、孙某、刘某（借款人李某的母亲）等人，使被害人产生恐惧、恐慌进而形成心里

---

1 《中华人民共和国民法典》第九百九十五条　人格权受到侵害的，受害人有权依照本法和其他法律的规定请求行为人承担民事责任。受害人的停止侵害、排除妨碍、消除危险、消除影响、恢复名誉、赔礼道歉请求权，不适用诉讼时效的规定。
《中华人民共和国民法典》第一千一百六十七条　侵权行为危及他人人身、财产安全的，被侵权人有权请求侵权人承担停止侵害、排除妨碍、消除危险等侵权责任。
《中华人民共和国民法典》第一千一百八十三条　侵害自然人人身权益造成严重精神损害的，被侵权人有权请求精神损害赔偿。
因故意或者重大过失侵害自然人具有人身意义的特定物造成严重精神损害的，被侵权人有权请求精神损害赔偿。

强制，严重影响被害人正常生活、工作。法院认为，其行为积极主动，不属从犯。但在归案后能够如实供述犯罪事实，并当庭自愿认罪认罚，依法可以从轻、从宽处罚。

# 拒绝学生会主席求爱，她们被恶意造谣，造谣方该承担什么责任？

**热点事件**

从 2021 年 2 月起，身为某大学某院学生会主席的赵某就盗用一些女生的头像，通过 P 图等手段，伪造了她们的裸照和虚假的招嫖聊天记录，他这么做竟是因为这些女生拒绝过他的求爱。他把这些照片和聊天记录分享给学院里多名男生后，又在各种人数众多的微信群、QQ 群中传播。直到 2021 年 6 月 7 日晚上，造谣的事情才被受害女生发现。有的受害女生不堪压力，罹患重度抑郁。2021 年 6 月 11 日，珠海警方对赵某予以行政拘留三日的处罚。[1]



## 赵某的行为是否构成民事侵权？

名誉是对民事主体的品德、声望、才能、信用等的社会评价。侵犯他人的名誉权，就是以侮辱、诽谤等方式使得社会对他人的评价降低。本案中，赵某用 P 图和伪造聊天记录的方式捏造受害女生淫乱的事实并在转发、传播的过程中用粗鲁污秽的言语来形容受害女生，致使受害女生的社会评价严重降低。赵某的行为已经构成以侮辱、诽谤的方式侵犯他人名誉权。那受害女生应如何救济自己受到侵害的权利呢？

根据我国《民法典》的相关规定，受害女生可以要求赵某停止侵害、赔礼道歉、消除影响、恢复名誉、赔偿损失；若受害女生因此遭受严重精神损害的，还可以要求精神损害赔偿。在实际维权过程中，受害人如何证明侵权行为的范

1　参见《拒绝学生会主席的求爱后，她们成了朋友圈的“母狗”》，载凤凰新闻，最后访问时间 2022 年 6 月 19 日。

围、如何证明自己受损害的大小，谣言的影响如何得以彻底消除，都存在一定的问题。具体包括以下三个方面：一是网络转发责任鉴定难，受害女生难以确定赵某侵权的范围；二是损失确认难，受害女生也难以确定自己受到损失的大小；三是精神损害确定难，至于何种程度的精神损害属于“严重”情形，也不是很明确。

在侵犯名誉权的案件中，受害人一般最迫切的需求是自己的名誉得到恢复，所受侮辱、诽谤的影响得以消除。通过合法途径维权，要求对方通过公开的长期的赔礼道歉可以一定程度上达到恢复名誉的效果。

## 赵某的行为是否构成行政违法以及刑事犯罪？

公然侮辱他人或者捏造事实诽谤他人的，处五日以下拘留或者五百元以下罚款；情节较重的，处五日以上十日以下拘留，可以并处五百元以下罚款。赵某的行为确实属于公然侮辱他人和捏造事实诽谤他人，但是否满足“情节较重”的情形呢？因为没有明确的法律规定，所以需要警方结合调查情况具体认定。从珠海警方的处理结果中我们可以推知，警方认为赵某的侮辱、诽谤行为不属于“情节较重”的情形。



我国《刑法》及相关司法解释中规定，以暴力或者其他方法公然侮辱他人或者捏造事实诽谤他人，情节严重的，构成诽谤罪。其中，“情节严重”包括这几种情形：同一诽谤信息实际被点击、浏览或者转发一定次数；造成被害人或者其近亲属精神失常、自残、自杀等严重后果；二年内曾因诽谤受过行政处罚又诽谤他人。赵某的行为造成受害女生罹患重度抑郁。精神失常包括精神分裂症、躁狂症、抑郁症和焦虑症。所以，赵某的行为满足“情节严重”的标准。同时，该行为很有可能同时符合“情节严重”的第一种情形，但需要结合案情进一步判断。侮辱罪、诽谤罪除严重危害社会秩序和国家利益的，属于自诉案件。本案中，赵某通过信息网络实施侮辱诽谤行为，受害女生如果向人民法院起诉，但提供证据确有困难的，人民法院可以要求公安机关提供协助。

本案的处理结果相对比较简单，但背后的问题值得我们深思。舌头无骨却能杀人于无形，我们不应做捏造事实的谣言发起者，同时也不应做转发不实信息的非理性人。当我们自己遭受他人的侮辱或者诽谤后，要注意留存经济受损、精神损害等相关证据，以备维权之需。同时，互联网平台也要承担一定的社会责任，及时审查、删除侵权信息，尽量消除谣言的负面影响。

## 延伸阅读

1. 文某、莫华冠诽谤罪一案刑事一审判决书 /（2020）粤 0981 刑初 24 号



**裁判要旨：**

本案涉及的两篇文章的网上浏览量分别为一万多次，有自诉人提供的公证书及本院依法调取的材料证实，足以认定被告人的行为已达到“情节严重”的程度。

2. 任某勇、梁某江诽谤罪二审刑事判决书 /（2017）鲁 14 刑终 84 号

**裁判要旨：**

任某勇对梁某江、王某亮的正常履职行为不服，未采取合法有效的途径解决，而是采用在网络上发贴的方式，以寻求引起众多网民的关注，但其所述内容却有多处捏造。任某勇发表对他人具有人身攻击性的言论，损害他人名誉，且所发信息被点击、浏览次数达到五千次以上，法院认为，这足以认定被告人的行为已达到“情节严重”的程度。

3. 赵某、范某义诽谤罪一审刑事附带民事案 /（2018）吉 0322 刑初 342 号

**裁判要旨：**

赵某以范某义的名义在网络上发布《吉林省四平市某村书记王某坑害老百姓的血汗钱》和《欠债还钱、天经地义》的文章。文章中涉及王某的

内容经四平市中级人民法院查证属实并判决，王某已构成刑事犯罪被追究刑事责任。法院认为，赵某在网上发布并散布的文章内容属实，不符合诽谤罪捏造事实并加以散布的构成要件，故赵某不构成诽谤罪。

## 夫妻离婚都不想要女儿，被判不准离？

### 热点事件

刘女士和赵先生是江苏镇江的一对90后夫妻，两人于2016年登记结婚，并于同年生育了女儿。因夫妻感情不和，二人自2020年4月开始分居。后双方矛盾加剧，刘女士起诉至镇江扬中市人民法院要求离婚，赵先生也明确表示同意离婚。双方在夫妻共同财产和共同债务方面没有太大争议，但令人意外的是，二人都不愿抚养身体健康的女儿。对此，法官组织多次调解均未成功。扬中市法院审理认为，夫妻双方感情已经破裂，虽均同意离婚，但孩子尚且年幼。鉴于二人未能妥善解决孩子的抚育问题，法院一审判决不准离婚。[1]



### 夫妻关系可以解除的标准是什么？

离婚案件中，判断夫妻关系可以解除的标准是夫妻感情已经破裂。我国《民法典》第一千零七十九条第三款规定了导致夫妻关系感情破裂的几种情形：确定重婚或者与他人同居；实施家庭暴力或者虐待、遗弃家庭成员；有赌博、吸毒等恶习屡教不改；因感情不和分居满二年。[2]本案中，虽然没有出现法律规定的导致夫妻感情破裂的情形，但是夫妻双方都同意离婚，可以推定夫妻感情已经破裂。

---

1 参见《夫妻离婚都不要女儿，法院判了……》，载光明网，最后访问时间2022年6月19日。

2《中华人民共和国民法典》第一千零七十九条第三款 有下列情形之一，调解无效的，应当准予离婚：
（一）重婚或者与他人同居；
（二）实施家庭暴力或者虐待、遗弃家庭成员；
（三）有赌博、吸毒等恶习屡教不改；
（四）因感情不和分居满二年；
（五）其他导致夫妻感情破裂的情形。

值得注意的是，离婚案件不是只涉及夫妻感情，一般还包括夫妻财产如何分割，夫妻债务如何承担，未成年子女如何抚养和探视等问题。尤其是子女问题的妥善处理，其重要性并不亚于是否给夫妻双方判决离婚。扬中市法院考虑到孩子尚且年幼且夫妻二人未能妥善解决孩子的抚育问题，故判决不准予离婚。

## 孩子判给谁需要考虑哪些因素？

对于子女抚养问题，人民法院应从保障子女合法权益的角度出发，结合父母双方的抚养能力和抚养条件等具体情况妥善解决。我国《民法典》第一千零八十四条第三款规定，离婚后，不满两周岁的子女，以由母亲直接抚养为原则。已满两周岁的子女，父母双方对抚养问题协议不成的，由人民法院根据双方的具体情况，按照最有利于未成年子女的原则判决。子女已满八周岁的，应当尊重其真实意愿。《最高人民法院关于适用〈中华人民共和国民法典〉婚姻家庭编的解释（一）》第六十条在离婚诉讼期间，双方均拒绝抚养子女的，可以先行裁定暂由一方抚养。

审理本案的扬中市人民法院法官助理解释说，在本案中，从经济条件、陪伴孩子等各方面考虑，夫妻双方的抚养条件基本相当，孩子也没有与任何一方建立起特殊的抚养关系。但双方都不愿意抚养孩子的态度都比较明确，如果法院强行判给男方或者女方抚养，抚养方势必会将孩子视为负担，并不利于孩子的成长。在这种情况下法院先判决不准离婚，给夫妻二人一段时间，让他们在没有第三方介入的情况下，自己把孩子的事情协商处理好，这要比法院直接作出判决更好一些。我们也赞同法院的处理方式。毕竟，抚养权具有一定的人身属性，一纸判决固然可以划分抚养权，但这样处理难免机械化，也不利于真正解决矛盾纠纷。让夫妻双方重新思考，打心底里自愿承担抚养义务，更有利于孩子的健康成长。

婚姻不同于恋爱，其缔结抑或解除，影响的是几代人的生活。成年人的世界可能随时会变换甚至崩溃，但无论如何，请为孩子留一块安全区。在成长为参天大树之前，他们需要父母的庇护和爱的浇灌。

## 暴雨洪灾面前，捐款不应是虚荣心的竞技场

热点事件

2021 年 7 月 21 日晚，说唱歌手“孩子王 DrakSun”发布微博称自己为河南洪灾向郑州红十字会捐款 18000 元并附上自己捐款的截图。随后，网友指出其捐款图片为假，实际捐款为 100 元。7 月 22 日，“孩子王 DrakSun”发布微博为此事道歉，承认捐款截图是“P”出来的，并称自己随后已经补捐。此事引起广大网友的热议与批评。[1]



### 民事方面，P 图造假捐款性质如何？

我国《民法典》第六百五十八条规定，赠与人在赠与财产的权利转移之前可以撤销赠与，但经过公证的赠与合同或者依法不得撤销的具有救灾、扶贫、助残等公益、道德义务性质的赠与合同，不适用前款规定。可见，对于赈灾捐款这种特殊性质的赠与，赠与人是不享有任意撤销权的。捐赠人与接受捐赠的人或者组织达成捐赠协议后，捐赠人就负有交付捐赠财产的义务。那是不是只要捐赠人不交付捐赠财产，接受捐赠的人或者组织就可以要求其交付呢？答案是否定的。我国《慈善法》第四十一条规定，在捐赠人通过广播、电视、报刊、互联网等媒体公开承诺捐赠或者捐赠财产用于本法第三条第一项至第三项规定（扶贫、助老孤病残、救灾等活动）的慈善活动并签订书面捐赠协议的情形下，捐赠人违反捐赠协议逾期未交付捐赠财产的，慈善组织或者其他接受捐赠的人可以要求交付；捐赠人拒不交付的，慈善组织和其他接受捐赠的人可以依法向

1　参见《说唱歌手孩子王捐款造假，100 元 P 成 1.8 万，补捐也是假的》，载腾讯网，最后访问时间 2022 年 6 月 19 日。

人民法院申请支付令或者提起诉讼。[1]

本案中，“孩子王 DrakSun”以 P 图的方式捏造自己向郑州红十字会捐款 18000 元的事实并在网上发布，这一行为可以理解为“孩子王 DrakSun”通过互联网公开承诺捐赠吗？在互联网上发布信息具有公开性，这是毋庸置疑的，但“孩子王 DrakSun”的做法似乎不是承诺。承诺的意思是应允同意，即答应做某事。“孩子王 DrakSun”造假的图片传递出的信息是，他已经向郑州红十字会捐赠了 18000 元，而不是他答应要向郑州红十字会捐赠 18000 元。“孩子王 DrakSun”只是陈述了一个情况，并非向外界作出了意思表示。意思表示是指向外部表明意欲发生一定私法上效果的意思的行为，需要具备表示意思、行为意思、效果意思以及表示行为。行为意思是指表意人有意识地实施行为。表示意思是指行为人就其行为具有某种法律上意义有所认识。效果意思是指表意人内心希望发生一定的私法效果。表示行为是指意思表示人将内心的效果意思表示于外部的行为。表意人往往在作出意思表示后，才会产生相应法律关系。表意人通过意思表示表达了一种想要达成某种法律关系的想法，体现了表意人的意愿。“孩子王 DrakSun”的言论只是为了博得大众好感，给自己树立一个良好的人设。此番言论中并未表达出意欲捐款的意图，不具备意思表示的要件，所以其并未作出任何意思表示，无须履行法律上的义务。如果“孩子王 DrakSun”在网上表明“要向红十字会捐赠 18000 元”，那么其是否需要履行承诺呢？首先，这种言论是构成意思表示的。但是，赠与合同并非单方民事法律行为，而是双方民事法律行为。也就是说，赠与合同的成立需要合同的双方达成合意。如果“孩子王 DrakSun”表达了其捐赠意图，而红十字会并不愿意接受捐赠，那么赠与合同也不会达成。其次，一般的赠与合同是实践性合同，即双方除意思表示达成一致外，还需要交付标的物或完成其他给付合同才生效。



---

1 《中华人民共和国慈善法》第四十一条　捐赠人应当按照捐赠协议履行捐赠义务。捐赠人违反捐赠协议逾期未交付捐赠财产，有下列情形之一的，慈善组织或者其他接受捐赠的人可以要求交付；捐赠人拒不交付的，慈善组织和其他接受捐赠的人可以依法向人民法院申请支付令或者提起诉讼：

（一）捐赠人通过广播、电视、报刊、互联网等媒体公开承诺捐赠的；

（二）捐赠财产用于本法第三条第一项至第三项规定的慈善活动，并签订书面捐赠协议的。

捐赠人公开承诺捐赠或者签订书面捐赠协议后经济状况显著恶化，严重影响其生产经营或者家庭生活的，经向公开承诺捐赠地或者书面捐赠协议签订地的民政部门报告并向社会公开说明情况后，可以不再履行捐赠义务。

但基于公共利益的考量，对于救灾、扶贫等公益性质的赠与合同则为诺成性合同，即双方意思表示一致合同就生效。那么，合同以什么样的方式订立呢？口头约定还是签订书面协议呢？《慈善法》第四十一条规定，通过互联网、广播等媒体公开承诺进行公益性质的捐赠，并签订书面协议的，接受捐赠方有权要求捐赠人履行合同。由此可见，签订书面协议也是此种赠与合同生效的要件之一。由于“孩子王 DrakSun”并未与红十字会签订书面协议，所以即使他在网络上作出了捐赠的意思表示，红十字会也无权要求其履行义务。虽然他无须承担法律责任，但“诈捐”对其形象和事业也产生了非常大的影响。一个满口谎话，不守信用的人是没有资格成为公众表率的。据悉，在事件发酵后，他正在参加的综艺节目已经宣布其退出。好好的职业生涯毁于谎言。



## P图造假捐款还可能涉及哪些后果？

根据《演出行业演艺人员从业自律管理办法（试行）》，演艺人员应当坚守契约精神，依法依约履行经纪合同、代言合同、演出合同等各类合同；应当积极参与社会公益活动，助力公益事业发展，自觉践行社会责任。“孩子王 DrakSun”P图造假捐款的行为，既有违契约精神，又不利于公益事业的健康发展，其可能会受到中国演出行业协会的自律惩戒。

此外，“孩子王 DrakSun”作为公众人物，如果其恶意散布不实信息，对社会秩序造成实质性损害，那么相关机关根据行为的恶劣程度，可能追究其行政责任甚至刑事责任。

一方有难，八方支援。赈灾捐款的珍贵之处不在于捐款数额的大小，而在于和灾区民众感同身受的那一颗颗滚烫的心。100 元也好，100 万元也罢，尽力就好，无愧于心。捐款多少不是炫耀的资本，我们绝不支持诈捐、假捐等博人眼球、赚取流量、满足所谓虚荣心的卑劣手段！

## 延伸阅读

1. 董某明与玉山县双某家私城买卖合同纠纷一审民事判决书 /（2020）赣 1123 民初 3364 号

**裁判要旨：**

本案原告并非慈善组织和其他接受捐赠的人，原告要求被告玉山县双某家私城直接向其交付捐赠物品没有法律依据，本院不予支持。原告诉称与被告玉山县双某家私城存在买卖合同关系，因证据不足，本院不予认定。

2. 新疆维吾尔自治区某保护协会与新疆湟某酱香酒业销售有限公司、贵州怀某酒业（集团）有限责任公司合同纠纷一审民事判决书 /（2018）新 0103 民初 228 号

**裁判要旨：**

原告某保护协会与被告湟某酒业签订的《合作协议书》，系双方真实意思表示，不违反法律法规的强制性规定，合法有效，双方应按照协议约定履行各自义务。该协议明确约定被告湟某酒业向原告某保护协会捐赠共计 300000 元用于保护与救助野骆驼，并约定了明确的捐赠时间及金额，原告与被告湟某酒业亦通过网络媒体等对捐赠行为进行了公开承诺，并进行了相应的宣传。被告湟某酒业在捐赠 100000 元后，未再按照协议约定履行捐赠义务，违反协议约定及法律规定，本院对原告要求被告湟某酒业支付 200000 元的诉讼请求，予以支持。

3. 陈某永、梁某财产损害赔偿纠纷再审审查与审判监督民事裁定书 /（2018）粤 0981 民申 7 号

**裁判要旨：**

被申请人梁某承诺支付的 3000 元补偿费属于助残公益性质，因申请人与被申请人并未签订书面捐赠协议，根据《中华人民共和国慈善法》第四十一条第二项的规定，申请人无权向人民法院提起诉讼要求被申请人交付捐赠财产。因此，原审判决驳回申请人陈某永的诉讼请求并无不当。

# 合谋杀人应承担什么法律责任?

热点事件

2020 年 11 月 2 日，某小区两幼儿坠楼事件经过公安机关调查，不属于意外，而是蓄意谋杀。重庆市人民检察院第五分院指控称，坠楼女童张某甲（殁年 2 岁）、男童张某乙（殁年 1 岁）是被他们的亲生父亲张某和女友叶某尘共谋杀害。

据起诉书内容所示，叶某尘曾多次向张某表示自己及父母不能接受张某有小孩的事实。二人曾多次通过面谈、微信聊天等方式共谋杀害两个小孩的办法，并商定采用意外坠楼的方式杀死张某甲和张某乙。2020年6月，叶某尘还多次通过微信催促张某作案。2020年10月，张某、叶某尘商定伺机作案，但由于陈某霖（受害者母亲）在场未成功。同年 11 月 2 日，张某趁其母亲不在家，将正在次卧玩耍的张某甲、张某乙双腿抱住，并将二人一起从次卧飘窗窗户扔到楼下，致张某甲当场死亡，张某乙经送医院抢救无效死亡。该案已于 7 月 26 日在重庆市五中院审理。[1]

丧尽天良的张某故意杀人的行为已是板上钉钉，那与张某合谋的叶某尘的行为应做何种定性，她应该承担什么样的法律责任呢?

## 叶某尘是否属于帮助犯

在分析叶某尘是否属于帮助犯前，首先应明确张某和叶某尘二人合谋杀害张某甲、张某乙的行为属于共同犯罪。共同犯罪按照分工分为：实行犯、教唆



1　参见《重庆两幼童坠亡案一审开庭！生父作案详情披露！》，载光明网，最后访问时间 2022 年 6 月 19 日。

犯、帮助犯。按照作用分为：主犯、从犯、胁从犯。帮助犯除不可能成为主犯外，帮助犯与从犯、胁从犯的概念都可能竞合。

帮助犯是共同犯罪分类的一种，是指帮助正犯实行犯罪的人。它的成立要件需要有帮助的行为和帮助的故意。帮助犯是指在共同犯罪中起次要或辅助作用的犯罪分子。具体来说，在方式上，包括提供物理性的帮助和心理上的帮助；在时间上，包括犯罪事实发生前、发生过程中和事前约定的事后帮助。且该帮助行为应具有法益侵害性，与结果具有因果关系。帮助犯一定是从犯或胁从犯，按照《刑法》第二十七条第二款关于从犯规定定罪处罚。[1]

本案中，叶某尘表示自己不能接受张某有小孩，多次通过面谈、微信聊天等方式与张某共谋杀害张某甲、张某乙，且在之后的过程中多次催促张某作案，可见，叶某尘在张某预谋犯罪期间，看上去一直对其起到心理上的支撑作用。但是，从整个案件发展的脉络上看，叶某尘并不仅仅是一个强化犯意的帮助者，而是引起了张某杀人故意的始作俑者，不属于帮助犯。除了从法理上，还从情理上来看，如果这样的行为只被看作一种帮助犯，按照帮助犯来定罪量刑，那对受害者家属来说是一种极大的伤害。



## 叶某尘是否属于教唆犯

教唆犯也是共同犯罪分类的一种，是指以劝说、利诱、授意、怂恿、收买、威胁等方法，将自己的犯罪意图灌输给本来没有犯罪意图的人，致使其按教唆人的犯罪意图实施犯罪。教唆犯的特征是教唆人并不亲自实施犯罪，而是教唆其他人按照自己的意图实施犯罪。它的成立必须具有教唆他人犯罪的故意，而且必须具有引起他人产生犯罪意图的教唆行为。教唆犯的刑事责任，根据《刑法》第二十九条规定，应当按照他在共同犯罪中所起的作用处罚。[2] 教唆犯在共

1 《中华人民共和国刑法》第二十七条第二款　对于从犯，应当从轻、减轻处罚或者免除处罚。

2 《中华人民共和国刑法》第二十九条　教唆他人犯罪的，应当按照他在共同犯罪中所起的作用处罚。教唆不满十八周岁的人犯罪的，应当从重处罚。

如果被教唆的人没有犯被教唆的罪，对于教唆犯，可以从轻或者减轻处罚。

同犯罪中的作用是指教唆行为在共同犯罪中所占的地位和它的实际危害，即教唆犯教唆的方法、手段、教唆的程度以及对完成共同犯罪所起的作用。由于教唆犯在共同犯罪中所起的作用不同，其行为的危害程度也不同，在处罚上也应有所不同，对在共同犯罪中起主要作用的应按照刑法关于主犯的处罚规定处罚。

本案中，叶某尘多次告知张某自己不接受他有孩子，并以张某若有小孩不能与其在一起为由说服张某杀害张某甲和张某乙，并多次商讨杀害方式，催促张某动手，给本没有犯罪意图的张某灌输其犯罪意图，并促使张某实施犯罪行为。叶某尘显然属于教唆犯。而且我们认为，在此次案件中，叶某尘的主观恶性不亚于实行犯张某，从一开始引起犯意到一直催促其动手，叶某尘行为的危害性极高，在犯罪中也起到主要推动作用，应该对其按照主犯的处罚规定定罪量刑。

本以为杭州杀妻碎尸案的凶手许某利已经是人性之恶的下限了，没想到还有为自己爱情开路连亲生儿女都能亲手杀害的“极品”。相信法律一定会还真相一个公道，恶人一定不会逃脱法律的制裁！



## 延伸阅读

1. 叶某明故意杀人罪一审刑事判决书 /（2020）闽 0703 刑初 78 号

**裁判要旨：**

本院认为，被告人教唆他人故意杀人，被教唆人最终实施了杀人行为，其行为与被教唆人属共同犯罪，亦构成故意杀人罪。被告人归案后如实供述其犯罪事实，依法可以从轻处罚。被告人教唆他人犯罪，应当按照其在共同犯罪中所起作用处罚，鉴于其在共同犯罪中起辅助作用，系从犯，应当依法从轻、减轻或者免除处罚。被告人自愿认罪认罚，依法可以从宽处罚。

2. 陈某久故意杀人一审刑事判决书 /（2017）闽 0121 刑初 359 号

**裁判要旨：**

本院认为，被告人教唆伤害他人，致一人死亡，其行为已构成故意伤害罪。公诉机关指控的罪名成立，予以支持。因被教唆的人犯故意杀人罪，没有犯被教唆的故意伤害罪，对于教唆犯被告人，可以从轻或者减轻处罚。

### 3. 刘某某、张某某故意杀人罪一审刑事判决书 /（2019）陕 0425 刑初 114 号

**裁判要旨：**

本院认为，被告人张某某明知刘某某与陈某某发生打架仍向刘某某运送枪支，系被告人刘某某犯罪行为的帮助犯，在共同犯罪中起辅助作用，系从犯，应从轻或减轻处罚。

# 偷吃免费午餐，没想到等来了牢饭

**热点事件**

2019 年 7 月 25 日，准备乘坐由齐齐哈尔站开往泰来站 4086 次列车的某乘客在候车期间睡着，不慎将座位旁边的背包丢失，内有价值昂贵的纪念币和一些食品。该乘客发现包丢失后立即报警，民警根据调取的监控视频找到犯罪嫌疑人张某。张某如实供述了自己的犯罪事实，称自己只想偷些吃的填饱肚子，结果打开背包发现里面除了包子还有一些纪念币。吃完包子的张某便将包及包内财物遗弃至楼道内，以为自己没动包内的财物就没事了。[1]



## 张某是否构成盗窃罪?

《刑法》第二百六十四条规定的盗窃罪是指以非法占有为目的，盗取他人财物，数额较大或者入户盗窃、多次盗窃、扒窃、携带凶器盗窃的行为。[2] 由此可见，普通的盗窃行为若想成立盗窃罪需要有“数额较大”这一构成要件，那张某只是偷吃包子能构成盗窃罪吗？就本案来说，如果张某仅仅是偷吃包子，由于未达到入罪标准，是不构成盗窃罪的。但很可能依据《治安管理处罚法》第四十九条对张某处以行政处罚。[3] 但张某确是偷走了该乘客的背包。虽然他并不想偷包里的其他物品，但是张某为了偷包子而偷该乘客背包的行为，是一种明

1 参见《齐齐哈尔男子车站偷包只吃包子，把包内纪念币扔了》，载搜狐网，最后访问时间 2022 年 6 月 19 日。

2 《中华人民共和国刑法》第二百六十四条 盗窃公私财物，数额较大的，或者多次盗窃、入户盗窃、携带凶器盗窃、扒窃的，处三年以下有期徒刑、拘役或者管制，并处或者单处罚金；数额巨大或者有其他严重情节的，处三年以上十年以下有期徒刑，并处罚金；数额特别巨大或者有其他特别严重情节的，处十年以上有期徒刑或者无期徒刑，并处罚金或者没收财产。

3 《中华人民共和国治安管理处罚法》第四十九条 盗窃、诈骗、哄抢、抢夺、敲诈勒索或者故意损毁公私财物的，处五日以上十日以下拘留，可以并处五百元以下罚款；情节较重的，处十日以上十五日以下拘留，可以并处一千元以下罚款。

知自己行为会产生其他危害后果的概括故意，应该综合评价。背包里的昂贵纪念币和食品的价值如果达到数额较大，张某就会构成盗窃罪。

如果张某在偷吃完包子后主动将包还给该乘客还会构成盗窃罪吗？按照现阶段的主流观点，判断盗窃罪既未遂采取的是“失控说”理论，即盗窃行为已经使被害人丧失了对财物的控制时，就是既遂。本案中张某的行为已经使该乘客完全丧失了对背包的控制，属于盗窃罪的既遂。即使之后将背包返还给该乘客也不会影响张某盗窃罪名的成立，只可能在量刑上对张某从轻或减轻处罚。

## 张某是否构成侵占罪？

《刑法》第二百七十条规定的侵占罪是指以非法占有为目的，将代为保管的他人财物、遗忘物或者埋藏物非法占为己有，数额较大，拒不交还的行为。[1] 本罪构成主体为一般主体；主观上表现为故意；客体上侵犯的是他人财物的所有权；客观方面表现为将他人交由自己保管的财物、遗忘物或者埋藏物非法占为己有，数额较大拒不交还的行为。判断构成侵占罪和盗窃罪的关键在于犯罪人在取得财物时，财物是否脱离所有权人的实际控制。本案中，该乘客虽然在睡觉，背包放在该乘客的身旁座位，背包此时看似处于无人控制、无人看管的状态，但是该背包并没有脱离所有人实际控制，不属于遗忘物，所以张某的行为并不构成侵占罪。

天上不会掉馅饼，也不会有免费的午餐。不管是想要偷钱还是只想偷一个小小的包子，都属于违法行为。奉劝各位一定要遵纪守法，君子爱财，取之有道，勿以恶小而为之。



---

1 《中华人民共和国刑法》第二百七十条　将代为保管的他人财物非法占为己有，数额较大，拒不退还的，处二年以下有期徒刑、拘役或者罚金；数额巨大或者有其他严重情节的，处二年以上五年以下有期徒刑，并处罚金。

将他人的遗忘物或者埋藏物非法占为己有，数额较大，拒不交出的，依照前款的规定处罚。

本条罪，告诉的才处理。

## 延伸阅读

1. 言某省盗窃罪一案刑事一审判决书 /（2021）粤 0606 刑初 2114 号

**裁判要旨：**

本院认为，被告人言某省无视国家法律，以非法占有为目的，多次盗窃他人财物，其行为已构成盗窃罪。

2. 被告人张某玲犯诈骗、盗窃罪一案一审刑事判决书 /（2021）陕 0114 刑初 95 号

**裁判要旨：**

本院认为，被告人张某玲以非法占有为目的，编造离家出走需要路费、发烧隔离需要住院费等理由，先后多次骗取宋某某钱财，窃取金项链，其行为已构成诈骗罪和盗窃罪。



3. 郭某侵占罪一审刑事判决书 /（2020）鄂 0583 刑初 17 号

**裁判要旨：**

本院认为，侵占罪是指以非法占有为目的，将他人的交给自己保管的财物、遗忘物或者埋藏物非法占为己有，数额较大，拒不交还的行为。现有证据不能证明郭某有侵占自诉人保证金的故意及行为，被告人郭某的行为不符合侵占罪的构成要件，故自诉人恒某企业控告被告人郭某犯侵占罪的罪名不能成立。

# 错发奖品引起乌龙，何方应承担责任？

热点事件

葛某是做日用家电生意的，经常在某网上平台进货。该网上平台常常举办抽奖活动，进货多的人可以参加。葛某参加了抽奖活动，并抽中了1辆电瓶车。2021年4月19日中午，葛某接到物流公司领取电瓶车的通知。到了现场，葛某傻眼了，平台发给自己的电瓶车不是1辆，而是30辆。葛某担心要是领了30辆电瓶车，要是出什么状况，自己说不清楚，于是赶紧报警，让警察前来见证。民警到现场后对物品进行了检查并让物流公司立即跟发货方取得联系，及时处理了这起错发货物的乌龙事件。[1]



## 因参加抽奖，葛某和平台之间产生了何种法律关系？

葛某和平台因抽奖活动而产生的法律关系属于射幸合同关系。“射幸”即“侥幸”，其意为碰运气；射幸合同是指当事人一方履行义务有赖于偶然事件发生的一种合同。射幸合同在我国法律体系中属于无名合同。《民法典》中并无“射幸合同”这一说法，故此类合同缺乏典型、具体的法律调整规范。在单行法方面，仅有保险合同这一类射幸合同由《保险法》进行规制。射幸合同属于双务合同，即缔约双方负有相互给付的义务，但射幸合同的交易标的物在合同缔结时尚不实际存在，所存在的只是获得该标的物的偶然性。

本案中，平台发布抽奖活动的信息，葛某报名参加，双方达成合意，射幸合同成立且生效。在这一射幸合同关系中，如果葛某中奖，则平台要给付其相

1 参见《男子网上中奖1辆电瓶车 收到30辆后报警求助》，载光明网，最后访问时间2022年6月19日。

应的奖品，那么葛某对平台的给付义务是什么呢？从案情中我们得知，平台的抽奖活动不是面向所有人，而是面向进货多的人。意思是，葛某在花钱大量进货的同时为自己买得一个中奖的机会，所以葛某花钱进货本身就属于射幸合同的给付行为。当葛某和平台之间的射幸合同关系成立并生效后，葛某只是得到了一个获奖的偶然性。如果他没有获奖，也不能因此提出撤销或者解除合同的要求。当然，葛某很幸运地抽中了 1 辆电瓶车，平台将电瓶车交付后他就获得了电瓶车的所有权。

问题在于，平台给葛某发了 30 辆电瓶车，那葛某对其余 29 辆电瓶车享有何种权利呢？我们认为，葛某对其余 29 辆电瓶车不享有任何权利。如果他将这 29 辆电瓶车占为己有，则因其利益的取得没有法律依据，构成不当得利。我国《民法典》第九百八十七条规定，得利人知道或者应当知道取得的利益没有法律根据的，受损失的人可以请求得利人返还其取得的利益并依法赔偿损失。这里葛某显然知道自己取得的利益是没有法律根据的，受损失的平台可以请求葛某返还 29 辆电瓶车；如果受到损失，平台还可以要求葛某赔偿损失。当然，葛某没有见利起意，而是报警让警方来见证，可谓是明智之举。



## 其余 29 辆电瓶车毁损灭失的风险由谁承担？

《民法典》第六百零四条规定了一般情形下标的物风险的移转：标的物毁损、灭失的风险，在标的物交付之前由出卖人承担，交付之后由买受人承担，但是法律另有规定或者当事人另有约定的除外。葛某中奖 1 辆电瓶车，电瓶车的所有权因交付而从平台转移到葛某，电瓶车毁损灭失的风险也随之转移。

那其余 29 辆电瓶车毁损灭失的风险该由谁承担呢？前文述及，葛某对其余 29 辆电瓶车不享有任何权利，故这些电瓶车毁损灭失的风险也不应当由其来承担。此时，29 辆电瓶车的所有人仍为平台。平台因自身过失错发电瓶车，应当承担电瓶车毁损灭失的风险。如果葛某主动为平台看管这些电瓶车，则可能构成无因管理。《民法典》第九百七十九条规定，管理人没有法定的或者约定的义务，为避免他人利益受损失而管理他人事务的，可以请求受益人偿还因管理事务而支出的必要费用；管理人因管理事务受到损失的，可以请求受益人给予适当补偿。《民法典》第九百八十二条规定，管理人管理他人事务，能够通知受益人的，应当及时通知受益人。管理的事务不需要紧急处理的，应当等待受益人的指示。可见，葛某如想帮平台看管电瓶车，则要及时通知平台，然后等待平台指示。事后，葛某有权要求平台支付管理电瓶车的必要费用；如因管理事务受到损失，还可以请求平台给予适当补偿。

本案中葛某的做法值得我们点赞。君子爱财，取之有道，不义之财不可取。毕竟，做人凭良心，做事尽本分，才能换得一份踏实和心安。

### 延伸阅读



1. 葛某洲与李某峰不当得利纠纷二审民事判决书 /（2021）苏 09 民终 3955 号

**裁判要旨：**

因他人没有法律根据而取得不当利益，受损失的人有权请求其返还不当利益。不当得利的构成要件包括四个方面：一方取得利益；另一方受到损失；获益与受损之间存在因果关系；一方获益无法律根据。不当得利制度的目的是返还所受利益。

2. 彭某燕与万某华不当得利纠纷一审民事判决书 /（2021）湘 1321 民初 2263 号

**裁判要旨：**

不当得利是指没有合法根据取得利益而使他人受损失。原、被告协商退还信誉金，现被告占有原告信誉金，于法无据，应予返还。故对原告提出要求被告返还余下信誉金的诉讼请求，本院予以支持。

3. 吴某龙与崔某庆无因管理纠纷一审民事判决书 /（2021）吉 0781 民初 1399 号

**裁判要旨：**

被告崔某庆经银行工作人员催收贷款未果，而原告吴某龙作为信贷员，并没有法定或者约定的义务代替被告崔某庆还款，使被告崔某庆免除了本应向扶余市农村信用合作联社履行的还款责任，减少了借款利息和信用损失，因此原告吴某龙代替被告崔某庆归还借款本息的行为构成无因管理，原、被告形成无因管理之债。

4. 丛某兰与吴某刚无因管理纠纷案一审民事判决书 /（2021）辽 0381 民初 2037 号

**裁判要旨：**

本案中，原告丛某兰代被告吴某刚偿还银行贷款，构成无因管理，因此原告有权要求被告支付必要费用和实际损失。

# 男子捡到平板电脑归还却遭质疑，网友鸣不平打爆失主电话

热点事件

8月20日，浙江湖州的陆先生在路上捡到一台平板电脑后，立即拍照发到微信朋友圈以及几个本地生活群寻找失主。次日，他就将平板电脑归还给了失主姜女士。不料，8月22日凌晨，失主打电话质问陆先生是否弄坏了电脑摄像头、弄丢了电容笔。陆先生将自己的遭遇发布到网上后，很多网友为其鸣不平，姜女士的多个社交平台账号被扒出，电话被网友打“爆”。她的美甲网店涌入上千条差评，几家店铺名相似的美甲店也遭到了“误伤”。8月26日，在当地警方的调解下，失主向陆先生正式道歉，双方达成和解。[1]



## 姜女士是否有权请求陆先生赔偿电脑摄像头损坏、电容笔丢失的损失呢？

我国《民法典》第三百一十四条规定，拾得遗失物，应当返还权利人。拾得人应当及时通知权利人领取，或者送交公安等有关部门。《民法典》第三百一十六条规定，拾得人在遗失物送交有关部门前，有关部门在遗失物被领取前，应当妥善保管遗失物。因故意或者重大过失致使遗失物毁损、灭失的，应当承担民事责任。可见，拾金不昧不仅是中华民族的传统美德，还是拾得人应尽的义务。在遗失物返还给权利人或者送交有关部门前，拾得人对遗失物负有妥善保管的义务，但拾得人能在拾得遗失物后主动归还已属难得，不能对其过于苛求，故只有当因拾得人故意或者重大过失导致遗失物毁损、灭失的，权

1　参见《捡到 iPad 归还，反遭质疑弄坏摄像头？双方已和解！》，载腾讯网，最后访问时间 2022 年 6 月 19 日。

利人才能要求拾得人承担民事责任。拾得人仅存在一般过失，造成遗失物毁损、灭失的，拾得人无须承担责任。

例如，陕西省渭南市中级人民法院曾于 2021 年 8 月对郭某等返还原物的纠纷作出了终审判决。无论是一审法院还是二审法院均认为，拾得人郭某在拾得平衡车并玩耍后，未放回原处等待原告领取，亦未送交公安机关，而是将平衡车放置在其所居住的单元地下室门口，不符合妥善保管的一般社会认知，未尽到妥善保管义务，有义务对遗失人的损失承担责任。由此可见，妥善保管义务的履行需要符合社会的一般认知，不能将遗失物置于再次遗失的危险中。[1] 本案中，陆先生捡到平板电脑后，怕里面存有重要文件而耽误失主使用，随即在各种信息群发布信息，寻找失主消息。从一般理性人的角度来看，陆先生应该也不至于先把平板电脑损坏，再大费周章寻找失主。就算存在这种可能性，失主姜女士若认为陆先生因故意或重大过失损坏平板电脑，想向其主张赔偿，也应对自己提出的主张提供证据，而不是凌晨打电话打扰别人，对别人妄加猜疑。



## 网友的做法是否妥当，存在哪些法律风险呢?

姜女士的做法虽然欠妥，但网友们的做法也缺乏理性。《民法典》第一千零三十二条规定，自然人享有隐私权。任何组织或者个人不得以刺探、侵扰、泄露、公开等方式侵害他人的隐私权。隐私是自然人的私人生活安宁和不愿为他人知晓的私密空间、私密活动、私密信息。网友们把姜女士多个社交平台账号扒出，把姜女士的电话打到关机，显然侵扰了他人的私人生活安宁，侵犯了姜女士的隐私权。

此外，《民法典》第一千零二十四条规定，民事主体享有名誉权。任何组织或者个人不得以侮辱、诽谤等方式侵害他人的名誉权。名誉是对民事主体的品德、声望、才能、信用等的社会评价。网友们如果在姜女士网店的评论中辱骂

1 案例来源：郭某哲、郭其明等返还原物纠纷民事二审民事判决书（2021）陕 05 民终 1547 号。

姜女士，或者捏造莫须有的事实抹黑姜女士和她的店铺，致使姜女士的社会评价降低，名誉权受到侵害，达到一定严重程度的，可能会受到治安管理处罚，[1]甚至可能构成侮辱、诽谤罪。[2]

我们不愿意看到好心人被辜负，但也不愿意看到一个人因行为有所不妥，就每天被成千上万的陌生人谩骂，正常的生活和生意遭到根本性的破坏。一个正常的人，应该以善意来预设别人；一个理性的人，应该以理服人，而不是以暴制暴，动辄把人逼上悬崖。姜女士需要反思己过，冲动的网友们也需要自省，不要以正义之名，行不法之事。

## 延伸阅读

### 1. 杨某与吴某东不当得利纠纷一审民事判决书 /（2021）京 0115 民初 376 号

**裁判要旨：**

本案中，吴某东认可其捡了涉案戒指，吴某东取得该戒指系没有合法根据取得的利益，使杨某受到损失，系不当得利，应该将戒指返还给权利人。吴某东称其将戒指扔掉，客观上已不能返还。吴某东作为戒指的拾得人，未尽到妥善保管的义务，其因故意或重大过失丢掉戒指致使戒指灭失，应当承担民事责任。在戒指无法返还的情况下，杨某要求吴某东赔偿损失



1 《中华人民共和国治安管理处罚法》第四十二条　有下列行为之一的，处五日以下拘留或者五百元以下罚款；情节较重的，处五日以上十日以下拘留，可以并处五百元以下罚款：
（一）写恐吓信或者以其他方法威胁他人人身安全的；
（二）公然侮辱他人或者捏造事实诽谤他人的；
（三）捏造事实诬告陷害他人，企图使他人受到刑事追究或者受到治安管理处罚的；
（四）对证人及其近亲属进行威胁、侮辱、殴打或者打击报复的；
（五）多次发送淫秽、侮辱、恐吓或者其他信息，干扰他人正常生活的；
（六）偷窥、偷拍、窃听、散布他人隐私的。
2 《中华人民共和国刑法》第二百四十六条　以暴力或者其他方法公然侮辱他人或者捏造事实诽谤他人，情节严重的，处三年以下有期徒刑、拘役、管制或者剥夺政治权利。
前款罪，告诉的才处理，但是严重危害社会秩序和国家利益的除外。
通过信息网络实施第一款规定的行为，被害人向人民法院告诉，但提供证据确有困难的，人民法院可以要求公安机关提供协助。

的诉讼请求，本院予以支持。

2. 尤某与徐某阳不当得利纠纷一审民事判决书 /（2021）辽 0111 民初 320 号

**裁判要旨：**

拾得人在将遗失物送交有关部门前，应当妥善保管遗失物。因故意或重大过失致使遗失物毁损、灭失的，应当承担民事责任。被告至今未归还原告手链，且拒不出庭应诉，故对原告要求被告赔偿 3000 元的诉讼请求，本院予以支持。

3. 原告孙某敏与被告高某旺不当得利纠纷一案民事判决书 /（2020）苏 0111 民初 1368 号

**裁判要旨：**

拾得人在遗失物送交有关部门前，有关部门在遗失物被领取前，应当妥善保管遗失物。因故意或者重大过失致使遗失物毁损、灭失的，应当承担民事责任。现被告拒不交出案涉手机，原告诉请具有事实及法律依据，本院予以支持。

图书在版编目（CIP）数据

心中有法，凡事不慌 / 侯朝辉，张晨著 . -- 北京：中国法制出版社，2022.7

ISBN 978-7-5216-2738-1

Ⅰ. ①心… Ⅱ. ①侯… ②张… Ⅲ. ①法律 - 基本知识 - 中国 Ⅳ. ① D920.4

中国版本图书馆 CIP 数据核字（2022）第 105435 号

策划编辑：赵 宏

责任编辑：刘冰清　　封面设计：汪要军

心中有法，凡事不慌

XINZHONG YOU FA，FANSHI BU HUANG

著者 / 侯朝辉 张 晨

经销 / 新华书店

印刷 / 三河市紫恒印装有限公司

开本 / 710 毫米 ×1000 毫米 16 开　　印张 / 16.5 字数 / 229 千

版次 / 2022 年 7 月第 1 版　　2022 年 7 月第 1 次印刷

中国法制出版社出版

书号ISBN 978-7-5216-2738-1　　定价：58.00元

北京市西城区西便门西里甲16号西便门办公区

邮政编码：100053　　传真：010-63141600

**网址：http://www.zgfzs.com**　　**编辑部电话：010-63141837**

**市场营销部电话：010-63141612**　　**印务部电话：010-63141606**

（如有印装质量问题，请与本社印务部联系。）